변혁기 러시아문학의

윤리와 미학

지은이 이강은

경북대학교 노어노문학과 교수
고려대학교 노어노문학과를 졸업하고 동 대학원에서 문학박사 학위를 받았다. 『혁명의 문학 문학의 혁명 막심 고리키』, 『반성과 지향의 러시아 소설론』, 『바흐친과 폴리포니야』, 『러시아 소설의 형식적 불안정과 화자』 등의 저서가 있고, 역서로 막심 고리키의 소설집 『은둔자』, 『대답 없는 사랑』, 『세상 속으로』, 톨스토이 전기 『레프 톨스토이 1,2』와 톨스토이 소설 『이반 일리치의 죽음』 등이 있다.

변혁기 러시아문학의 윤리와 미학

찍은 날 2018년 4월 2일 • **펴낸 날** 2018년 4월 9일
지은이 이강은 • **펴낸이** 김상동 • **펴낸 곳** 경북대학교출판부
출판등록 1973년 10월 10일 ㉑97호 • **주소** 대구광역시 북구 대학로 80
전화 053-950-6741~3 • **팩스** 053-953-4692
이메일 press@knu.ac.kr • **홈페이지** http://knupress.com
ISBN 978-89-7180-479-7 93890

정가는 뒤표지에 있습니다. 파본은 바꾸어 드립니다.

이 저서는 2013년 정부(교육부)의 재원으로 한국연구재단의 지원을 받아 수행된 연구임
(NRF-2013S1A6A4018586)

변혁기 러시아문학의 윤리와 미학

이강은 지음

서문

윤리적인 작품이 아름다운 작품인가. 아름다운 작품은 윤리적인가. 이것은 꽤 오랫동안 나를 사로잡았던 문제의식이다. 윤리적인 내용을 담고 있다고 해서 반드시 미학적으로도 아름다운 작품이 되는 것은 아니다. 반대로 아름다운 작품이라고 해서 반드시 윤리적인 내용을 담고 있는 것은 아니다. 그렇다면 윤리와 미학은 문학에서 어떤 관계를 유지해야 하는 것일까.

러시아 문학과정에서 윤리적 극단과 미학적 극단은 상호 대립적으로 작동하는 경우가 많았다. 하지만 구체적인 문학 현장에서 어느 한 요소가 보다 지배적일 수는 있지만 다른 요소의 완전한 배제란 존재할 수 없다. 이를테면 미학적 요소를 극단적으로 강조했던 상징주의가 현대적 윤리의식을 내재하고 있다면, 강제적 윤리규범을 강조했던 사회주의 리얼리즘은 미학적 문제의식 앞에서 비틀대고 있을 수밖에 없었다.

19세기 말 20세기 초의 러시아문학은 새로운 미학적 모색과 새로운 윤리적 지향으로 백가쟁명의 양상을 보여준다. 상징주의라든가 미래파라든가 실험적인 문학 경향들이 문학에 윤리적 과제를 부과하는 것은 문학을 질식시키는 것이라고 주장하며 윤리성으로부터의 해방이 새로운 문학의 과제라고 공공연히 선언하였다. 이들은 다양한 문학적 실험을 통해 문학 언어와 현대 미학의 새로운 영역을 개척해 나간다. 그러나 순수한 미학주의를 지향하는 이들 역시 나름의 새로운 윤리의식을 충전하지 않을 수 없었다. 반면 전통적인 리얼리즘 문학은 새로운 시대와 현실을 담아내야 한다는 윤리적 과제를 미학적 혁신을 통해 달성해야 함을 절감해야 했다.

러시아문학은 특히 윤리적 내용으로 충만하다. 많은 작가들이 민중에 대한 부채의식과 사회적·정치적 실천이라는 윤리적 과제를 자신들의 문학 강령으로 설정하고 있음은 잘 알려진 사실이다. 푸시킨과 고골, 투르게네프와 도스토옙스키, 톨스토이의 많은 작품들은 한결같이 당대 사회의 첨예한 윤리적 문제의식과 깊은 관련을 맺고 있고, 그런 이유로 러시아문학은 미학성을 소홀히 다루는 경향문학, 혹은 이념문학이라는 평가를 받곤 한다. 그러나 오해하지 말아야 할 것은 미학성을 명시적으로 지향하지 않았다고 해도, 러시아문학이 미학을 완전히 벗어나 존재하지는 않았다는 점이다. 따라서 러시아 작가들의 치열한 윤리적 지향 자체가 나름의 독특한 황금기 리얼리즘 문학 미학을 형성하고 있다고 보는 편이 더 옳을 것이다.

윤리와 미학의 긴장은 문학 자체의 본질적 요소이자 불가피한 상생의 요소이다. 문학에서 윤리적 요소의 배제도, 미학적 요소의 배제도 문학을 온전히 문학이게끔 만들지 못한다. 따라서 문학 활동의 핵심적 요소를 윤리적 지향과 미학적 지향으로 설정하고 양자의 유기적이며 상보적인 연관관계를 탐색하는 것은 문학과 예술에 표현된 윤리성과 미학성의 상호작용을 하나의 소실점으로 귀결되는 일원적 체계로 보지 않고, 다원적이며 유동적인 복잡계로 인식할 수 있게 한다.

이러한 문제의식을 가지고 나는 이 책에서 19세기 말과 20세기 초 러시아 문학과정을 하나의 변혁기로 설정하고 윤리와 미학의 다양한 문학적 양상을 살펴보고자 했다. 모더니즘 문학의 탄생과 리얼리즘 문학의 혁신, 1905년의 제1차 러시아혁명과 새로운 역사적 현실, 1910년대 제1차 세계대전기의 문학계의 복잡한 정신적 분화, 그리고 1917년 혁명 이후 사회주의 리얼리즘과 관련된 문학과정 등은 윤리와 미학의 상호관계에 대한, 결코 단순하지 않은 다양한 사례들을 웅변해 주고 있기 때문이다. 그리고 그것은 변혁기를 지나는 문학과 예술이 감당해야 할 다양한 품성들을 안으로, 밖으로 살펴볼 수 있게 해 준다.

윤리와 미학의 갈등과 충돌은 내 청년시절의 문학적 문제의식 중 하나였다. 하지만 그것은 비단 나의 개인적 문제가 아니라 수많은 변혁의 과정을 거쳐 온, 그리고 여전히 보다 커다란 변혁기를 거쳐야만

할 우리 문학계가 마주해야 하는 보편적인 문제일 것이다. 내가 그 답을 찾았다고 자신 있게 말할 수 없겠으나, 그 문제의 출발이 어떠해야 하는지에 대해서는 이 책을 쓰면서 조금이나마 '감'을 잡았다고 말해도 될 것 같다. 하지만 다루어야 할 내용이 적지 않고 공부가 부족하여 흡족하지 못한 마음으로 책을 마무리해야 하는 심정이 편치 않다. 특히 현대 러시아문학, 혁명 이후 다양한 양상으로 전개된 소련문학에 대해 많이 다루지 못한 것이 마음에 걸린다. 후속 연구를 통해 다른 책에서 이 문제의식을 계속 완성해 가겠다고 다짐해 볼 뿐이다.

2018년

저자 이강은

제3장

미학과 윤리의 교차와 혼종

3

제4장

혁명 문학의 윤리와 미학, 그 분립과 지양

4

변혁기 러시아문학의 윤리와 미학

1

변혁기의 윤리와 미학

미학과 윤리, 혹은 미와 세계

마야콥스키와 김수영

"사회적 취향에 따귀를!"[1]

1912년 마야콥스키 В. Маяковский 는 미래주의 강령을 통해 이렇게 외쳤다. 그리고 50여 년이 지난 1968년 우리 땅에서 시인 김수영은 카랑카랑한 목소리로 요청한다. "시여, 침을 뱉어라."[2] 역설적이다. 인간과 세계를 아름답게 노래하여야 할 시인들이 왜 따귀를 올려붙이고 침을 뱉으라고 거칠게 위악을 부리고 있는가.

마야콥스키는 자신의 시가 관습화된 전통을 부정하고 새로운 미래를 향해 나아가고 있다고 믿었다. 그러기 위해 그는 '현대라는 기선에서 푸시킨도, 도스토옙스키도, 톨스토이도 내던'지라고 호소한다. 고전으로 알려진, 그러나 이미 '고대의 상형문자'가 되어 버린 선배들의 언어로는 새로운 감성, 미래로 나아가는 삶을 그려 낼 수 없

1 Соколов А.Г., Михайлова М.В. Русская литературная критика конца 19 - начала 20 века. Хрестоматия. М., 1982, p. 347.
2 김수영, 『김수영 전집』, 민음사, 2003, 개정판, 제2권 산문, 397쪽.

다는 것이다. 여기서 마야콥스키가 부정하고 싶은 것은 기존의 예술언어이고 그 언어가 담아내는 관습적으로 사회화된 '취향'이다. 다시 말하면 지나치게 관습적인 윤리와 미학에 대한 거부를 '따귀'를 때린다고 표현한 것이다. 마찬가지로 김수영이 시에게 침을 뱉으라고 말했을 때, 그가 생각하는 시는 기존의 형식과 내용, 즉 기존의 세계를 경멸하고 거부하는 행위였다. 인간의 자유를 가로막고 억압하는 당대 현실에 대하여 저항하고('침을 뱉고') 새로운 삶과 예술의 경계를 향해 온몸으로 나아가는 것이 시의 형식이자 내용이어야 했던 것이다.

마야콥스키는 전통과 사회적 통념을 거칠게 부정하고 김수영 역시 순수예술이라는 예술적 불구를 비판하며 자유로운 세계를 향한 시의 분투를 예찬한다. 마야콥스키를 읽고 번역하기도 한 김수영은 일기에 영어로 이렇게 쓴다. "In love, as in all things, Mayakovsky favoured the impossible."[3] "모든 것에서 그렇듯이 사랑에서도 마야코프스키는 불가능한 것을 선호했다."로 번역될 수 있겠다. 불가능한 것, 마야콥스키가 사랑한 불가능은 혁명이었고, 김수영이 꿈꾼 불가능은 현실의 경계를 넘어서는 자유로서의 모험이었다. 두 시인에게 전통적 미학과 새로운 미학, 기존의 현실과 그 혁명적 개조는 대립적으로 인식되지만 그것은 본질적으로, 그리고 항구적으로 대립적인 것은 아니다. 부정을 통한 지양이라는 변증법을 굳이 가져다 붙이지 않더라도, '마지막 사랑'을 알기 위해 '첫 사랑을 잊'고자 하는 것에서(마야콥스키), 내용이 형식이 되고 형식이 내용이 되도록 '온몸으로 밀고 나가는' 것에서(김수영) 이미 전통과 혁신은 하나의 사

3 위의 책, 508쪽.

랑으로, 하나의 몸으로 구현되고 있는 것 아닐까. 마야콥스키와 김수영은 예술에서 미학성과 윤리성의 파괴와 생성의 역동적인 한 지점을 여실히 증언하고 있는 셈이다.

미는 세계를 구원할 것인가 ■■□□

도스토옙스키는 "미가 세계를 구원하리라! Красота спасёт мир"[4]라고 선언했다. 도대체 미는 무엇이고 세계는 무엇이며, 구원이란 또 무엇을 말하는가. 자연이든 인위적 창조물이든 무언가를 통해 마음속에 어떤 감동을 받았다면 그것이 바로 미인가. 아니 세상의 그 무엇이든 내가 가진 어떤 내적 감정이 반응하여 움직이며 감동을 받은 그것이 미인가. 이런 의문은 곧바로 미의 본질이란 무엇이며 미적 체험이란 무엇인가라는 미학의 근본 문제로 치닫는다. 그러나 미의 본질 자체에 대한 문제는 차치하고 우리 바깥에 객관적으로 존재하는 것이든, 우리 의식 속의 반응이든 어쨌든 미라는 것이 있다고 하자. 그 미가 구원할 세계는 어떤 상태에 있기에 구원이 필요하단 말인가. 구원은 대체 어떤 의미인가. 종교적 의미의 구원인가, 사회적·경제적 해방인가, 인간 개인의 행복과 복지인가. 미가 세계를 구원한다는 구체적 의미는 과연 무엇인가. 도스토옙스키의 선문답 같은 한마디에 이런 질문들을 어지럽게 떠올리는 것은 필자만이 아니다.

1972년 노벨상 수상을 기념하는 강연에서 솔제니친 А. Солженицын 은 이

4 Достоевский Ф.М. Пол. собр. соч., В 30 т., Л., 1972 ~ 1990,(이후 이 책은 ПСС로 표기) Т. 8, p. 436.

렇게 질문을 던진다. "도스토옙스키는 '미가 세계를 구원할 것이다' 라고 수수께끼처럼 한마디 툭 던져놓았습니다. 과연 이게 가능한 일일까요? 미는 이 피투성이의 역사에서, 누구를 무엇으로부터 구원했단 말입니까? 고결하게 해주고 고상하게 해주었다고 합시다. 하지만 누구를 구원했단 말인가요?"[5] 미라는 것이 우리를 조금 고상하게 해주었을지는 몰라도 그 자신이 몸으로 지나온 이 피투성이 세계를 더 나은 세계로 변화시키지도, 구원하지도 못했다는 강렬한 회의가 솔제니친의 반문에서 들려오지 않는가.

프리드리히 실러는 인간에게 자유를 가져다주는 구원의 등불이자 자비의 등불로 프랑스 혁명을 열렬히 환영하였지만, 쟈코뱅 당의 광기 어린 폭력과 테러에 직면하여 혁명의 등불이 모든 것을 불태워 재로 만들어 버리는 것일 수 있다는 생각에 괴로워한다. 거기서 그는 인간에게 미학 교육이 필요하다는 인식에 도달한다. 평등의 이상으로, 미적인 국가로, 인간적 능력들의 조화와 행복으로 나아가기 위해서는 미와의 소통이 전제되어야 한다는 것이다.

> 권리들로 이루어진 물리적인 국가에서 인간이 힘으로 다른 인간을 대하고 그 작용을 제한한다면, 그리고 의무로 이루어진 윤리적 국가에서 법칙의 위엄으로 인간이 다른 인간에 마주 서며 그의 의지에 제약을 가한다면, 미적인 교류의 영역, 즉 미적 국가에서 인간은 오직 형성력으로만 나타나고 자유로운 놀이의 대상으로만 서로를 대합니다. 자유를 통해 자유를 주는 것이 이 왕국의 기본 법칙입니다.[6]

---

5 Русские писатели – лауреаты Нобелевской премии. Александр Солженицын, М., Молодая гвардия, 1991, р. 43.

6 실러, 프리드리히 저/안인희 역, 『미학 편지』, ㈜휴머니스트 출판그룹, 2012, 211쪽.

실러는 권리들로 이루어진 국가와 의무로 이루어진 국가의 작동 원리는 '미적인 교류의 영역'인 미적 국가의 기본 법칙에 의해 보완되어야만 한다고 말한다. "인간은 아름다움을 통해 자유에 도달"[7]하는 존재이고 아름다움에 기초한 예술은 비자유의 세계에서 자유로 나아가는 자유의 전위이기 때문이다. 실러는 진리와 선에 기초한 사회혁명적 행동이 미와의 소통을 통해서만 완전해질 수 있다고 미의 구원적 의미를 해석하고 있는 셈이다.

도스토옙스키 역시 미의 구원성을 실러와 같이 이해하고 있다. 그는 1861년 이렇게 말한 바 있다. "미와 미를 구현하는 창작에 대한 욕구는 인간에게 없을 수 없는 필수적인 것이다. 그러한 욕구가 충족되지 않는다면 인간은 한시도 이 세상에서 살아가고 싶지 않을 것이다."[8] 미에 대한 욕구, 그리고 그 욕구를 가장 집약적으로 담아내는 예술창작 욕구가 인간의 필수적 요소이며, 그 무엇보다 중요한 삶의 가치 중 하나라는 말이다. 그러나 미의 가치에 대한 그런 인식에 기초하더라도 현실에서 과연 미가 그런 기능과 역할을 어떻게 수행하는가의 문제는 여전히 남는다. 게다가 미가 언제나 선善, 다시 말해 윤리적 가치를 담보하는 것만은 아니라는 점 때문에 도스토옙스키의 고뇌는 계속된다.

도스토옙스키는 소설 『백치Идиот』에서 "미가 세상을 구원하리라"라고 말하지만, 그 미가 이중적 의미를 지닐 수 있음을 간파하고 있다. 나스타샤 필립포브나의 초상화를 묘사하며 작가는 미인의 얼굴 속에서 한편으로 "오만함과 경멸, 거의 증오라고 할 수 있는" 감정을

---

7 위의 책, 50쪽.

8 Достоевский Ф.М. ПСС, Т. 18, p. 94.

보고, 다른 한편으로는 "뭔가 신뢰가 가는 것доверчивое, 뭔가 놀라울 정도의 단순함простодушное"[9]을 동시에 보고 있다. 나스타샤의 초상화를 본 후 화가인 아델라이다는 열정적으로 말한다. "저런 아름다움은 힘이지 … 저런 아름다움을 지녔다면 세상을 뒤집을 수перевернуть도 있어!"[10] 미가 세상을 뒤집을 수도 있다는 찬탄이다. 하지만 과연 뒤집는다는 것, 그런 힘이 구원인 것인가. 이 질문에 대한 답은 주인공 므이시킨 공작에게서 얻을 수 있다. "오, 선이라면! 모든 것이 구원될 수 있었을 텐데!"[11] 작가 도스토옙스키의 말처럼 들리는 므이시킨의 말은, 세계의 구원을 위해서는 그저 미가 아니라, 선한 미добрая красата가 필요하다는 것이다. 바람직하고 긍정적인 미, 즉 선한 미가 될 때에야 미는 구원성을 담보할 수 있다. 그렇다면 나쁜 미도 있다는 뜻 아닌가. 선한 미와 악한 미, 이렇게 미의 이중성을 분류하는 논리에서 우리는 우선, 그 옳고 그름을 떠나 미를 윤리와 적극적으로 결합된 것으로 보는 도스토옙스키의 태도를 확인할 수 있다.

미라고 해서 다 같은 미가 아니라 선한 미가 있고 악한 미가 있다는 미의 이중성에 대한 도스토옙스키의 인식은 장편소설 『카라마조프가의 형제들Братья Карамазовы』에서 드미트리의 입을 통해서도 드러난다. 드미트리는 미가 신으로부터 오는 것일 수도 있고 악마로부터 오는 것일 수도 있다고 말한다. 신으로부터 오는 것이 '마돈나의 이상'이라면 악마로부터 오는 것은 '소돔의 이상'이다. 당연히 전자가 구원의 이상이자 극미성을 가리킨다면, 후자는 죄악과 타락, 파멸을

9 Достоевский Ф.М. ПСС, Т. 8, p. 68.
10 위의 책, p. 69.
11 위의 책, p. 32.

가리킨다. 드미트리는 두 가지 대립적인 미의 본질이 인간에게 모순적으로 존재하며 변증법적으로 작용한다고 말한다. "여기서 강변이 서로 만나고, 여기서 모든 모순들이 함께 살아가고 있고", "여기서 악마와 신이 싸운다. 하지만 전장은 바로 사람들의 심장이지."[12] 인간의 심장에서 악마와 신이 싸우고 있다는 드미트리의 말은 단순하게 신의 승리가 보장되어 있는 싸움을 의미하지 않는다. 모순적 요소들이 공존하며 함께 살아가고 있고 사람의 심장에서 전투를 벌이고 있다는 말은 그 전투과정, 즉 아직 결론이 내려지지 않은 싸움의 과정이라는 점에 보다 주목하고 있다는 것이다.

미의 이중성 테제는 육체적 미는 악마적인 것이라며 그 존재를 부정하고, 오직 정신적 미의 신성만을 인정했던 중세 종교철학자들의 생각과 유사한 측면이 있다. 하지만 도스토옙스키의 생각은 미의 이중성을 인간 내부에 존재하는 양면적 요소로 보고 그 변증법적 지양의 과정에 주목하고 있다는 점에서 보다 현대적 의미를 지닌다. 이를테면 전체주의 체제에서 인간을 지배하고 억압하는 기제로서 미가 어떻게 활용되었는지를 보면 미의 이중성 테제가 현대에도 얼마나 중요한 문제인지를 알 수 있다. 전체주의 체제는 인간을 더욱 효과적으로 피억압적 존재로, 노동생산의 도구로 만들기 위해 다양한 제의적 의식과 집단적·미적 행위 체계, 노동과정의 미적 조직화를 활용하지 않았던가. 현대의 매스 미디어와 광고 등에서 활용되는 미 역시 인간을 수동적인 소비의 주체로서 더욱 도구화해 가고 있다.[13] 도스토옙스키는 미의 이러한 변용을 탁월하게 인지하고 인간이 미

---

12 Достоевский Ф.М. ПСС, Т. 14, р. 100.

13 2013년 페테르부르그의 거리를 휩쓴 한 화장품 광고에는 "Красота – добра(아름다움은 선이다)"라고 씌어 있었다.

적 투쟁을 통해 스스로 구원으로 나아가야 한다는 점에, 즉 투쟁과 실천에 보다 방점을 두고 있는 것이다. '미인이 아름다운 것이 아니라 사랑하는 사람이 아름답다'는 말처럼 미인 자체가 미가 아니라 사랑하는 사람 자체가 미가 된다. 그리하여 아름다운 여자가 사랑스러운 것이 아니라 사랑받는 여자가 아름다운 존재라는 것이다.

미의 본질과 힘

미는 세계를, 인간을 어떻게 구원할 수 있단 말인가. 도스토옙스키 말처럼 '선한 미'가 '악한 미'를 이긴다는 것은 어떤 구체적이고 현실적인 의미를 가지는가. 선한 미를 의식하고 체험하면 그로써 세상은 보다 아름답고 선한 것으로 변화하는가.

구원이라는 것은 오늘날 아마도 두 가지 의미, 즉 어떤 위험이나 악으로부터 보호하고 구해 준다는 의미와 종교적이고 도덕적인 의미에서 어떤 완전한 상태에 이르게 해줌을 의미한다고 말할 수 있다. 과연 미는 이 두 가지 의미 모두를 충족할 수 있는 것일까.

미의 이중성 테제는 미의 유해함이나 무익함에 대한 반증을 담고 있기도 하다. 미 자체로는 구원의 힘을 확증할 수 없기 때문에 선한 미와 악한 미라는 구분이 필요해진 것이 아니겠는가. 하지만 이런 구분법은 미의 본질을 설명하기보다 미를 윤리의 문제로 이전시키고 있다는 비판에서 자유로울 수 없다. 미를 윤리적 판단, 선과 악에 대한 판단에 의거하는 것으로 개념화함으로써 미가 선을 위한 기능이자 도구라는 기능주의적·도구주의적 이해로 이어질 수 있기 때문이다. 그렇다면 그것은 톨스토이의 『예술론Что такое искусство?』에 표명된 것처럼 극단적인 공리주의적 미의식과 결코 무관하지 않은 것이다.

선한 미라는 개념은 윤리에의 복속으로 나아가고 그것은 다시 자유로운 미의 억압으로 나아감으로써 필연적으로 미의 창조와 수용을 제한하는 현상을 거부하게 된다. 그리하여 '같은 값이면 다홍치마'라는 말처럼, 혹은 "미를 가지고(아름다운 모습으로) 장작을 구하러 숲에 들어가지 마라.С красотой в лес по дрова не ходят."라는 러시아 속담처럼 미란 기껏해야 보조적이고 부차적인 의미로 축소되고 만다. 19세기 후반 미 자체의 힘과 가치라는 테제에 주목하는 새로운 경향들은 이러한 문제의식의 표현이다.

거의 동시대 철학자였던 레온티예프K. Леонтьев는 묵시록적 비관주의에 입각하여 도스토옙스키를 신그리스도주의, 범인도주의적 예언자라고 비판한다. 레온티예프에게 "현상들의 실재 세계에 확실한 것이란 아무것도 없다." 그는 "확실한 것은 오직 하나, 의심할 바 없는 오직 단 하나, 그것은 이 세상의 모든 것은 파멸에 처할 수밖에 없다는 것이다."[14]라고 본다. 거기서 러시아인이 할 수 있는 것이란 아무것도 없다. 도스토옙스키가 말하는 신적인 미의 이상이란 불가능한 종교적 교리일 뿐이고 인간은 그저 할 수 있다면, 개인적인 영혼의 구원이나 모색할 뿐이다. 그러나 그 구원도 그리 쉬운 것이 아니다. 레온티예프는 미 자체 속에 어떤 신비한 힘이 존재한다고 생각한다. 그것이 신으로부터 온 것이든, 악마로부터 온 것이든 어쨌든 이 힘은 선과 무관하며 선을 실현하거나 세계를 구원하는 것과는 아무런 상

---

14 Леонтьев К. Восток, Россия и славянство, М., 1886, Т. 2, p. 290.

관이 없다. 다만 "아름답지 않은 수단인 나무 몽둥이"가 "종종 최고의 목적 달성을 위해 사용되듯이"[15] 그 신비적 힘의 미를 인간이 활용할 뿐이다. 그러나 궁극적으로 그 힘의 미가 세계를 구원하지는 못한다. 도스토옙스키는 이런 레온티예프의 비관주의에 대해 "아니, 모든 것이 운명으로 지워졌다면 뭘 더 노력하고 사랑하고 선을 행하고 할 것인가? 그저 배나 채우며 살라는 말이지."[16]라는 촌평을 남겼다. 극단적 보수주의자로서 레온티예프는 러시아의 사회주의 혁명과 그것이 인간에게 가져올 파국적이고 비극적인 운명을 날카롭게 예언하고 경고한다. 하지만 그의 그러한 비관주의는 도스토옙스키의 촌평처럼 그렇게 '배나 채우고 살라'는 말은 아닐 것이다. 실제로 그의 철학은 19세기 후반 니체주의와 결합하면서 러시아에서 새로운 미학을 추구하는 여러 모색들과 깊이 연관되고 있다. 윤리와의 연관성을 파기하고 미 자체가 가진 힘에 대해 주목하는 레온티예프의 사상은 미 자체의 독립성과 자율성을 추구하고자 하는 현대적 경향들에 일정한 토대를 제공하고 있는 것이다.

레온티예프와 달리, 역시 19세기 말 새로운 미학 경향에 큰 영향을 미친 블라디미르 솔로비요프 В. Соловьев는 '미가 세계를 구원하리라'는 도스토옙스키의 말을 논문 「자연에서의 미 Красота в природе」의 에피그라프로 삼으며 미가 선과 진리와 불가분의 관계에 있다고 확신한다. 그는 1882년 도스토옙스키에 대한 강연에서 이렇게 말한다. "미는 선과 같은 것이고, 또 진리와 같은 것으로, 살아 있는 구체적 형식으로 육체적으로 구현된 것이다. 그 완전한 구현, 그 끝과 목적과 완성은 이

15 Леонтьев К. О Владимире Соловьеве и эстетике жизни(По двум писимам), М., 1912, p. 24.
16 Достоевский Ф.М. ПСС, Т. 27, p. 51.

미 모든 것 속에 존재한다. 도스토옙스키가 미가 세계를 구원할 것이라고 말한 것은 바로 이런 이유에서이다."[17] 솔로비요프는 도스토옙스키의 생각에 전적으로 공감을 표하며 진선미의 일치된 전일체всеединство 개념을 구원의 이상으로 상정한다. 하지만 그는 당대에 미에 대한 수많은 대립적 견해들이 난무하는 것을 목도하면서, 세계 구원의 문제보다 더 시급한 것이 당대의 복잡다단한 비평과 논쟁으로부터 미 자체를 구원하는 것이라고 말한다. 솔로비요프는 당대의 상징주의 미학관을 부정적으로 평가하면서 (이런 점에서 상징주의자들이 솔로비요프의 미학관에서 자신들의 이론적 근거를 찾고 있다는 것은 역설적이다.) 미 자체에 대한 올바른 이해가 필요하다고 말한 것이지만, 거기에는 미 자체의 독립성과 자율성에 대한 당대의 많은 요구들에 대한 일정한 대응이 담겨 있기도 하다.[18]

레온티예프와 솔로비요프의 견해는 약간 맥락을 달리하면서 미 자체의 독립성과 자율성에 더 많은 관심을 기울이기 시작한 19세기 말~20세기 초의 새로운 미학 경향을 촉발하고 있다. '선한 미', 윤리적 미가 세계에 대한 진리적 인식과 윤리적 실천의 가능성을 전제로 진선미의 일치 가능성을 이상으로 설정하고 있다면, 새로운 미학은 세계의 인식 불가능성, 진선미의 일치 불가능성 등에 보다 주목하고 있다. 물론 이러한 현상은 매우 날카로운 대립적 관점으로 보이지만, 그렇다고 해서 새로운 미학운동이 세계의 인식과 미적 이상 자체를 포기하는 것으로 볼 수는 없다. 다만 기존에 주어졌던 일원

---

17 Соловьев В. Стихотворения. Эстетика. Литературная критика, М., 1990, p. 180.

18 솔로비요프의 이러한 전일체 사상과 미학적 견해에 대해서는 박종소의 「솔로비요프의 미학이론」(『러시아연구』 제20권 제2호, 2010)을 참조.

론적 세계관과 실증주의적 세계관의 자리에 보다 다양한 종교적·상징주의적·신비적 세계관이 자리하고 있다는 점이 다를 뿐이다. 다시 말해 윤리적이든 종교적이든 간에 어떤 이상이 여전히 그들의 미학에 매개되어 있는 것이다.

베르자예프Н. Бердяев는 솔로비요프와 마찬가지로 예술에 대한 신비적이고 종교적인 이해를 바탕으로, "예술적 창조를 신의 의지를 수행하고 신의 소명에 복종하며, 이 세계에서 이루어지고 있는 신의 사업에 동참하는 것"[19]이라고 본다. 따라서 베르자예프는 예술, 즉 '신과 함께하는 예술의 창조'에 구원의 힘이 존재한다고 확신한다. 동시에 그는 그러한 예술을 일종의 마술теургия로서 '신극神劇 богодейство'이자 '신인적 창조богочеловеческое творчество'로 인식한다. 마술이란 현실이나 실재하는 존재의 영역을 넘어 새로운 현실, 새로운 존재의 영역과 관련된다. 마술을 통해 예술에서의 미의 창조가 자연에서의 미의 창조와 연결되는 것이다. 베르자예프는 예술을 마술로 봄으로써 도스토옙스키가 제기한 구원의 문제를 해결하고자 한다. "왜냐하면 미는 위대한 힘이고, 세계를 구원할 것이기 때문이다." "마술사-예술가에게서 미를 통한 자연에 대한 인간의 지배가 존재하는 한 말이다."[20] 하지만 그는 솔로비요프가 당대의 상징주의 미학을 부정적으로 보며 미 자체를 구할 필요가 있다고 판단한 것과는 달리, 새로운 미학과 예술 현상에서 더 많은 가능성을 보고자 한다. "삶 자체에서의 새로운 미가 가능하며, 낡은 미의 죽음은 단지 우리의 한계 속에서 우리에게 보여질 뿐이다. 따라서 모든 미는 영원하고 존재의 가장 깊

19 Бердяев Н. Философия творчества, культуры и искусства, В 2 т., Т. 1, М., 1994, p. 362.
20 Бердяев Н. Философия свободы. Смысл творчества, М., 1989, p. 459.

은 핵심에 본질적인 것"[21]이기 때문이다.

이처럼 도스토옙스키의 미의 구원성의 테제는 비록 세부적인 논리에서 반론에 부딪치지만 그 의미의 본질은 결코 변질되지는 않는다. 그의 '선한 미'의 이상은 때로는 종교적 이상과 구원의 의미로, 때로는 진리와 선 간의 보다 단일한 결합으로, 때로는 미의 보다 독립적인 자율성의 의미로 확대되거나 축소되면서 새로운 미학적 모색에 지속적으로 영향을 미치고 있는 것이다. 그 과정은 미의 구원의 의미보다 미 자체의 본성과 특성, 양상에 대한 탐구와 더 많이 연관되고 있지만 미의 윤리적 특성을 절대적으로 부정하는 것은 아니다. 새로운 미의 가능성을 탐색하지만 그것은 새로운 윤리, 새로운 삶의 가치 창조와 밀접하게 혹은 매우 매개적으로 상호작용하고 있다. 이 과정은 이후 은세기의 새로운 미학 탄생 과정을 살펴보는 자리에서 보다 상세하게 검토할 것이다.

세계가 미를 구한다면 ■■■■

윤리와 미학의 긴장은 문학과 예술 자체의 본질적 요소로서 불가피한 상생의 요소이다. 윤리적·미학적 요소의 본질적 상관성, 혹은 진선미 개념의 문학적 연관성 속에서 문학예술사가 형성되고 있다고 말해도 과언이 아니다. 다시 말하면 문학에서 윤리적 요소의 배제도, 미학적 요소의 배제도 문학을 온전히 문학이게끔 만들지 못한

21 Бердяев Н. Кризис искусства. М., 1918(Reprinted in 1990), p. 35.

다. 변혁기 러시아문학과정에서 윤리적 극단과 미학적 극단은 상호 대립적으로 작동하고 문학 창작에서도 서로 다른 방향으로 작품을 견인하는 요소로 작동하는 경우가 많다. 그러나 문학에서 어느 한 요소가 보다 지배적일 수는 있지만 다른 요소의 완전한 배제는 있을 수 없다. 미학적 요소의 극단적 강조로 나아간 상징주의에서도 현대적 윤리의식의 작동을 살펴볼 수 있고, 윤리의식의 강제적 규범을 강조하는 사회주의 리얼리즘 작품들조차도 미학적 요소를 완전히 배제하지 못하고 있음을 분명히 목격할 수 있는 것이다.

문학 활동의 핵심적 요소를 윤리적 지향과 미학적 지향으로 설정하고 양자의 유기적이며 상보적인 연관관계를 탐색하는 것은 문학과 예술에 표현된 윤리성과 미학성의 상호작용을 하나의 소실점으로 귀결되는 일원적 체계로 보지 않고, 다원적이며 유동적인 복잡계로 인식할 수 있는 가능성을 제공할 것이다. 변혁기 러시아문학과 문학과정은 윤리적 지향과 미학적 지향이라는 양 방향의 힘 사이에서 다양한 스펙트럼을 보여주고 있고, 그 스펙트럼 속에는 오늘날 현대문학의 창조와 수용, 나아가 문화의 창조와 수용에서 불가피하게 마주할 수밖에 없는 문제들에 대한 풍부하고 생생한 자료들이 존재하고 있다.

솔제니친은 노벨상 수상 강연에서 미가 세계를 구원할 것인가라는 문제를 제기하고 나름대로 자신의 답을 제시한다.

> 미가 세계를 구원하리라는 말은 우리가 자기 과신에 빠져 있던 유물론적 청년시절에 생각했던 것처럼 진선미라는 오래된 삼위일체, 화려하지만 낡아빠진 그런 공식에 지나지 않는 것일까요? 여러 학자들이 확신하듯 이 세 나뭇가지의 꼭짓점이 서로 만나 합치된다고 하지요.

하지만 진과 선이 지나치게 명백하고, 지나치게 강직하여 서로의 싹을 억누르고 자르고 서로 양보하지 않는다면, 어쩌면 기묘한, 미처 예측되지 않은, 기대하지 않았던 미의 싹들이 바로 그 자리로 뚫고 나와 그 모든 세 나뭇가지를 위한 일을 수행하는 것 아닐까요?
바로 그때 '미가 세계를 구원하리라'라는 도스토옙스키의 말은 실언이 아니라 예언이 되는 것 아닐까요?
…
바로 그때 예술, 문학은 오늘날의 세계를 실제로 도울 수 있지 않을까요?[22]

솔제니친은 도스토옙스키와 솔로비요프와 마찬가지로 진선미의 삼위일체에서 예술과 미에 의한 세계 구원의 가능성을 보고 있다. 그런데 진과 선만으로는 대립을, 때로는 날카로운 적대적 대립을 넘어설 수 없다. 바로 그런 순간에, 미는 다른 두 요소의 대립적 자리에서 합일을 이루어 낼 수 있는 것이다. 솔제니친은 세상의 사람들이 서로 다른 '평가의 눈금'을 가지고 서로를 이해하지 못하는 불통의 세계를 만들어 내고 있으며, 그러한 세계는 필연적으로 파멸로 나아갈 것이라고 말한다.

하지만 이런 이중성에 대해, 멀리 떨어진 타인의 슬픔을 이해하지 못하는 경악할 만한 무능력에 대해 인간의 좁은 시야를 비난할 수는 없습니다. 원래 인간이 그렇게 생겼으니까요. 그러나 한 덩어리로 합쳐진 전 인류에게는, 그러한 상호 몰이해는 격렬한 파멸을 앞당길 뿐입니다. 여섯, 넷, 아니 단 두 개의 잣대하에서도 단일한 세계, 단일한 인류는 불가능합니다. 이러한 리듬의 차이, 흔들림의 차이가 우리를 분열시킵니다. 우리는 심장을 두 개 가지고 살 수 없는 것처럼 더 이상 하

22 Русские писатели - лауреаты Нобелевской премии. Александр Солженицын, p. 44.

> 나의 지구에서 살아갈 수 없게 되는 것이지요.
>
> 그러나 누가 어떻게 이 눈금들을 합칠 수 있을까요? 누가 인류를 위한 단일한 계산 체계를 창조해 낼 수 있을까요? 오늘날 분류되고 있는 바와 같은 악덕과 선행, 관용과 불관용에 적용될 수 있는 계산 체계를요? … 여기서는 선전도, 강제도 과학적 증거들도 무력합니다. 그러나 다행스럽게도 이 세상에 그런 수단이 있습니다! 그것은 바로 예술이고, 문학입니다.[23]

솔제니친은 예술 속에 구현된 미가 사람들 사이의 가치 대립과 그 파멸적 분열을 극복하고 그럼으로써 세계를 구원할 수 있다고 역설한다. 예술적 창조자는 거짓을 이기는 힘을 가지고 있다는 것이다. '진실의 한마디가 전 세계를 이긴다.'는 러시아 속담이나 '말 한마디로 천 냥 빚을 갚는다.'는 우리 속담처럼 말이, 말을 통한 미적 공감과 이해가 세계의 물질적 힘을 이긴다는 것이다.

솔제니친의 뒤를 이어 1987년 노벨상을 수상했던 요십 브로드스키Иосиф Бродский 역시 수상 강연에서 미학적인 것과 윤리적인 것 사이의 유기적 동질성 혹은 내적 통일성에 대해 이야기하면서, 미학을 진선미에 앞서는 보다 본질적인 것이라고 말한다.

> 모든 새로운 미학적 실재는 인간을 위해 그 윤리적 실재를 정확하게 만듭니다. 왜냐하면 미학은 윤리의 어머니이기 때문이지요. '좋다'와 '나쁘다'의 개념은 무엇보다 먼저 미학적인 것으로 '선'과 '악'의 범주를 앞서 예고해 줍니다. 윤리에서 '모든 것은 허용된다'가 성립되지 않는 것은 미학에서 '모든 것은 허용된다'가 성립되지 않기 때문이고, 빛

23 위의 책, p. 50.

의 스펙트럼에서 그 수가 한정되어 있기 때문입니다. 아직 아무것도 모르는 어린 아기가 낯선 사람을 피하며 울거나 아니면 기꺼이 안기는 것은 아기가 본능적으로 도덕적 선택이 아니라 미학적 선택을 하고 있다는 것을 의미하는 것이지요.

문제는 선한 자가 걸작 창조의 보증이 아니라는 것에 있다기보다, 악이, 특히 정치적 악이 항상 나쁜 글쟁이를 만든다는 점에 있습니다. 한 개인의 미학적 체험이 풍부할수록 그의 취향은 더욱 든든해지고, 그의 도덕적 선택은 그만큼 더 분명해지고, 그래서 그는 더욱 자유로워지는 것입니다. 물론 더 행복해지는 것은 아닐 수 있다 하더라도 말이지요. '미가 세계를 구원하리라'라는 도스토옙스키의 말은 플라톤적 의미에서가 아니라 이러한 실용적 의미에서 이해해야 할 것입니다. 혹은 매튜 아놀드의 '시가 우리를 구원하리라'라는 말도 그러하겠지요. 세계를 구원하는 것은 어쩌면 이루지 못할 꿈일지도 모르지만, 그러나 개별 인간에게 그 구원은 언제나 가능한 것입니다.[24]

시는 윤리의 어머니다! 미적 이상의 문제를 단지 선한 미라든가, 마돈나의 이상이라든가, 전일체 등과 같은 추상적 이상으로 설명하기보다 아주 실제적인 의미로 풀어내는 말이다. 브로드스키에 따르면 미는 무엇보다 인간의 태생적 가치 중 하나로서, 윤리를 논하기에 앞서 그 자체로 존재하는 실체이다. 인간은 그 어떤 본능에 앞서 모든 본능을 포함하는 미적 본능을 가지고 있는데, 그것의 풍부한 발현이 인간을 더욱 자유롭게 만들고, 그로 인해 도덕적·윤리적 지향도 보다 완전해진다. 선이라든가 악과 같은 윤리의 문제가 미에

---

24 Бродский Иосиф. Форма времени. Стихотворения, эссе, пьесы, В 2 т., Т. 2, Минск: Эридан, 1992, pp. 454-455.

개입되는 형식은 그다음의 문제이고 별개의 문제이다.

물론 최고의 걸작, 즉 미적 이상의 완벽한 창조를 윤리적 선이 보장해 주는 것은 아니다. 다시 말해 미 자체의 창조는 윤리에 의해 좌우되지 않는다. 하지만 악은 예술 창조자를 위협할 수 있다. 그래서 브로드스키에게는 적어도 나쁜 글쟁이가 되지 않아야 한다는 '개인적' 구원은 절실한 실제적 당면 문제가 된다. 전 인류의 구원이라든가, 세계의 구원이라는 추상적인 문제에 앞서 적어도 미의 나쁜 창조자가 되지 않는 개인적 차원의 문제를 두고 볼 때 도스토옙스키의 말은 분명한 사실로 확인된다.

솔제니친이 진과 선의 예각적 대립의 지점에서 미의 화합적·통합적 역할을 보고 있다면, 브로드스키는 그 논리를 거꾸로 뒤집어 놓고 있다. 미가 어머니로서 선을 낳고 보살피고 있다는 것이다. 이 말은 미의 독립성을 보다 높이 평가하고 그 독립성에 기초하여 진과 선의 개념으로 나아가고자 하는 현대 미학의 주요한 경향을 압축적으로 보여 준다.

전 인류라든가, 전 민중, 노동자와 농민의 해방 등과 같은 거대담론이 추상적이고 이데올로기적인 이상으로 형해화되고 말았다는 반성과 비판은 오늘날 많은 미학과 철학 사상으로 하여금 보다 자율적이고 자발적인 인간 개개인의 주체적 개성과 열망에 주목하게 만들고 있다. 미가 세계에 앞서 개인을 구원한다는 브로드스키의 관찰은 바로 이러한 고뇌의 반영인 셈이다. 비록 미가 세계를 구원하지 못한다 할지라도 한 개인은 미를 통해 부단히 자유로워지기 위해 노력(드미트리의 말로 하자면 '투쟁')해야 한다. 그러한 노력 여하에 따라 선의 크기와 방향도 결정될 것이고 진의 의미와 가치가 확정되며,

궁극적으로는 세계의 구원도 가능해질 것이다.

가만히 생각해 보면 브로드스키의 말은 세계의 구원에 앞서 미를 구해야 한다고 했던 솔로비요프의 말과 일맥상통하는 바가 없지 않다. 미는 추상적 이상으로 고정된 어떤 실체가 아니다. 그것은 끝없이 현실의 삶 속에서 움직이며 변화하며 다층적으로 존재한다. 구체적 삶의 현장에서 미를 창조하고 구현하는 것은 우리의 구원의 과정이기도 하고, 미 자체의 구원의 과정이기도 하다. 예술 창조를 포함하여 삶의 매순간마다 미를 창조해 내는 것은 우리 외부에 존재하는 추상적 이상을 수용하는 것과는 의미의 강조점이 조금 다르다. 아니 어쩌면 그 차이는 건널 수 없는 커다란 차이를 낳는 것일 수도 있다. 추상적 미의 이상과 현실의 구체적 미가 연결되는 지점이 있다면 그것은 단순한 시간적 차이일 것이고, 추상적 미의 이상을 부정하고 오직 현실의 구체적 미를 강조하는 것으로 나아간다면 그것은 건널 수 없는 커다란 차이가 될 것이다.

현실에서 구체적 미의 창조가 극미의 이상으로 지양되는 순간을 세계와 인류의 구원이라고 보는 것이 논리적일 수 있겠지만, 현실 역사에서 그 구원의 순간은 어쩌면 무한히 지연되는 것일지도 모른다. 하지만 바로 그 지연의 역사가 구체적 현실에서의 미의 창조의 의미와 기능을 더욱 촉구하는 것 아닐까.

마야콥스키가 사회적 취향에 따귀를 올려붙이고 푸시킨과 도스토옙스키, 톨스토이를 현대라는 기선에서 내던져 버리라고 웅변한 것은 특정한 삶의 시기에 창출된 미의 생생함의 중요성을 강조하는 것으로 읽을 수 있다. 현대라는 기선이 나아가고 있는 지금 이 순간, 새로운 미의 지도가 필요한 이 순간, 왜 낡은 지도에 매달려 항로를 찾아야 하겠는가. 마찬가지로 김수영 시인의 시가 침을 뱉어야 하는 대상은 부자유한 현실이며 자유를 지향하지 않는 미이다. 이런 점에서 두 시인의 말은, 거대하고 추상적인 미적 이상을 반복하기보다는 삶에서의 미를 창조하기 위한 분투를 강조하는 것으로 읽어도 그리 잘못된 것은 아니리라. 그렇다면 '미가 세계를 구원하리라'라는 말은 다음처럼 보완해도 좋을 것이다.

세계(혹은 우리)가 미를 구한다면, 미가 세계를 구원하리라.

오직 미만이 세계를 구원하는 것은 아니지만, 미를 경유하지 않는 세계의 구원은 불가능하거나 최소한 불완전하다.

변혁기 러시아문학의 자기인식

은세기와 변혁기

19세기 말과 20세기 초 러시아문학을 보통 '은세기Серебряный век' 문학이라고 부른다. 황금기 문학이라는 19세기 러시아문학에 대한 별칭과 더불어 또 하나의 매력적이며 대중적인 예찬이다. 은세기라는 용어는(심지어 대문자로 표기되기도 하는) 그러나 자명한 것만은 아니다. 여전히 많은 연구자들은 '19세기 말 20세기 초(혹은 세기 경계의) 러시아문학(소설, 시 등)'이라는 시대 규정을 많이 사용하고 있고, 그것이 보다 학술적인 용어라고 생각하기 때문이다.

은세기는 원래 페트 A. Фет, 네크라소프 H.A. Некрасов, 마이코프 A.H. Майков, A. 톨스토이 A.K. Толстой, 폴론스키 Я.П. Полонский 등과 같은 19세기 말 러시아 시인들을 지칭하는 용어로 사용되기 시작하였다. 푸시킨을 중심으로 한 19세기 초반의 시 문학 황금기를 계승한다는 의미에서 이들 시인들을 은세기 시인이라고 불렀던 것이다. 그리고 얼마 지나지 않아 은세기는 상징주의자들의 창작에서부터 시작하여 19세기 말과 20세기 초 러시아문학과 예술 일반을 가리키는 말로 적용되기 시작했다.[25]

오므리 로넨 O. Ronen은 은세기에 관한 용어의 역사를 상세히 다루면서 다소 부정적으로 대한다. 로넨은 이 시기, 즉 세기 경계의 러시아 예술과정의 실제 내용과 명칭이 서로 다르다고 지적하며, 은세기라는 명칭은 기표와 기의의 부조응을 낳고 있다고 평가한다. 따라서 그는 "러시아 언어문학이라는 화려한 저택에서" 이 "잘못된 용어"를 추방해야 한다고 말한다.[26] 로넨은 무엇보다 은세기라는 용어가 어떤 이차성, 혹은 부차성의 의미를 담고 있다는 점에서 부적절하다고 말한다. 그것은 인류 문명의 황금시대에 비교하여 로마 문학을 은세기로 부르는 것과 유사하다는 것이다. 그는 19세기 후반기 언어문학만을 은세기라고 불러야 적절하다고 주장한다.

로넨의 러시아어 출판본에 붙인 서문에서 뱌체슬라프 이바노프 Вяч. Иванов는 로넨의 주장에 동의하면서도 과연 "이미 표준적인 용법으로 자리 잡은 것을 바꿀 필요가 있을지"[27] 반문한다. 이바노프의 말처럼

---

25 용어의 발생과 변형에 대해서는, Н. Оцуп의 Океан времени(СПб.: Дюссельдорф, 1993)의 Р. Д.Тименнчик의 해제, О. Ронен의 Серебрянный век как умысел и вымысел(М., 2000)의 제4장-제6장, O. Ronen의 The Fallacy of the Silber Age in Twentieth Century Russian Literature(Amsterdam, 1997) 등을 참조.

26 Ронен О. Серебряный век как умысел и вымысел, p. 124.

27 위의 책, p. 14.

사실 은세기라는 시대 규정이 이미 널리 학계에 수용되고 있는 현실에서 로넨의 말처럼 엄격하게 이 용어를 재규정해야 하는지, 그리고 반드시 그럴 필요가 있을지 쉽게 단정하기는 힘들다.

세기 경계의 러시아 예술운동이 비록 대립적이기는 하지만 황금기로 불리는 러시아 고전 문학의 시기와 아주 깊게 관여되어 있다는 점은 부정하기 어려울 것이다. 바로 이런 연관성 속에서 황금세기와 은세기라는 연상이 가능할 것이므로 이런 용어를 통해 그 계승성과 혁신성을 표현하고자 하는 것이 반드시 잘못되었다고 말할 수는 없다. 물론 이때 황금에 미치지 못하는, 그에 뒤떨어지는 은이라는 물질적 비유에 기계적으로 사로잡힐 필요는 없겠다. 일정한 계승성과 일정한 위계성을 객관적으로 담아내면서, 위대한 예술적 새로움을 가진 '은'과 고전 시대의 '황금'의 위대한 정수 사이의 "서로 혼합되지 않으면서 서로 분리되지 않는неслиянно-нераздельный"[28] 관계의 표현으로서의 은세기라는 명명도 얼마든지 가능할 것이기 때문이다.

사실 오늘날 은세기는 무엇보다 긍정적인 의미로, 매우 귀한 가치를 지닌 우수한 문화예술의 시대라는 기호로 받아들여지고 있다. 사실 금과의 가치 비교를 떠나 은 역시 고귀하고 소중한 것이라는 일차적 의미를 가진다. 때로는 금보다 은이 오히려 더 화려하고 더 탄력적이며, 더 일상적으로 사용된다. 그러니 일마 전까시 제대로 평가되지 못했던 소중한 문화예술의 유산을 다시 검토하고 재건하고자 하는 러시아문학계에서 이 시대를 은세기로 부르는 것은 그 상징적인 의미가 결코 작지 않다고 말할 수 있다. 주로 시의 영역에 사용

---

28 Келдыш К.А. "Русская литература 'серебряного века' как сложная цельность", Русская литература рубежа веков(1890 ~ 1920), Кнуна 1, М., Наследие, 2000, p. 25.

되었던 은세기라는 용어는 이제 세기 경계의 러시아문학뿐만 아니라 예술과 철학 분야로까지 확대되어 이 시대를 나타내는 보통명사로 사용되기도 한다. 황금세기라는 용어 역시 그와 유사하게 변용되어 사용되지 않았던가.[29]

그러나 이렇게 확장된 의미에서도 은세기라는 용어의 의미적 용량은 동일하지 않다. 어떤 사람들은 주로 모더니즘적인 문학과 예술을 그에 연관시키고자 하며, 또 어떤 사람들은 이 시기 문학과 예술 일반(리얼리즘 및 일반적인 정신문화까지 포함하여)을 나타내는 의미로 사용하고자 한다. 후자의 관점에서 보면 "은세기라는 용어는 무엇보다 먼저 연상되는 예술문화특히 시의 최고의 층위를 말하는 것이 아니라, 오늘날 수용되는 의미, 즉 19세기 말에서 10월 혁명까지 러시아문학과 예술사의 한 시기를 나타낸다."[30]

용어의 지나친 외적 확장을 경계하면서 은세기라는 개념의 내적 일관성을 파악하고자 하는 보고몰로프H.A. Богомолов는 은세기를 폴리포니야적 단일성으로 보고자 한다. 그의 견해에 따르면 이 시기 문학이나 예술은 모더니즘에 속해 있거나 리얼리즘에 속해 있는가와 무관하게 일정한 공통의 동시대성을 가지고 있다. 즉 은세기는 "자신의 시대를 완전히 특수한 것으로 인식하는, 무엇보다도 19세기의 경계를 넘어서는" 시대적 총체성을 가지고 있다. 이런 규정이 "은세기 작가들을 한편으로는 톨스토이와 체홉(전적으로 구세기에 매여 있는), 다른 한편으로 세라피모비치A. Серафимович와 치리코프E. Чириков 등과 같이

29 Иезуитова Л.А. "Что называли золотым и серебряным веком в культурной России конце 19 - начала 20 века", Гумилевские чтения: Материалы маждународной конференции филологов-славистов, СПб., 1996, pp. 18-22.

30 Русская поэзия серебряного века. 1890~1917: Антология, М., 1993, p. 3.

자신의 시대를 전통적인 예술관의 견고한 지속으로 인식하는 … 작가들(그들에게는 분명히 원칙적으로 비반복적인 시대로 여겨졌겠지만)과 구분하게 해준다."[31]는 것이다. 물론 여기서 개별 작가에 대해서는 논쟁의 여지가 있다. 이를테면 체홉이 20세기보다 19세기에 매인 작가라는 생각에 현대 체홉 연구자들은 결코 동의하지 않을 것이다. 실제로 체홉은 19세기 황금기 문학의 거장인 동시에 은세기에도 적극적으로 활동했던 작가였다. 후기 톨스토이 역시 19세기 말과 20세기 초에도 여전히 새로운 예술적 모색을 보여 주었으며, 은세기의 젊은 작가들의 예술적·사상적 모색에도 깊이 관여하였다. 세라피모비치 역시 초기 작품들에서 전통적인 세태묘사를 통해 은세기의 긴장되고 극적이며 파국적 분위기를 지닌 모티프들을 보여 주고 있고, 그 문체에서도 '레오니드 안드레예프적인 매혹'을 가지고 있다고 평가되곤 한다.[32] 그러나 세부적인 차이에도 불구하고 시대의 총체성을 파악하고자 하는 보고몰로프의 시도 자체에는 동의하지 않을 수 없다. 황금세기가 이미 19세기 러시아문학 일반을 가리키는 보통명사가 되었다 하더라도 그 시기의 다양하고 모순적인 경향들을 포함하고 있듯이, 은세기 역시 그 시대의 보편적 특성을 지칭하면서도 복잡다단하고 대립적인 경향들의 존재를 동시에 포함하는 용어로 사용될 수 있을 것이기 때문이다.

은세기라는 명칭의 옳고 그름에 지나치게 매달리는 것은 소모적이다. 은세기가 시와 관련하여 사용되기 시작한 용어인 것은 분명하

---

31 Богомолов Н. "Об этой книге и её авторах", Дубинская-Джалилова Т.(сост.) Серебряный век: Мемуары. М., 1990, pp. 5-6.

32 Иезуитова Л.А. "Реалистическая литература 1890 ~ 1907 годов", История русской литературы, Т. 4, pp. 251-252.

고, 여전히 주로 시에 국한하여 이 용어를 사용하는 학자들도 적지 않다. 그만큼 세기 경계의 문화적·정신적 흐름을 시 장르가 지배했던 것도 사실이다. 하지만 은세기가 이미 널리 확대 적용되고 있는 대중적 매력을 지닌 용어라는 점을 감안하면, 19세기 말과 20세기 초 문학 일반을 지칭하는 보통명사로 사용하는 것도 특별히 이의를 달 일은 아니다. 다시 말해 은세기를 그 내적 성격 규정에 따라, 사회주의 리얼리즘이 여전히 경쟁적인 상태에 있을 때까지, 즉 1930년대 초까지 이어지는 것으로 이해할 수 있다. 그러나 이는 아직 널리 확립되어 있는 견해는 아니다.

나는 은세기라는 용어를 1890년에서 1917년까지 시와 모더니즘 문학만이 아니라 전체적인 문학과정과 그 내적 통일성을 지칭하기 위해 사용할 것이다. 그리고 은세기를 포함하여 1930년대 초까지의 확대된 문학과정 전체는 변혁기라는 용어로 지칭한다. 즉 변혁기 중에서 1890년에서 1917년까지의 문학과정만을 가리킬 때 은세기라는 명칭을 사용하겠다는 것이다. 이 시기 문학이 두 시기로 구분되는 측면이 있기 때문에 은세기와 변혁기라는 용어를 함께 사용하는 것은 불가피하다고 생각된다.

모더니즘과 리얼리즘의 대립을 넘어

앞서 말했듯이 이 책에서 다루는 변혁기는 두 시기로 구분된다. 1890년에서 1917년까지 보통 은세기로 불리는 시기와, 1917년 혁명 이후 1930년대 초까지가 그것이다. 이 시기를 하나의 총체적인 문학사적 시기로 보기에는 아직 학계의 통합적 관점이 온전히 성립되어 있지 못한 것이 사실이다. 그만큼 복잡한 모순과 대립의 시대였을 뿐 아니라, 혁명이라는 커다란 분절점이 가로놓여 있기 때문이다.

소련 문예학은 이 변혁기를 모순적 대립과 변증법적 지양의 관점에서 고찰해 왔다. 우선 소련 문학계는 은세기 러시아문학을 모더니즘과 리얼리즘의 투쟁기로 설정하고 있다. 소련 시절 러시아문학사는 이런 관점을 결코 벗어나지 않는다. 당연히 상징주의나 아크메이즘, 미래파 등 은세기를 화려하게 수놓았고 또 오늘날 새롭게 주목의 대상으로 떠오르는 러시아 모더니즘 문화예술 운동은 항상 부정적인 비판의 대상이었고, 이 시기 리얼리즘은 비판적 리얼리즘으로 사회주의 리얼리즘을 예비하는 성격으로서만 긍정적으로 평가되었다. 소련의 이런 시각을 가장 잘 보여 주는 것은 1954년 열 권으로 발행된『러시아문학사』[33]이다. 개별 작가에 대한 많은 연구와 방대한 자료로 가득 차 있는 이 문학사는 일부 문학적 사실과 전문적인 연구를 제외하고는 소련 문학계의 이데올로기적 관점을 철저히 대변하고 있다. 상징주의나 아크메이즘, 미래파 등 근대적 실험들은 몰락해 가는 부르주아의 퇴폐적 정서를 대변하는 것으로, 리얼리즘은 프롤레타리아 문학 정신으로 새롭게 혁신을 거듭하며 사회주의 리얼리즘으로 성장해 가는 것으로 설정되어 있는 것이다. 이러한 도식에 따라 이 책은 이념의 대립과 갈등 구도를 과도하게 단순화하고 은세기 문학을 이데올로기 투쟁의 장으로, 문학가들 간의 대립과 모순의 시기[34]로 설명해 낸다.

---

33 История русской литературы в 10 т., М.-Л., 1954.

34 위의 책, T. 10, pp. 187-188.

1970년대 초 새롭게 집필되어 세 권으로 출간된 『19세기 말 20세기 초 러시아문학사』[35]는 이런 경향으로부터 상당한 질적 변화를 보여 주고 있는데, 소련의 시각을 완전히 극복한 것은 아니지만 새로운 연구로 나아가는 과도기에 속한 저작이라고 말할 수 있다. 이 책의 저자들은 사회주의 리얼리즘과 관련된 부분에 있어서만큼은 이전의 시각을 분명히 고수하면서도, 다른 많은 문학 현상들과 작가들에 대해 과거와는 다른 관점을 선보이고 있다. 특히 모더니즘 문학을 그 내적 논리에 따라 엄밀하게 재구성함으로써 학문적으로 상당히 의미 있는 자료를 제공한다. 또한 리얼리즘에 대해서도 이전 문학사에서는 사회주의 리얼리즘으로 나아가기 위한 과정적인 의미로만 평가했다면, 이 책은 그 특성에 대해 좀 더 세부적인 연구를 보여 준다. 리얼리즘에 대한 이러한 새로운 접근은 켈드이쉬В. Келдыш에 의해 『20세기 초 러시아 리얼리즘』[36]으로 집약되고 있다. 그러나 켈드이쉬의 책 역시 여전히 리얼리즘에 대해 과도한 가치 평가를 하고 있다는 것은 부정하기 힘들다. 당대에 상징주의를 비롯한 모더니즘 문학운동들에 비해 리얼리즘(비판적 리얼리즘으로 부르면서)을 중시하고 보다 비중 있게 평가함으로써 '리얼리즘 중심주의적'이라는 소련 문예학의 기본 경향을 완전히 넘어서지는 못하는 것이다. 그런 이데올로기의 흔적은 모더니즘 항목들에서도 마찬가지로 묻어난다. 하지만 이런 불만에도 불구하고 1970년대의 새로운 문학사와 개별 연구서들은 나름대로 변혁기 러시아문학에 대한 소련시대의 통념을 전체적

35 Русская литература конца 19 – начала 20 в.: Девяностные годы, М., ИМЛИ РАН, 1968. Русская литература конца 19 – начала 20 в.: 1901 ~ 1907, М., 1971. Русская литература конца 19 – начала 20 в.: 1908 ~ 1917, М., 1972.

36 Келдыш В.А. Русский реализм начала 20 века, М., 1975.

으로 혁신하고 있다고 평가할 만하다. 특히 새로운 문학사의 부록으로 실린 방대한 문학사 연대표는 당대의 잡지, 신문, 문서 등을 체계적으로 정리해 낸 것으로, 이후 연구의 매우 중요한 기초자료로 활용되고 있다.

소련 문예학계의 완고한 이데올로기 도식에서 벗어나 보다 학문적으로 변혁기 문학에 접근하려는 노력은 이후 점차 강화된다. 이를테면 켈드이쉬는 "20세기 초 러시아 예술을 말해 주는 지적 분위기, 개인적 예술적 표상들의 총합적 특징이 있다면 그것은 시대에 대한 극적으로 긴장된 체험, 날카로워진 개인감정, 세계인식의 평면적·경험적·실증적 방법으로부터의 탈피, 형상 언어의 갱신과 활성화 방법 모색 등"[37]이라고 봄으로써 적대적 대립이라는 도식을 넘어 시대의 총체성에 다가가고자 한다.

1977년 발표된 돌고폴로프Л.К. Долгополов의 논문 「세기 경계 – 문학적 시대의 경계」[38]는 은세기 문학의 다양한 흐름들 속에서 중요한 공통점을 찾아내려는 노력을 보여 준다. 다시 말해 매우 대립적으로 이해되던 이 시기 각종 문학 유파나 동인 등이 사실은 그렇게 엄격하게 구분되는 것이 아니며, 오히려 어떤 중요한 공통성을 가지고 있다는 것이다. 이런 견해는 1983년 타게르E. Тагер의 논문 「20세기의 기원들」에서 보다 진화한다. 타게르는 은세기의 빼어난 리얼리스트와 모더니스트들이 "역사적 대변혁기의 역동적인 파국성"[39]을 공통으로 느끼고 있으며, 이런 공통 감각 속에서 문학적으로나 예술적으로 서

37 위의 책, p. 215.

38 「Рубеж веков – рубеж литературных эпох」. 이 논문은 처음에 『Русская литература』 1976년 제1호에 「Русская литература конца 19– начала 20 века как этап в литературном развитии」로 게재.

39 Тагер Е.Б. Избранные работы о литературе, М., 1988, p. 289.

로 소통하고 교류하고 있다고까지 주장한다.

은세기 문학에 대한 보다 혁신적인 연구는 러시아 망명문학가들과 외국 학자들에 의해 시작되었다. 소련에서의 연구가 아주 서서히 조금씩 변화하고 있었다면, 러시아 바깥의 연구자들은 보다 과감한 문제의식과 새로운 접근방법으로 은세기를 다루기 시작했다. 특히 그들은 소련 문학계와 대조적으로 은세기 모더니즘 문학 현상을 매우 높이 평가하고 부단히 그 가치를 재평가해 나갔다. 가장 대표적인 예가 안드레이 벨르이А. Белый에 대한 연구일 것이다. 벨르이는 소련에서는 거의 망각된 작가였지만 1950년대 말 서구에서 부활하여 지속적인 관심의 대상이 되었다. 1980년대 초부터는 벨르이 국제학회가 조직되고 다양한 학술대회와 학회 소식지가 발간되었으며 서지작업도 세밀하게 이루어졌다. 그러나 정작 모국인 러시아에서는 1990년대 후반이 되어서야 그에 대한 연구가 제대로 대접받기 시작했다. 은세기 모더니즘과 시인, 작가들에 대한 연구도 상황은 거의 마찬가지였다.

은세기에 대한 서구의 연구 수준을 보여 주는 가장 중요한 저작으로는 1987년 프랑스에서 발간되었지만 1995년에야 러시아에 번역 소개된 『20세기 러시아문학사. 은세기』[40]를 꼽을 수 있다. 상징주의와 종교철학적 모색들, 문학비평, 다양한 산문들, 공연예술, 그리고 상징주의 위기와 미래파, 아크메이즘의 발생, 러시아 아방가르드, 음악과 회화 등 이 책은 그동안 러시아에서 미처 다루어지지 못했던

---

40 Georges Nivat et autres(ed.). Historie de la Litérature Russe le 20e Siècle: L'age D'argent. Librairie Arthème Fayard, 1987. Жоржа Нива(под. ред.) и другие. История русской литературы 20 век. Серебряный век. М., Прогресс, ЛИТЕРА, 1995.

은세기의 다양한 문화예술 현상들을 망라하고 있다. 그 밖에 개별적인 연구자들의 연구에서도 외국에서의 은세기 연구는 한동안 러시아를 훨씬 앞서 있었던 것이 사실이다.

그러나 서구에서의 은세기 연구는 모더니즘과 리얼리즘의 대립구도에서 모더니즘에 보다 중점을 두고 있다는 점에서 모더니즘 중심주의라는 비판을 일정 부분 피할 수 없다. 소련 국내의 연구에서는 프롤레타리아 문학운동을 중심에 두고 비판적 리얼리즘을 거쳐 사회주의 리얼리즘으로 발전해 갔다는 이데올로기적 도식에 입각한 연구가 주도적이었다는 점은 앞서 말한 바 있다. 오늘날 그러한 도식은 극복되어야 마땅하다. 그리고 사실 모더니즘 운동이 양적으로나 질적으로 은세기의 지배적인 특징이라는 점도 부정할 수 없는 사실이다. 그러나 과거의 도식에 대한 반발이 또 다른 극단으로 나아가다 보면 또 다른 왜곡으로 이어질 수도 있다는 점을 외면해서는 곤란하다. 자연주의 산문들이 상당한 대중 독자들의 시선을 사로잡았던 주목할 만한 현상이었다는 점, 은세기의 공통적인 시대정신 속에서 리얼리즘 문학에서의 혁신이 이루어지고 있었다는 점, 프롤레타리아 문학운동 역시 분명한 문학사적 의미 속에서 재평가되어야 한다는 점 등을 완전히 배제하는 것은 온당하지 못하다. 농민의 삶과 현실을 새롭게 담아낸 농민문학이 형성되고 있다는 점도 잊어서는 안 될 것이다. 비록 이들이 대체로 예술성이 부족한 이급 문학이라 하더라도 나름대로 독특한 이념적 주제와 예술적 지향성을 지니고 있으며, 은세기 시대정신의 한 측면을 잘 보여 주고 있는 것은 부인할 수 없는 사실이다. 경향적이고 이데올로기적으로 그 의미를 과도하게 평가하자는 것이 아니라면 이런 다양한 현상의 존재와 의미에 대해 학문적으로 정당한 관심을 배분하는 것은 필요하고도 합당한 일이 아닐 수 없다.

서구에서의 모더니즘 연구는 리얼리즘에 대한 배타적 지향과 모더니즘에 대한 거부라는 소련 문학계의 일방성에 대한 비판이자 대안으로서 매우 유용하고 가치 있는 업적이다. 그러나 양 진영의 이론적 대립구도는 문학사를 바라보는 온전한 시각을 제공하지 못할 것이다. 문제는 이 시기에 대한 종합적이면서도 통일적인 새로운 문학사적 관점을, 즉 은세기의 다양한 모색과 실험 속에서 오늘날 가치 있는 유산을 계승하기 위해 사실에 입각한 균형 잡힌 시선을 확립하는 것이다. 오늘날 이 시기 문학연구에 대한 많은 편견들이 거의 사라졌다고 말할 수 있지만 그것을 대체하여 갱신된 개념들이 아직 완전히 구축되지는 못했다. 이런 점에서 가장 중요한 과제는 이 시기 문학운동을 리얼리즘과 모더니즘의 대립과 갈등, 대결과 상호배제의 범주로 보고자 했던 견해와의 결정적 단절이다. 리얼리즘과 모더니즘의 대립이라는 도식은 "20세기 문학처럼 몹시 역동적이고 다면적인 현상을 포착하고, 한 걸음 더 나아가 이를 파헤치기에는 부족하다."[41]는 말은 전적으로 옳다.

41 Зверев А. "20 век как литературная эпоха", Вопросы литературы, М., 1992, Вып. 2, p. 42.

변혁기 러시아문학과정의 총체성은 무엇보다 새로움에 대해 다양한 문학체계들이 개방적 태도를 공유하고 있다는 점에서 찾을 수 있다. 많은 체계들이 서로 대립적으로 존재하고 있지만 이들은 지속적으로 변화하며 서로 관계·소통하고 있다.

문학체계들이 상호 소통하며 변화·발전한다는 말은 대립 자체를 부정할 정도로 각각의 체계들이 무제한적으로 열려 있다는 의미는 아니다. 이를테면 리얼리즘과 상징주의가 세기말과 세기 초의 문학사상의 근본적인 대립구도를 형성한 것은 분명한 사실이다. 19세기 러시아문학은 하나의 예술적 경향의 압도적 우위하에서, 즉 주로 리얼리즘 산문의 지배하에서 진행되었고, 대다수 문학적 대립과 논쟁들은 리얼리즘 문학을 둘러싸고 전개되었다고 말할 수 있다. 그러나 1890년대 상징주의의 탄생과 더불어 문학운동은 두 개의 특수한 예술적 사고의 경쟁판이 된다. 상징주의 계열과 리얼리즘 계열에 속한 작가와 비평가들은 아주 과격하고 철저하게 서로를 부정하기에 급급했다. 가능한 한 상대를 자극하고 폄하하려는 날카롭고 신랄한 언어가 아낌없이 동원되었고, 어느 편인지가 무엇보다 중요한 판단의 근거였다. 하지만 그렇다 해도 그런 현상이 이 시기의 복잡다단함을 완전히 대변하는 것이라고 이분법적으로 단순화할 수는 없을 것이다. 이들의 대립은 언표상 드러나는 대립 못지않게 본질적 측면에서는 상호 교차하고 소통하는 측면을 많이 지니고 있었기 때문이다.

이 시기 문학지형의 가장 큰 특징은 바로 서로 다른 문학체계들의 다양성과 혼재성, 교차성이라고 말할 수 있다. 안드레예프Л. Андреев는 자신에 대해 "유복한 데카당들에게는 경멸받는 리얼리스트요, 누대의 리얼리스트들에겐 의혹스러운 심볼리스트"[42]라고 말한 바 있다. 새로운 리얼리스트로 출발한 안드레예프는 상징주의 문학의 영향을 수용하면서 색다른 문학세계를 구축해 왔다. 따라서 위의 언급은 그런 그를 어느 하나의 체계로 가두어 설명하려는 시도들에 대한 불만의 표시였다. 다른 한편 상징주의자였던 브류소프 В. Брюсов 는 톨스토이의 『예술론』을 읽고 나서 이렇게 말했다고 한다. "톨스토이의 사상은 나의 사상과 너무나 일치해서 난 처음에 절망에 빠져 그에 항의하기 위해 '편집부에 보내는 편지'를 쓰고 싶을 정도였다."[43] 그리고 자신이 예술을 소통의 도구로 보는 톨스토이 사상의 선구자라고까지 말한다. 상징주의자들이 도구로서의 예술을 부정하는 데 앞장섰다는 점을 생각하면 상징주의의 선도주자 중 한 사람의 입에서 나온 말이라고는 믿기 어려울 정도이다. 상징주의로 출발했고, 그 최고의 예술성을 보여 주었다고 평가되는 알렉산드르 블록 А. Блок 은 「1907년 문학 결산」, 「리얼리스트에 대하여」, 「현대 비평에 대하여」 등에서 문학적 고립주의에 반대하고 리얼리스트의 장점을 언급하며, 사실 상징주의자들이 그들과 현저히 접근해 있다고도 말한다. 그러나 그럼에도 불구하고 블록은 그들과 자신의 진영을 가르는 현저한 거리 자체를 몰각하지는 않는다. "우리 시대 가장 특징적인 현상 중 하나는 '리얼리스트들'과 '상징주의자들'의 '만남'이다. 하지만 이 만남은 '냉담한' 만남이다.('어쩌면 나중에는 달라질지도 모르겠다.') 마치 로미오와 줄리엣이

42 Литературное наследство, Т. 72, М., 1972, p. 351.
43 Брюсов В. Дневник, М., 1927, p. 32.

죽은 뒤에야 너무 늦게 화해하는 몬태규 가문과 캐플렛 가문처럼."[44]

세계관적 차원에서나 예술가 개인적 차원에서나 서로의 경험을 공유하고자 하는 마음과 비판적 논쟁은 다양하게 이루어지고 있다. 브류소프는 20세기 초 문학 정세에 대해 "모든 예술의 시작은 현실에 대한 관찰이라는 것이 점점 더 분명해지고 있다. … 우리 시대에 '관념적' 예술은 … 지나치게 서둘러 점유하고 있는 입장들을 정화해야만 한다. 미래는 분명 아직 발견되지 않은 종합, '리얼리즘'과 '관념론' 사이의 종합에 속할 것이다."[45] 이 시기를 모더니즘과 리얼리즘의 대립으로 이해하고자 했던 사람에게는 정말 새롭게 주목해야 할 언급이 아닐 수 없다. 핵심적으로 요약된 이론으로서 상징주의와 리얼리즘은 분명 서로 대립적이었고, 그에 참여한 문학가들도 상이했으며, 그들의 지향도 분명 대립을 넘어 적대적이기까지 하다. 하지만 정작 당시 각각의 체계를 구축해 가던 문학가들에게는 대립성 자체가 아니라, 소통과 종합을 통한 지양이 보다 우선적 과제였다는 점을 브류소프는 확인해 주고 있다.

그 당시 두 유파가 화해하고 같은 언어를 찾아가야 한다는 생각은 많은 리얼리스트들에게서도 찾아볼 수 있다. 물론 리얼리즘 내부에서도 다양한 갈래가 존재했고 이들 사이의 대립도 만만치 않았다. 혼재와 혼종, 교차는 부인할 수 없는 은세기 리얼리즘의 특징 중 하나이다.

이 시기에 리얼리즘은 '네오리얼리즘неореализм'이나 '새로운 리얼리즘

44 Блок А. Собр. соч., В 8 т., Т. 5, pp. 205-206.

45 Брюсов В. Среди стихов. 1894~1924. Манифесты. Статьи. Рецензии, Сост. Н.А. Богомолов и Н.В. Котрелев, М., 1990. pp. 169-170.

новый реализм' 등과 같은 용어로 새롭게 지칭되었다. 하지만 이 개념들에는 서로 다른 의미가 존재한다. 우선 '새로운 리얼리즘'이란 말은 기존의 리얼리즘의 계승 속에서 진행된 새로운 변화과정을 가리키는 것으로, 대체로 보통명사처럼 사용되었다. '새로운 리얼리즘'은 고전적 리얼리즘의 정신을 계승하면서, 19세기 말 유행하기 시작한 자연주의와의 단절을 주장하였던 반면 모더니스트들의 개별적인 '기술적' 성과를 수용할 것을 주장하곤 했다. 하지만 일부 비평가들은 '새로운 리얼리즘'을 모더니즘 예술에 개방적이며 심지어 그것과의 결합을 지향한다는 의미로 이해하기도 했다.[46] 반면 '네오리얼리즘'은 상징주의와 모더니즘이라는 개념에 대응하여 보다 독자적인 리얼리즘적 경향을 지칭하기 위한 용어로 사용되었다. 이를테면 볼로쉰M. Волошин은 '네오리얼리즘'은 "분석과 관찰에 토대를 둔 … 이념"으로 현실 세계에 대해 보다 깊은 관심을 가지고 있지만 그 토대는 상징주의에서 찾을 수 있다고 말한다. 그에게 네오리얼리즘은 "상징주의로부터 발생한" 것이고, "상징주의 토대에서 강화된 것"[47]이었다. 볼로쉰에게 상징주의에서 네오리얼리즘으로의 전이, 예술의 새로운 유기적 종합으로 전이는 본질적으로 모더니즘 운동 내부의 분화와 발전이었다. 하지만 상징주의적 경향과 리얼리즘적 경향 사이에서 레오니드 안드레예프는 상징주의 문체의 영향을 짙게 보여 주는 자신의 모더니즘적 작품들을 네오리얼리즘이라고 생각했다. 물론 안드레예프는 『인간의 삶Жизнь Человека』과 같은 극작에서는 인상주의적 노선을 취하고 있기도 하고 심지어 신비주의적 리얼리즘, 문체화된 리얼

46 Муратова К.Д. Реализм нового времени в оценке критики 20 века, Л., 1972, pp. 151-153.
47 Волошин М. Лики творчества, Изд. подгот. В.А. Мануйлов и др., Л., 1988, pp. 60-62.

리즘 등과 같은 용어를 사용하기도 하는 등 특정한 경향에 묶이기를 거부했다. 당시 상징주의와 새로운 리얼리즘, 혹은 네오리얼리즘의 경계를 넘나들며 상호 영향관계에 있었던 작가들은 벨르이, 솔로굽Ф. Сологуб 에서 쿠프린А. Куприн 과 텔레쇼프Н. Телешов 에 이르기까지 그 폭이 매우 넓다고 말할 수 있다. 하지만 이들은 그 시대 문학사상의 지형도에서 본다면, 아주 대립적일 정도로 서로 멀리 떨어진 곳에 자리 잡고 있을 것이다.

상징주의 작가들이나 리얼리즘 작가들이 개념을 주관적으로 사용하면서 개념의 엄밀함이 사라져 버리곤 했지만, 바로 그런 점에서 이 시대의 다양한 예술노선들이 서로 접근하며 상호작용하고 있다는 사실이 거듭 확인되는 셈이다. 이런 점은 당시에 나온 벤게로프С.А. Венгеров 의 문학사에서도 이미 인지되고 있다. 벤게로프 문학사는 아직 문학사 서술 방법론이 제대로 정립되지 않았던 당시의 학문적 수준을 반영하듯 개념이나 정의가 모호하고 논리적 체계성도 허약하다고 평가된다. 하지만 은세기에 대한 기본적 인식태도에 있어 당대 문학계의 실제 상황을 엿볼 수 있게 해준다는 점에서는 매우 중요한 의미를 지니고 있다. 벤게로프는 서문에서 "이 책은 19세기와 20세기의 경계에 있는 다소 짧은 러시아문학사 기간을 다룬다. 그럼에도 불구하고 이 시기가 내게는 총체적이고 종결된 것으로 보인다. 따라서 이 20~25년의 공간에서 문학사 과정의 단일성을 파악하고자 하는 시도가 전적으로 필요하다고 생각된다. 그것 없이는 문학적 삶의 과정이 우연한 현상들의 무질서한 축적에 불과하다."[48]라고 말한다.

48 Венгеров С.А. Русская литература 20 века(1890 ~ 1910), В 3 т., Т. 1, М., 1914, p. IX.

벤게로프는 이 시기를 모더니즘과 리얼리즘이라는 대립구도가 아니라, 보다 '총체적이고 종결된 것'으로 볼 수 있는 단일한 관점이 필요하다고 말한다. 물론 그렇다고 해서 그는 단순하게 모든 것이 조화롭게 존재했다고 주장하는 것은 아니다. 오히려 그 반대로 그는 은세기의 다양한 모순성을 분명히 인지하고 있다. "우리가 살펴보려는 이 시기에 매우 빠르게 교체되는 다종다양한 정신적 토대들과 분위기, 유행하는 슈제트, '문제들'에 일반적인 시선을 던지면 눈앞에 얼룩지는 그런 알록달록함пестрота을 보게 될 것이다."[49] 그러나 동시에 그는 그 다색적인 수많은 문학경향들의 만화경 속에서 그 모든 것을 묶어 주는 단초를 찾으려고 노력한다. 그는 1890년대의 흐름 속에서, 그리고 이어지는 시기와의 유기적 연관 속에서 사회학적 분위기와 욕망들을 하나로 묶어 주는 어떤 '붉은 줄'을 그어 보고 싶었던 것이다. "연대기적으로 동세대에 속하는 작가들은 서로 긴밀하게 결합하고 있다. 물론 그들이 언제나 그걸 인식하고 있었던 것은 아니며, 때로는 가혹해 보일 정도로 서로 적대적이기도 하였다. 그러나 적대라는 것은 사람들이 어떤 것에 관심을 가지고 있고, 그래서 자신의 관심 대상에 다양한 방면으로 접근하고 있을 뿐이라는 것을 가장 선명하게 증명하는 것이다. … 그들은 일견 공통점이 하나도 없는 것같이 보이지만, 그들의 전 시기를 관통하는 붉은 줄들이 있는데 그것들이 심리적 분출들을 하나로, 그리고 심지어 사람들의 사회학적 분위기와 욕망들을 하나로 묶어 주고 있는 것이다."[50]

물론 벤게로프는 분명한 차이조차 무시한 채 모든 문학경향들을

49 위의 책, p. 5.
50 위의 책, p. 6.

네오로만티즘нео-романтизм 이란 하나의 개념으로 몰아가고 있다. 그런 태도는 있을 수 있는 차이조차 무시한 채 모든 것을 포괄하는 무차별적 집합주의라고 비판을 받는 부분이다. 벤게로프는 이 시기 새로운 예술을 19세기 고전적 낭만주의 전통의 변형으로 보면서 당대 문학운동의 '문학 심리학의 단일성'을 파악하려고 하였다. 그것은 새로운 사회상황에 조응하는 일종의 심리적 각성이자 시대의 긴박함에 대한 공통의 대응 감정이었다. "그런데 긴급성과 낭만주의, 이것은 말하자면 동일한 것이다."[51] 벤게로프의 이런 개념은 지나치게 단호하고 단순한 것이 아닐 수 없다. 하지만 그런 시도 속에 20세기 초 러시아문학의 모든 양상에 특수하게 존재하는 심리적 경향에 대한 통찰이 들어 있음은 분명하다.

이 시기 문학과정을 총괄하려는 벤게로프의 개념은 당대의 많은 예술가들에 의해 다양하게 변주된다. 그리고 이후 망명문학이나 해외 연구자들에게 기본적인 영향을 주었고 그것은 다시 러시아 국내에서도 일정한 반향을 얻게 된다. 이를테면 자먀친은 그런 개념을 예술적 재무장의 기본 도구로 간주하며 통합적 관점으로 수용한다. "리얼리즘은 세계를 단순한 시각으로 보고 있다. 하지만 상징주의는 세계의 표면을 뚫고 그 골격을 보고자 한다. 상징주의는 세계와 단절했다. 이것은 테제이고 반테제이다."[52] 테제와 반테제를 하나의 신테제로 묶는 과제, 거기에 "리얼리즘의 현미경과 무한성으로 다가가는 천체망원경적인 상징주의의 렌즈가 동시에 존재할 것이다."[53]라는

---

51 위의 책, p. 19.
52 Замятин Е. Я боюсь: Литературная критика. Публицистика. Воспоминания, М., Наследие, 1999, p. 77.
53 위의 책, p. 95.

것이다.[54]

은세기를 '종합적собирательное'으로 보고자 하는 벤게로프의 착상 자체는 오늘날에도 유용하게 계승할 필요가 있을 것이다. 물론 모든 경계를 무화시키고 단일한 하나의 경향으로 묶어 내는 것은 사실에 부합하지도, 바람직하지도 않다. 오늘날에도 이런 종합적 사고는 여러 측면에서 시도되고 있다. 물론 다양한 예술활동과 결과들을 묶어 내기 위해서는 그 내적·유형적 수준, 즉 각 체계의 다양한 내적 형식 차원에서의 검토가 필요할 것이고, 다른 한편으로는 체계들 사이의 상호성 수준, 즉 각 문학조류들 사이의 관계와 접촉, 교차와 혼종의 수준이 검토되어야 할 것이다. 내적·유형적 수준에서 본다는 것은, 이를테면 러시아 모더니즘을 특수한 종합적 단일성으로 보고 그 내부에서 초기와 후기 상징주의, 아크메이즘이나 미래파 등을 복잡한 단일성으로 고찰한다는 것을 의미한다. 가스파로프M. Гаспаров나 뱌체슬라브 이바노프, 스미르노프B. Смирнов, 토포로프B. Топоров 등의 연구가 이런 입장을 취하고 있다. 가스파로프는 러시아 상징주의에는 파르나스парнасцы; 19세기 후반 프랑스 예술지상주의와 프랑스 상징주의의 "이율배반적"인 결합(파르나스의 엄격성과 상징주의의 불안정성)이 이루어져 있다고 말한다. 그리고 "그것은 후에 상징주의를 대체한 두 개의 새로운 유파에 의해 습득되었는데, 아크메이즘은 비록 짧은 기간이었지만 파르나스적 전통을 이어받았고 미래파는 상징주의적 전통을 이어받았다."[55]

그러나 후자, 즉 체계 상호 간의 교차와 혼종으로 이 시기를 단일

54 이런 종합주의(синтетизм)에 근거하여 자먀친은 1920년대 네오-리얼리즘 문학론을 전개한다. 이에 대해서는 김홍중의 「혁명기 러시아문학과 네오리얼리즘」(『노어노문학』 제23권 제1호, 2011)을 참조.

55 Гаспаров М.Л. Связь времен: Проблемы преемственность в русской литературе конца 19 - начала 20 века, М., 1992, pp. 244-255, 262-263.

하게 보기 위해서는 전자의 노력을 포함하되, 리얼리즘과 모더니즘을 이 시기의 고유한 특성을 형성하는 공동 구성요소로 보아야 한다. 이 시기 문학과정의 다양한 유파나 운동들이 그 독자성과 더불어 지속적인 교류와 소통, 혼종과 교차를 통해 총체성(때로 피할 수 없는 모순들을 가진)을 형성하고 있으므로 그것을 중심으로 이 시대에 대한 복잡한 단일성을 고찰하자는 것이다. 최근의 러시아문학연구에서는 이처럼 이 시기 문학사를 복잡한 단일성, 혹은 폴리포니야적 단일성의 관점에서 보다 총합적이고 총체적으로 재구성하고, "단일한 총체의 긴밀하게 서로 연관된 대립항"[56]으로 고찰하려는 시도들이 일정한 성과를 보여 주고 있다. 이러한 복잡한 총체성 개념을 통해 은세기 문학과정을 통합하고자 하는 대표적인 학자는 켈드이쉬이다. 그는 개별적 문학조류들의 특성을 밝히고 상징주의와 리얼리즘, 리얼리즘과 자연주의, 리얼리즘과 네오리얼리즘, 아크메이즘과 상징주의, 네오리얼리즘과 미래파 등 각 유파 상호 간의 밀접한 소통과 혼재를 밝히면서 이 시기를 보다 총체적으로 사고할 가능성을 탐색하고 있다.[57] 이들의 연구 결과는 이 책의 관련 부분에서 인용되고 활용되며 보다 상세하게 설명될 것이다.

---

56 Мусатов В. "Взгляд на русскую литературу 20 века", Вопросы литературы, 1998, No. 3, p. 82.

57 Келдыш В.А. О серебряном веке русской литературы: Общие закономерности. Проблемы прозы, М., 2010. 켈드이쉬 외에도 이러한 총체적 관점은 다음과 같은 여러 저작들에서 견지되고 있다. Гаспаров М.Л. Связь времен: Проблемы преемственность в русской литературе конца 19 - начала 20 века, М., 1992. Русская литература 20 века: Направления и течения, Вып. 1,2, Отв. ред. Н.А. Лейдерман, Екатеринбург, 1992. Литература. Стиль: Стилевые закономерности русской литературы 20 века(1900~1930 гг.), Отв. ред. В.В. Эйдинова, Екатеринбург, 1994. Время Дягилева: Универсалии Серебряного века. Третьи Дягилевские чтения. Материалы, Вып. 1, Пермь, 1993. История всемирной литературы, Т. 8, М., 1994. Смирнова Л.А. Русская литература конца 19 - начала 20 века, М., 1993.

변혁기 러시아문학의 윤리와 미학

2

은세기의 새로운 미학운동과 윤리성

새로운 미학적 도전

은세기 문학을 새로운 시기로 규정할 수 있는 것은 무엇보다 그 예술적 사고의 대혁신 때문이다. 은세기의 시작은 러시아 황금기 문학의 쇠퇴기였고, '잿빛 체홉의 시대'로 불리는 1880년대의 위기에서 벗어나면서 시작된다. 코롤렌코 В. Короленко 는 이 시기의 특징을 "정부의 반동은 대중적·사회적 분위기 깊은 곳에서의 반동과 병행하여 진행되었다"[58]라고 진단한 바 있다. 이러한 암울한 사회 문화의 분위기를 벗어나 1890년대에는 사회 현실과 역사에 대한 새로운 인식과 함께 개인적 삶과 문화에서 새로운 기류가 나타나기 시작한다. 물론 이러한 새로운 분위기에 대한 인식과 대응은 매우 다양하고 상호 매개적으로 나타나는바, 특히 문학과 예술이 그 분위기를 가장 먼저 예감하고 선도해 나간다.

톨스토이는 「세기의 끝」 1905년 에서 "성서적 의미에서 한 세기와 세기의 종말은 단순히 100년의 시대가 끝나고 시작하는 것을 의미하지 않는다. 그것은 한 세계관, 하나의 믿음, 사람들이 소통하는 하나의

58 Короленко В.Г. Собр. соч., В 10 т., Т.10, М., 1956, р. 82.

방법이 끝나고 다른 세계관, 다른 믿음, 다른 방법의 소통이 시작됨을 의미한다."[59]며 이 시기에 대두된 새로움의 근본적 혁신성에 주목한다. 톨스토이는 이 시기의 특징으로 새로운 세계관, 소통의 새로운 방법이 제기되고 있다는 사실에 주목하고 있다. 그것은 인간과 사회적 삶의 바탕을 변화시키는 근본적인 새로움인 것이다. 알렉산드르 블록 역시 「블라디미르 솔로비요프와 우리 시대」1921에서 "이미 1901년 1월은 1900년 12월과는 전적으로 다른 기호 아래 놓여 있다는 점, 그리고 20세기의 시작 바로 그것은 본질적으로 새로운 표식과 예감들로 가득 차 있었다."[60]라고 증언하고, 막심 고리키M. Горький는 "새로운 세기는 진정 정신적 갱신의 세기가 될 것이며 … 수많은 사람들이 죽어 갈 것이며 … 그러나 … 결국에 가서는 미와 정의가 살아나고 인간의 더 훌륭한 욕망들이 승리할 것"[61]이라고 이 시대의 혁신성에 기대를 표한다. 톨스토이, 블록, 고리키는 서로 다른 방법과 삶을 통해 은세기를 경유해 가던 작가들로서 당시 러시아문학의 서로 다른 층위들을 대변하는 인물들이지만, 그들 모두 이 시기를 '혁신'과 '위대한 변혁'의 시기로 보고 있다는 점에서는 견해가 일치한다.

레핀И. Репин, 1844~1930년의 「저 광활한Какой простор」1903년은 바로 이런 시대의 호흡을 잘 보여 준다. 이 그림 속에서 젊은 남녀는 손을 맞잡고 즐겁게 웃으며 몰려오는 거센 파도에 맞서 아무 두려움 없이 나아간다. 그들은 터져 나오는 정열과 환호 속에 새로운 삶의 활력을 맞이하고 있음을 상징한다. 은세기는 이러한 새로운 기대와 인식 속에서 태어난 것이다.

59 Толстой Л.Н. Полн. собр. соч, В 90 т., Т. 36, М.: Л., 1936, p. 231.
60 Блок А. Собр. соч., В 8 т., Т. 6, М.:Л., 1962, p. 154.
61 Горький М. Пол. собр. соч. Письма, В 24 т., Т. 2, М., 1997, pp. 97-98.

일리야 레핀, 「저 광활한」

체홉의 『벚꽃 동산Вишневый сад』에서 영원한 대학생 트로피모프는 이렇게 확신한다. "인류는 이 지상에서 최고의 진실로, 최고의 행복으로 나아가고 있다. 그것은 이제 막 가능해지고 있다. 나는 그 대열의 맨 앞에 있다."[62] "나는 행복을 예감해. 아냐, 난 이미 그걸 보고 있어. … 바로 여기, 그 행복이, 바로 여기 오고 있어. 점점 더 가까이, 가까이 다가오고 있어. 이제 그 발소리가 들려와."[63] "새로운 동산을 가꾸고, 이전의 화려함을 되살리려는"[64] 꿈이 이 시대의 대기 속에 넘쳐흐른다. 이 시대의 젊은이들, 특히 진보적인 젊은이들은 체홉의 주인공처럼 과거의 삶을 속물적이고 비루한 것으로 간주한다. 그들

62 Чехов А.П. Собр. соч., В 12 т., Т. 10, М., 1985. p. 350.
63 위의 책, p. 335.
64 위의 책, p. 347.

은 새롭고 활동적이며 보다 자유롭고 이성적인 삶을 개척하려는 결의에 차 있었다. 이런 점에서 체홉의 『벚꽃 동산』은 이 시대 분위기의 상징적 바로미터인 셈이다.

다소 과장되게 느껴지는 이러한 새로운 진실과 행복의 기대는 과연 정말 그런 것이었을까? 그 미래의 행복이란 어떤 것이고, 어떻게 꿈꾸어지고 있는가? 이들의 꿈은 러시아 은세기에, 그리고 변혁기 전체에 걸쳐 얼마나 구체적으로 실현되었을까? 사실 그 꿈들이 모두 다 실현된 것은 결코 아니다. 『벚꽃 동산』에서 '동산'은 바로 '귀족의 둥지'이고 구舊 러시아 세계이다. 귀족적인 삶의 시대는 이제 '벚꽃 동산'과 더불어 그 생명을 다하고 사라져 가고 있다. 귀족인 라넵스카야와 가예프는 몰락하고 떠나가는 시대의 특징을 대변한다. 그들은 자신들의 영지와 동산을 구하려는 복잡한 논의를 그저 회피하고만 있다. 하지만 그런 그들을 비난할 수만은 없다. 그들은 오랫동안 그렇게 살아왔던 것이다. 돈은 언제나 중요한 것이 아니었다. 돈은 그저 늘 있었고, 그래서 '시적인 동산–둥지'를 별장지대로 팔아 가계를 새로이 꾸려 나가려고 하지 않는다. 라넵스카야는 그저 모든 것에 흡족한 상태에 젖어 있다. "그러나 모든 것이 그녀의 손에서 빠져나가고 있다. 하지만 머릿속은 텅 비었다."[65] '손에서 빠져나가는' 것은 이미(언제나) 그걸 '낚아채 갈' 사람이 있다는 것이다. 이 '낚아채 갈 새로운 인간'을 체홉은 매우 주의 깊게 살피고 있다. 그들 앞에 나타난 것은 상인 로파힌이다. 체홉은 그가 훌륭한 사람이라고 말한다. 미를 평가할 줄 알고, 신망 있고 고결한 성품을 지닌 로파

---

65 Ростоцкий Б. Ольга Леонардовна Книппер-Чехова, М.; Л., 1946, p. 31.

힌은 자신이야말로 진정한 근로자로서 "아침 다섯 시에 일어나 아침부터 저녁까지 일을 한다."[66]고 천명한다. 그런 그를 페챠 트로피모프는 "약탈적 짐승"[67]이라고 부른다. 하지만 로파힌은 도둑이나 약탈자가 아니라 근면한 사업가이다. 그는 평생 열성적으로 사업에 매달렸고 합법적으로 일했다. 당연히 그것은 트집 잡을 일이 아니다. 영원할 것 같던 귀족적 삶의 안락한 토대는 사라져 갔다. 그리고 체홉은 새로운 시대의 소리를 간단명료하게 포착한다. 벚꽃 동산에 현이 끊어지는 소리 뒤로 도끼 찍는 소리가 들려온다. 그리고 라네프스카야는 "이미 우린 너무나 많은 죄를 저질렀어."[68]라고 참회한다.

고리키의 희곡 『별장 사람들Дачники』 역시 귀족들의 삶의 종말과 새로운 시대를 예감한다. "어떤 다른, 힘차고 용감한 사람들이 다가오고 있고 우릴 마치 먼지처럼 지상에서 쓸어버릴 거야."[69] 부닌И. Бунин도 나름대로 과거의 귀족 영지와 작별한다. 1900년 단편 「늦사과Антоновские яблоки」에서 그는 "지주들의 사그라지는 정신"[70]에 대해 애수 어린 정조로 회상한다. "완전히 금빛이던, 마르고 성글어진 동산 … 단풍 가로길, 낙엽의 여린 향내, 그리고 늦사과의 향내, 꿀과 가을 선선함의 향내."[71] 흐루쇼프 가문의 몰락사를 다룬 중편 『수호돌Суходол』 역시 귀족 영지에서의 과거의 위대한 삶에 대한 추도문이다. "반세기 동안 이 땅의 거의 모든 계층이 사라졌다. … 우리는 얼마나 많이 퇴락하였는가, 미칠 노릇이다. 팔짱을 끼고, 잠을 자고, 황폐화되고, 그저

66 Чехов А.П. 앞의 책, Т. 10, p. 331.
67 위의 책, p. 330.
68 위의 책, p. 328.
69 Горький М. Собр. соч., В 8 т., Т. 8, М., 1990, p. 197.
70 Бунин И. Собр. соч., В 4 т., Т. 1, М., 1988, p. 334.
71 위의 책, p. 333.

어딘가 정신을 잃은 듯이. … 하지만 이미 수호돌 영지는 완전히 텅 비었다."[72]

체홉과 부닌 작품에서 나타나듯 은세기의 정신적 분위기는 구세계의 몰락과 위기의식, 그리고 그것을 넘어 뭔가 새로운 것에 대한 기대로 가득하다. 앞서 보았던 레핀의 그림에서 젊은이들은 환희에 젖어 다가오는 격변에 온몸으로 두려움 없이 맞서고 있지만, 기실 그 그림은 당대의 추상적인 인식을 보여 줄 뿐이다. 파도 위에 남녀 젊은이가 서 있는 것도 비현실적이고 파도 역시 과장되어 있다. 두 사람의 표정과 태도 역시 정열이라는 감정을 드러내고 있지만 사실적이지는 않다. 뭔가 다가오는 변화와 새로움에 대한 예감과 더불어 그 정체를 알 수 없는 두려움과 불안이 레핀으로 하여금 낭만적이고 비현실적인 과장에 기대게 만든 것은 아닐까.

이러한 불안함과 격동 속에서 사람들은 자신을, 그리고 이전의 세계관으로는 결코 이해될 수 없는 바뀐 현실을 새로운 시선으로 바라보고자 한다. 그리고 그런 새로운 시선의 모색은 문학가들에게 그 어떤 것보다 예민하게 감지된다.

상징주의 시인이었던 발몬트К. Бальмонт는 이 시기를 이렇게 그려 낸다. "하나는 종결되고 다른 하나는 아직 태동하지 않은 시기에 생각하고 느끼는 사람들은 … 모든 낡은 것의 명예를 찬탈하고 있다. 그것은 이미 제 영혼을 잃고 희망 없는 도식이 되었기 때문이다. 그러나 새로운 것을 예견하면서 낡은 것 위에서 성장한 그들 자신은 이 새로운 것을 눈으로 볼 힘이 없다. 가장 황홀한 섬광과 그렇게 많

72 위의 책, T. 2, pp. 266-267.

은 고통스러운 우수가 함께하는 이유가 바로 여기에 있다."[73] 메레쥐콥스키Д. Мережковский는 심연에서 불어오는 끔찍한 냉기에 대해, 블록은 「복수Возмездие」라는 시에서 "페스트를 대신하여" "신경쇠약, 우수, 우울"[74]에 대해 노래하며 시대의 기류를 감지한다.

이런 분위기는 퇴폐적인(데카당한) 문화적 분위기를 유행시키기도 한다. 신의 죽음이 선포되고, 비범한 개인의 비도덕적 자유와 성적 자유가 예찬되고, 허무주의적인 자살 충동이 정당화된다. 루키야노바는 신문 부고란을 분석하여 당시 자살 선풍이 얼마나 심각했는지를 보여 준다. 사람들은 마치 "초현실주의적 그림에서처럼 식초에 중독되거나 총으로 쏘거나, 목을 매달거나, 심지어 칼로 배에 상처를 내어 죽곤 했다." "갑자기 모두가 삶에 환멸을 느꼈다." "1909년 한 달에 199건의 자살이 있었다."[75] 페테르부르그에서는 소위 자살 리그가 조직되어 적극적으로 활동했다고 한다. 이는 현대 작가 보리스 아쿠닌의 소설『아자젤Азазель』에 흥미롭게 기술되어 있다.

이 시대에 대한 예민한 기록자였던 추콥스키K. Чуковский는「마지막 경계선에서」에서 "'그저 그냥' 자신을 죽이는 이런 기이한 유행이 도대체 어디에서 유래한 것인가?"[76]라는 질문을 던진다. "부닌의 주인공 예고르가 '목을 매어야만 한다'고 말하는 것이 마치 '머리를 깎아야 한다'는 정도로 들린다."[77] 살고자 하는 욕망, 사랑과 행복에 기뻐하는 인간 영혼의 풍부함에 대한 톨스토이적 관심은 어디로 내던졌단

---

73 Бальмонт К. Избранное, М., 1997, р. 367.
74 Блок А. Собр. соч., В 6 т., Т. 2, Л., 1980, р. 276.
75 Лукьянова И. Корней Чуковский, М., 2007, р. 192.
76 Чуковский К.И. Собр. соч., В 6 т., Т. 6, М., 1969, р. 280.
77 위의 책, р. 279.

말인가? 추콥스키는 "요즘 최고의 문학은 … 점차 장례국으로 전환되어 간다."[78]라고 한탄한다. 귀족의 둥지와 더불어 다른 뭔가도, 세계와 미의 결합도, 삶의 조화에 대한 감각도, 살고 싶다는 단순한 욕망도 떠나가고 있었다. 분명한 것은, 이로 인해 사람들이 '그냥 그렇게' 세상에서 떠나가고 있다는 것이다.

그러나 이 시대의 근본적인 정신적 지형도를 그려 보면 삶에 대한 이중적 감각이 존재한다는 점을 알 수 있다. 어둠과 심연, 일상화된 자살과 더불어 구원과 부활에 대한 강렬한 기대도 동시에 존재했다. 함께 결합될 수 없는 것이 기이하게 뒤섞여 있었던 것이다. 베르쟈예프는 이렇게 말한다. "이 시대는 러시아에서 독자적인 철학사상의 각성의 시대, 시의 개화의 시대, 미학적 감수성의 첨예화의 시대, 종교적 불안과 모색의 시대, 신비주의와 신비론에 대한 관심의 시대였다. 새로운 영혼들이 나타났고, 창조적 삶의 새로운 원천들이 열렸고, 새로운 여명이 보였으며, 낙조와 죽음의 감정이 삶의 개조를 향한 희망과 떠오름의 감정과 연결되었다."[79]

가난한 자, 억눌리고 모욕 받은 자, 불행하고 빈궁한 자에 대한 봉사는 19세기 러시아문학의 전통 덕목이었다. 러시아문학가들은 항상 '시민적'인 의무를 자임하고 있었던 것이다. 그들의 문학이 교훈성과 유용성을 제일의 과제로 여겼음은 당연하다. 하지만 은세기는 새로운 신성 숭배, 즉 미의 숭배, 자기가치와 자족적인 예술 숭배를 보다 중시하기 시작했다. 수없는 동인과 유파들이 앞다투어 새로운 미의 추구를 선언하고 전통과의 결연한 단절을 선포했으며 혁신적

---

78 위의 책, p. 261.

79 Бердяев Н. Самопознание. Опыт философской автобиографии, М., 1991, pp. 139-140.

인 실험으로 가득 찬 예술 방법들을 선보였던 것이다.

발레리 브류소프는 아직 김나지움 학생의 신분이었던 1893년 일기에 이렇게 쓰고 있다. "만일 내가 호머의 언어로 스펙트럼 분석 논문을 쓴다고 치면 어떻게 될까? 말과 표현이 충분치 않을 것이다. 마찬가지로 내가 푸시킨의 언어로 세기말의 감각을 표현한다고 할 때도 그렇다! 아니다, 상징주의가 필요한 것이다!"[80] 그리고 십 년 뒤에는 "우리의 시대는 예외적인 시대, 역사상 가장 주목할 만한 시대 중 하나 … 우리 영혼의 깊은 곳에서 수 세기 동안 둔감하게 죽어 가던 물질이었던 것이 이제 생명으로 꿈틀대기 시작한다. 우리는 새싹들처럼 어쩔 수 없이, 무의식적으로 빛이 있는 곳으로 얼굴을 향한다. 새로운 것의 예고자들은 곳곳에 있다. 예술에, 과학에, 도덕에. 심지어 일상의 삶에서도 우리가 알지 못하는 비밀들이 나타나고 있다. 사건들 … 거친 지층을 뚫고 새로운 사건들의 휘황한 빛이 그들을 선명하게 비춰 주고 있다."[81]라고 말하고 있다.

발몬트는 최초의 상징주의자들의 이름으로 이렇게 선언한다.

> 나는 태양을 보기 위해 이 세상에 왔다.
> 그런데 만일 대낮이 사그라진다면,
> 난 노래하리라 … 난 태양에 대해 노래할 것이다
> 죽음의 순간까지![82]

그러나 은세기라는 새로운 토양이 어디서 느닷없이 튀어나온 것

80 Ашукин Н., Щербаков Р. Брюсов. М., 1975, p. 55.
81 Брюсов В. Собр. соч., В 7 т., Т. 6, М., 1975, p. 374.
82 Бальмонт К. Избранное, М., 2003, p. 100.

은 아니다. 그것은 19세기 황금기 러시아 고전 전통의 유산 속에서 성장해 나온 것이다. 전통과의 단호한 단절을 아무리 선언하더라도 은세기 문화의 비옥한 거름이 된 것은 당연히 19세기 황금기 문화였다. 전통과 혁신, 낡은 것과 새로운 것의 교직이라는 독특한 문화적 중첩이 은세기의 보다 강력한 문화적 특징이었다. 은세기가 러시아 문화의 정신적 르네상스라고 불릴 수 있었던 것은 이미 황금기 러시아 문화예술의 깊고도 풍부한 토대가 전제되었기 때문이다. 위대한 예술에 반대하고 저항하기 위해서라도 위대한 대안이 필요하다는 것은 결코 역설이 아니다.

무엇보다 먼저 은세기는 기존 가치체계에 대한 격렬한 재평가와 함께 미학과 윤리의 상호성에 대한 새로운 이해를 시도하는데, 그 발단은 바로 황금기 리얼리즘 가치체계에 대한 비판적 인식이었다. 여기서 가장 먼저 비판과 극복의 대상으로 꼽힌 것은 체르니솁스키 Н. Чернышевский의 유물론 미학이었다. 코롤렌코는 "미는 자연에 고유한 현상이며 우리는 단지 허약한 복사자, 모방자이고, 따라서 현상은 항상 묘사보다 우위에 있다는 체르니솁스키의 견해에 동의하기 어렵다."고 말한다. "예술작품, 즉 묘사는 그 자체로 자연의 현상이며, 그런 이유로 예술작품은 항상 다른 모든 현상들과 동등하다. … 예술작품에서 우리는 인간 영혼에 의해 수용되고 반영되고 굴절된 세계를 가지고 있다. 그것은 근거 없는 환상이 아니다. 그것은 새로운 사실이며 끊임없이 무언가를 창조하는 자연의 새로운 현상이다. 인간 정신은 영원히 변화한다. … 그러나 자연도 영원히 변화한다. 따라서 분명한 것은 예술 창작의 영역은 첫째, 무한하며, 둘째, 영원한

운동 속에 존재한다."[83] 코롤렌코는 현실 자체의 우위성을 주장하는 유물론 미학에 대항해 예술 자체의 독자성과 우위성이라는 미학적 견해를 제시함으로써 19세기 기계적 유물론 미학의 극복을 위한 단초를 놓는다.

당시 주요한 예술활동가들 대다수가 체르니쉡스키 미학을 둘러싼 논쟁에 적극 뛰어들면서 세기말의 새로운 미 개념이 탄생하기 시작한다. 솔로비요프는 절대적 미는 "정서적·물질적 존재의 영역에서 전일체의 실현이나 구현"[84]이라고 본다. 솔로비요프는 "미학적으로 극미한 것은 현실의 실제적 개선으로 나아가야만 한다."며 "전일체의 현실화는 우리 현실에서, 인간과 자연 세계에서 아직 주어지지 않았다. 이 최고의 과제는 우리 인류 앞에 놓여 있다. 그것의 실현을 위해 예술은 자신의 중요한 역할을 수행해야 한다."[85]고 확신한다. 어찌 보면 이런 논리는 상징주의보다는 체르니쉡스키의 혁명적 민주주의자들의 강령에 더 잘 어울린다. 실제로 솔로비요프는 1893년 체르니쉡스키의 논문 「현실에 대한 미학적 관계」가 재출간되는 것을 환영하며 「긍정미학으로의 첫걸음」이라는 논문에서 이에 대한 공감을 표현하기도 하였다. 하지만 체르니쉡스키의 미학에 대한 솔로비요프의 공감은 미의 전일체성과 구원성에 대해서뿐이었다. 체르니쉡스키가 미의 본질을 현실과 삶에서 찾는다면, 솔로비요프는 미의 자율성과 독립성에 기초하여 현실과 삶의 구원을 말하고 있기 때문이다.

유물론 미학에 대한 논쟁에 플레하노프도 「체르니쉡스키의 미학

---

83 Короленко В.Г. Воспоминания. Статьи. Письма, М., 1988, pp. 350-351.
84 Соловьев Вл. Сочинения, В 2 т., Т. 2, М., 1988, p. 774.
85 위의 책, p. 745.

이론」1897년을 통해 참여한다. 그는 체르니솁스키가 미학을 파괴했다는 것은 근거 없는 비난이라고 말하며 헤겔 미학에 대한 혁명적 민주주의자들의 태도에 공감을 표시한다. 플레하노프는 체르니솁스키 이론이 리얼리즘과 관념론의 독특한 융합이라고 평가하고, "당대에 그의 논문은 … 진지하고 주목할 만한 최고 수준의 저작이었다."[86]고 높이 평가한다. 재미있는 것은 후에 존경받는 상징주의 사상가로 숭배되는 솔로비요프와 사회학적 미학이론가 플레하노프가 체르니솁스키에 대해 서로 다른 이유에서 공감을 표하고 있다는 점이다.

체르니솁스키에 대한 옹호는 로자노프В. Розанов가 솔로비요프를 부정적으로 대하지 않을 수 없게 만들었다. 로자노프는 1880년대 말부터 1900년 초까지 개인적 서한이나 언론을 통해 솔로비요프에 대한 비판적 견해를 제시한다. 1895년 「자연 속의 미와 그 의미」에서 그는 '미를 그 최고의 우주적 목적 속에서 구현하기 위해 진지하고 자유롭게 노력함으로써 예술에서 극미를 창조하는 인간은 동물과 구별된다'는 솔로비요프의 확신을 가장 위대한 혼돈이라고 비난한다.

로자노프는 레온티예프 미학에서 자신의 이론적 계보를 찾는다. 로자노프는 "유기적 자연에서 극미는 … 의지와 무관하게 생명 에너지의 자연스러운 표현"이며, 생명 에너지는 "유기적 자연에서 미의 원천"이라고 확신함으로써 생물학적 미학 사상을 옹호하고 있는 것이다. 그에 따르면 오직 미만이, 특수하고 개별적인 미가 "암컷들을 유인하는 것에서 나머지 다른 자들보다 어떤 우위에 설 수 있게"[87] 해줄 수 있다. 또 여성은 항상 모든 점에서 남성의 외모에 비해 훨씬

86 Плеханов Г.В. Искусство и литература, М., 1948, p. 413.
87 Розанов В. Красота в природе и её смысл, М., СПб., 1895, p. 11.

이차적이고 보다 단순한 형태를 가지고 있다. 그는 여성의 "영원하고 유일한 목적은 누군가의 소유물이 되어 봉사하는 것"[88]이라고 본다. 로자노프의 이런 주장은 이후 문예학에서 거의 언급조차 되지 않을 정도로 편협하다. 하지만 「솔로비요프에 대한 추억」1900년에서, 솔로비요프의 변화하는 주장들의 중심에 "극미한 인간이 서 있다. 사상의 고상한 지향을 지닌, 최고의 역사적·사회적 관심들을 가진"이라는 지적, "그의 영혼에는 미학적 이상이 강력하다"[89]는 지적 등은 결코 틀린 말이 아니었다.

물론 "미는 물질세계에서 선의 완수를 위해 필요하다. 오직 미에 의해서만 이 세계의 선하지 못한 어둠이 밝혀지고 다스려질 수 있기 때문이다."[90]라는 솔로비요프의 미학과 윤리의 독특한 결합 논리, 어쩌면 매우 상식적일 수 있었던 이 논리는 당대에나 소련 시기에도 주목받지 못했고 20세기 말에 이르러서야 제대로 평가되기 시작한다.

솔로비요프와 마찬가지로 19세기 말 미학과 종교사상에 지대한 영향을 미친 레온티에프는 그러나 솔로비요프와는 전혀 다른 방법으로 미학을 대한다. 극단적인 보수주의자이며 묵시록적 허무주의자였던 그는 "정신적(신비적) 감정이 욕망의 미학에 승리할 때 나는 감사하고 고개를 숙이고 인정하며 사랑한다."[91]라고 말한다. 이런 관점에서 그는 19세기 공리주의적 미학과 윤리학에 대해 불만을 표한다. 레온티에프는 아름다운 것을 맹목적이고 신비적으로 숭배했는

88 위의 책, p. 23.
89 Розанов В. О писательстве и писателях, М., 1995, p. 65.
90 Соловьев Вл. Философия искуссва и литературная критика. М. 1991. pp. 75-76.
91 Леонтьева К.Н. PRO ET CONTRA, Л., 1994, p. 173.

데, 고골 문학의 불구성과 기형성에 반감을 표하고 심지어 도스토옙스키 문학도 거부하였다. 도스토옙스키 소설들의 거침과 기형성, 우미함과 미의 부재, 혹은 더 정확히 아름다움의 부재를 혐오했던 것이다. 레온티예프에게 도스토옙스키의 주인공들은 정신병자들에 지나지 않았다. 그는 미가 인간보다 더 귀한 것이며 미의 이름으로 인간의 고통과 박해마저 받아들일 수 있다고 본 러시아 최초의 유미주의자였던 셈이다.

레온티예프의 이런 극단적 유미주의에 반해 솔로비요프는 미를 복잡한 생물학적·심리적 개념들의 경계 사이에서 이해하고자 한다. 그에 따르면 "미는 형식적으로 특별한 어떤 것, 물질적인 토대에 직접적으로 속하지 않는, 그것으로 귀결되지 않는 특수한 것"[92]이었으며, 미학적 감정들의 발생 문제는 생물학과 심리생리학에 속했다.

유물론 미학에 대한 비판으로 촉발된 19세기 말 새로운 미에 대한 논쟁은 상징주의와 리얼리즘 논쟁과 맞물려 복잡하게 뒤엉키면서 시대적 화두로 떠오른다. 19세기의 순수예술론과 리얼리즘론의 대립을 계승하면서도 양자의 복잡한 상호 뒤섞임을 통해 새로운 시대의 미학과 윤리의 결합 모델을 찾아 나가고 있었던 것이다.

톨스토이의 『예술론』도 이런 논쟁적 대립에 대한 일종의 응답이었다. 톨스토이는 이미 1880년대 말부터 이 작업에 착수했다. 그는 '선하고, 유용한' 예술을 뭔가 의미가 거세된 '불명확하고 모호한' 것이라고 격하시키는 사람들에게 미란 '보통 사람', 민중이 이해할 수 있는 수준이어야 한다고 단언한다. 톨스토이는 예의 미를 선과 진리의

92 Соловьев Вл. "Красота в природе", Сочинения, В 2 т., Т. 2, pp. 354–355.

개념과 연관시켜 이해하고 있다. 그리고 이 점에서 솔로비요프와 연대하고 있는 것이다. 톨스토이는 문예부흥기의 예술이 종교적 예술을 배제한 자리에 무의미한 예술을, 쾌락만을 목적으로 하는 예술을 내세우고 있다고 비판한다. 미의 이름으로 도덕적 법칙을 거부하는 현대의 새로운 예술가들도 똑같이 그런 실수를 저지르고 있다. 톨스토이는 세기말의 데카당은 유럽 문화의 그릇된 영향으로 발생한 것이며 인간에게나 사회에 파괴적인 영향을 미치고 있다고 경고한다. "예술은 쾌락이 아니며 위로나 오락도 아니다. 예술은 위대한 것으로 이성적 의식을 감정에 전이하는 인류의 삶의 기관이다." 예술이 필요한 것은 사랑을 통해 "형제처럼 하나가 되기 위해서이다."[93] 공리주의적 미학 개념 속에서 오직 도덕적 감정 육성을 위해서만 미를 인정하는 톨스토이는 유럽 문명에서 유래하는 유미주의적 예술을 단호하게 거부할 것을 주문한다. "예술이 미에 봉사하기만 한다면, 즉 사람들에게 쾌락을 제공하는 것이기만 하다면 어떤 예술도"[94] 거부되어야 한다는 것이다.

그럼에도 불구하고 톨스토이 역시 미와 윤리의 결합에 대해 역시 뭔가 다른 감각을 느끼지 않았던 것은 결코 아니다. 1892년 1월 1일자 일기에서 톨스토이는 불현 듯 삶의 의미에 대한 다음과 같은 의혹에 휩싸인다. "내게 새로운 것이 열리기라도 했단 말인가. 미, 기쁨, 바로 그런 기쁨이란 것이 선과 유리된 것이라면 혐오스러운 것이다. 나는 그걸 알고 내던졌다. 미가 없는 선은 고통스러운 것. 둘의 결합과 비-결합만이 있지. 하지만 미는 선의 월계관이지. 어쩌

93 Толстой Л.Н. Собр. соч., В 22 т., М., 1978 ~ 1985, Т. 21, pp. 210-211.

94 위의 책, p. 59.

면 이것이 진실에 가까운 것일지 몰라."[95]

이런 점에서 톨스토이의 『예술론』은 예술이란 무엇이며 다양한 미학이론들의 역할은 무엇인가(리얼리즘 이론과 예술을 위한 예술 이론까지 포함하여)에 대한 복잡한 상념과 고통스러운 의혹의 결과인 셈이다. 수많은 철학가와 미학자들이 내려놓은 거의 70여 개에 이르는 기본적인 정의를 분석한 톨스토이는 다음과 같은 비판적인 결론에 도달한다. "미에 대한 객관적인 정의는 없다. 현존하는 모든 정의는 형이상학적인 것이든 경험적인 것이든, 모두 주관적인 정의로 귀결된다." 그러면서 그는 "미를 드러나게 하는 것"[96]이 예술이라고 인정한다. 톨스토이는 당대 예술은 주관적인 것의 강조, 예술 정전들과 자명한 법칙들에 대한 거부를 통해 무의미함과 추함으로 나아가고 있다고 비판하고 미를 예술의 목적으로 보는 것을 원칙적으로 거부한다. 하지만 톨스토이 역시 미와 예술의 독립적·자율적 존재 자체를 부정하지는 못한다. 다만 지나친 쾌락에 의거하는 미와 예술만을 부정적인 것으로 거부하고 있을 뿐이다. 그러면서 그와 동시에 자신이 느끼는 미 자체에 의한, 예술 자체에 의한 '기쁨'을 완전히 부정할 수 없는 정직함 또한 드러낸다. 그에게도 세기말 새로운 사회적 분위기, 변혁기 초입의 러시아문학계의 미학과 윤리의 복잡한 발전 경로가 개입되어 있는 것이다.

---

95 위의 책, p. 481.
96 위의 책, T. 15, p. 73.

상징주의 미학과 윤리

상징주의의 발생과 특징

앞서 말한 바와 같이 은세기는 19세기를 지배했던 실증주의적·유물론적 미학의 극복이라는 과제와 더불어 시작된다. 이러한 과제에 가장 집약적이며 체계적으로, 그리고 가장 문제적으로 대응한 문학운동은 상징주의였다. 상징주의는 이 시기의 특징을 가장 잘 보여줄 뿐 아니라, 이후 다양하게 전개되는 러시아 모더니즘의 출발점과도 같은 역할을 하였다.

러시아 상징주의 운동은 그 내부에 다양한 경향이 있지만 보통 세대론적 관점에서 구세대와 신세대 상징주의 그룹으로 나누어진다. 구세대 상징주의자로는 상징주의 운동을 제창한 메레쥐콥스키와 브류소프, 발몬트, 솔로굽, 깁피우스З. Гиппиус, 신세대 상징주의자로는 벨르이, 솔로비요프, 뱌. 이바노프, 블록 등을 꼽을 수 있다.

상징주의 이론의 핵심은 구세대에 속하는 세 사람의 주장에서 잘 드러난다. 메레쥐콥스키는 「현대 러시아문학의 몰락의 원인과 새로운 경향에 대하여О причинах упадка и о новых течениях современной русской литературы」1893년에서 실증주의와 유물론 미학에 대한 비판을 통해 새로운 문학운동의 필요성을 제기하였고, 브류소프는 「비밀의 열쇠들Ключи тайн」1903년에서 상징주의 시의 언어적 혁신을 주창하였으며, 발몬트는 「상징주의 시에 대한 기초」1900년에서 상징주의 언어의 음악성을 주창한다. 이들이 공통적으로 주장하는 바는 객관적 가치평가 기준에 대한 거부이다. 물론 이것은 그

때까지 객관적 진리로 전제되어 왔던 실증주의 미학에 대한 직접적인 비판이다. 특히 이들은 예술이란 합리적인 것이 아니며, 당면한 현실 문제에 직접적으로 기여하는 것도 아니라고 강조한다. 대신 이들은 시에서 생각과 소리와 색채의 특별하고 신비한 음악적 결합에 주목하고 그 혁신을 위해 다양한 실험적 모색을 전개한다. 황금세기 선배 문학가들의 윤리적 강박을 극복하고 예술 자체의 미학성을 강조함으로써 이런 노력들은 미학과 윤리가 결합하는 새로운 패러다임으로 나아가고 있는 것이다.

신구를 막론하고 상징주의 문학운동은 무엇보다 시를 중심으로 전개되었다. 상징주의자들은 공통적으로 언어의 다의적 상징을 중점적으로 사고하였고 이들이 구사한 언어적 혁신은 다양한 러시아 모더니즘 문학운동의 강렬한 자극제가 되었다. 이들은 존재의 비밀스러운 의미를 파악하고 삶의 비밀을 해명하는 중요한 열쇠를 상징에서 찾을 수 있다고 보았던 것이다.

메레쥐콥스키는 시에서 상징이란 "예술적 인상성의 확대"[97]라고 말하는데, 발몬트는 그것을 좀 더 상세하게 풀어낸다. "상징주의 시를 어떻게 보다 정확하게 규정할 것인가? 그것은 유기적이고 비폭력적인 방식으로 두 가지 내용, 즉 숨겨진 추상성과 명백한 미가 결합되어 있는 시다. 이들은 시에서 아주 가볍고 자연스럽게, 마치 여름날 아침 강물이 조화롭게 햇빛과 섞이듯이 결합된다. 상징학은 암시와 아직 말해지지 않은 것으로 가득 찬 사이렌의 부드러운 목소리로, 혹은 시빌라(고대 무당, 예언자)의 예감을 불러일으키는 먼 곳에서 들

97 Соколов А.Г. Михайлова М.В. Русская литературная критика конца 19 – начала 20 века, М., 1982, p. 270.

려오는 목소리로 말한다."[98]

상징주의는 예술을 세속적 실재보다 훨씬 더 높은 곳에 위치시키고 그런 예술을 만드는 예술가를 창조주와 동렬에 놓음으로써 기존의 미학과 윤리 패러다임을 혁신적으로 재구조화한다. 그들은 독자들의 이해를 위해 창조하지 않는다. 최고의 본질적 실재를 획득하는 것은 오직 성직자들뿐이 아니던가. 시인은 성직자와도 같은 고독 속에서 오직 미를 통해 세계의 본질에 다가서는 존재다.

상징주의자들의 시와 그 형상들은 음악적 실타래로 복잡하게 연결되어 있기 때문에 각 시구와 모티프를 포착하고 이해하려면 기존의 상식적·논리적 연관성에서 벗어나야만 한다. 그들의 시는 마치 마법에 홀린 듯 흘러가고 쉽게 파악할 수 없는 흐릿한 안개에 싸인 것만 같다. 이러한 상징주의 시에 대한 어떤 일반적인 이해방법이나 단일하고 확실한 평가기준은 없다. 가스파로프 М. Гаспаров 는 이렇게 설명한다. "현대의 독자들은 그런 텍스트들에 어떻게 접근해야 하는지 자주 묻는다. … 독자는 여러 의미로부터 자유롭다. … 자기의 정신적 기초나 기분에 보다 가까운 것을 택할 수도 있고, 이런 해석에 가능한 한 많은 형상과 모티프들을 귀속시킬 수도 있을 것이다. … 그러나 항상 기억해야 할 것은 그것은 그의 개인적 선택이라는 것, 그리고 다른 사람의 선택도 똑같은 권리를 가지고 있다는 것이다."[99]

구세대 상징주의자들이 언어적 혁신과 표현방법에 매달렸다면 신세대 상징주의자들은 상징주의를 일종의 세계관으로까지 확대한다.

---

98 Бальмонт К.Д. Стозвучные песни: Сочинения (избранные стихи и проза), Ярославль, 1990, p. 265.
99 Гаспаров М.Л. "Поэтика Серебряного века", Русская поэзия Серебряного века: 1890~1917, М., 1993, pp. 42-44.

벨르이는 "상징은 영혼의 음악을 일깨우고 … 음악은 하나의 창문으로, 그것을 통해 영원성의 매혹적인 흐름이 우리에게 들어오고 마술을 흩뿌린다."[100]고 말하면서 독특한 상징주의적 세계관과 우주관을 주창하였다. 벨르이는 1904년 잡지 『베시Весы』를 발간하였는데 개별적이거나 소그룹으로 저마다 이해방식과 주장이 달랐던 상징주의 운동은 이 잡지의 지면을 통해 보다 분명한 자기 입장과 강령으로 접근해 간다. 일부 서정적 작품들은 독자들을 사로잡으며 예술적 성공을 거두기도 한다. 이제 우스꽝스러운 괴짜들의 문학운동이라는 냉소적 시선에서 벗어나 진정한 미학적 경향으로서의 면모를 갖추기 시작한 것이다.

상징주의 시인들은 공통적인 미학적 경향을 가지고 있지만, 또 나름대로 독특한 각자의 시세계를 가지고 있다.

솔로굽의 시는 비현실 세계, 달콤한 꿈의 세계를 그려 내고 있고, 그의 소설 『작은 악마Мелкий бес』는 오늘날에도 영화언어로 각색되어 활용되고 있다. 그의 작품들은 신비적이고 상징적인 기호들로 가득하여 고골과 도스토옙스키의 전통을 창조적으로 계승하는 것처럼 보이지만, 다른 한편으로는 매우 리얼리즘적인 서사와 묘사를 충실히 따르고 있기도 하다.

발몬트의 「태양처럼 되자Будем как солнце」, 「불타는 건물들Горящие здания」, 「오직 사랑만을Только любовь」 등은 빼어난 음악성을 보여 주는 작품들로 20세기 러시아 애독 서정시의 반열에 올랐다. 발몬트의 「시Стихи」[101]를 한번 보자.

---

100 Соколов А.Г. Михайлова М.В. 앞의 책, p. 328.
101 Бальмонт К.Д. Стозвучные песни: Сочинения (избранные стихи и проза), p. 57.

나는 느릿느릿한 러시아 말의 세련성,
내 앞에는 다른 시인 선조들이 있다,
나는 처음으로 이 말에서 경사를 발견했다.
  난 - 느닷없는 굴곡,
  난 - 장난치는 천둥,
  난 - 투명한 강줄기.
  난 - 모두를 위한 누구의 것도 아닌.
거품 가득한, 흩어지며 뒤섞이는 철썩임,
독특한 지상의 천연 보석들,
초록 오월의 숲들이 서로 부르는 소리,
다른 사람들 걸 빼앗아, 모든 걸 이해하고, 모든 걸 가지리라.
  영원히 젊은, 꿈처럼,
  나 자신에게, 또 다른 사람들에게,
  사랑에 빠져 강력한,
  난 세련된 시.

Я -изысканность русской медлительной речи,
Предо мною другие поэты -предтечи,
Я впервые открыл в этой речи уклоны,
Перепевные, гневные, нежные звоны.
  Я -внезапный излом,
  Я -играющий гром,
  Я -прозрачный ручей.
  Я -для всех и ничей.
Переплеск многопенный, разорванно-слитный,
Самоцветные камни земли самобытной,
Переклички лесные зеленого мая,
Все пойму, все возьму, у других отнимая.

Вечно юный, как сон,
Сильный тем, что влюблен
И в себя, и в других,
Я -изысканный стих.

여기서 발몬트는 자신을 하나의 언어로 보고 그 언어의 다양한 우주적 편재를 음악적으로 노래한다. 그는 자신이 바로 시이고 그 시에는 찰나의 아름다움이 담겨 있고 영원한 꿈과 사랑, 음악으로 가득한 우주가 담겨 있다. 그의 시는 번역으로는 그 느낌을 살리기 어렵다. 즉 합리적·논리적 언어 의미로는 쉽게 이해되지 않는다. 오직 세련된 언어와 리듬, 우주의 다양한 소리들의 상징체계로 이해할 때에 그의 시가 비로소 시처럼 들릴 수 있는 것이다.

신세대 상징주의, 즉 후기 상징주의로 불리며 1900년대를 대변했던 시대의 아이콘은 알렉산드르 블록이다. 추콥스키의 회고에 따르면 그는 "달이 몽유병자들에게 미치는 영향처럼"[102] 새로운 세대에 지배적인 영향을 끼친 인물이다. 추콥스키는 그것을 '블록에의 중독'으로 진단을 내린다. 그의 서정시는 인간에게 "마치 음악이나 핫슈마취성 분을 지닌 대마의 일종처럼 작용하고 피부 구멍에 파고들어 피를 빨아들였다."[103] 그 정도로 블록의 이름은 당대나 이후 러시아 현대문학에 깊은 영향을 남기고 있다.

블록의 신비롭고 열정적인 성품과 비극적 운명, 천재적인 수많은 시어와 말들, 그 시대에 대한 불안하고도 무시무시한 상상력 등을 상징주의 미학이나 세계관만으로는 설명할 수는 없을 것이다. 그의

102 Чуковский К.Н. Собр. соч., В 6 т., Т. 2, М., 1965, р. 268.
103 위의 책, Т. 6, 1969, р. 538.

시는 상징주의의 언어적·상징적 세례를 가득 받고 있지만, 새로운 현실과 새로운 삶의 공간을 찾아 새롭게 여행하는 것을 멈추지 않았다고 말하는 것이 옳을 것이다. 이런 점에서 블록은 상징주의 미학에서 출발했으되 상징주의의 유미주의적 미론에 갇히지 않고 근대의 언어적 실험을 통해 오히려 새로운 현실의 획득과 현실 속의 언어적 힘을, 즉 윤리적 실천의 가능성을 찾고 있었다고 할 수 있겠다.

넌 내가 냉담하고 폐쇄적이고 메마르다고 확신하지.
그래, 난 그렇게 너와 함께할 거야,
내가 영혼을 벼리는 것은 달콤한 말들을 위해서가 아니야,
내가 운명과 싸우는 것은 우정을 위해서가 아니야 …
… 자 여기 모든 것은 전복되었다. 온 세상이 야만이 되고
주위엔 단 하나의 반짝이는 등대도 없지 …
저 별의 예언을 이해하지 못한 자는
에워싼 암흑을 견디지 못하지 …
… 넌 얼굴에 쇠로 만든 마스크를 덮으렴,
성스러운 관들에게 경배하면서.
천국을 영원히 쇠로 가로막으며
무지한 노예들은 닿을 수 없는 …

Ты твердишь, что я холоден, замкнут и сух.
Да, таким я и буду с тобой:
Не для ласковых слов я выковывал дух,
Не для дружб я боролся с судьбой …
… Вот -свершилось. Весь мир одичал, и окрест
Ни один не мерцает маяк.
И тому, кто не понял вещания звезд,

Нестерпим окружающий мрак …

… Ты –железною маской лицо закрывай,

Поклоняясь священным гробам.

Охраняя железом до времени рай,

Недоступный безумным рабам …[104]

상징주의자로서 블록은 언어의 상징적 의미를 충분히 활용하고 있지만 그의 시어는 이제 주관적 몽상이나 공상의 언어가 아니라 보다 구체적인 삶과 현실로 파고들어 가고자 한다. 세계에 대한 비판적·비관적 인식과 더불어 그 세계의 구원을 향한 윤리적 지향이 어느 정도 매개되어 있는 것이다. 블록은 점차 상징주의의 언어와 시적 형상에 대한 문제, 창작의 의미에 대한 문제에서 일정한 위기의식을 느끼게 된다. 포에마『복수』의 서문은 이런 위기의식을 보여 준다. 그는 1910년「러시아 상징주의의 현재 상태에 관하여」에서 자신이 걸어온 창작의 길은 이미 상당 부분 지나가 버린 것이고 이제 시대의 문제, 즉 "러시아 상징주의에게 존재냐 비존재냐?"[105]의 문제가 제기되고 있다고 보았다.

실제로 상징주의 작가들은 매우 다양하고 서로 대립적이기도 하며, 여러 경향들을 서로 다르게 수용하는 다종성을 보여 준다. 예민하게 새로운 미를 탐구하려는 노력은 어떤 병적인 현상을 낳기도 하고 심지이 말도 되지 않는 천상의 세계로 날아가 버리기도 했다. 이러한 다양성과 다종성은 은세기 문학을 다채롭고 화려한 시의 세기로 만들어 가는 데 일조하였지만, 20세기 초 격렬한 역사적 변혁기

104 Блок А.А. Собр. соч., В 6 т., Т. 2, Л., 1980, pp. 251–252.

105 위의 책, p. 270.

를 경과하며 상징주의를 더 이상의 출구가 없는 막다른 골목으로 몰고 간 요인이기도 했다. 블록은 바로 이런 심각한 위기를 날카롭게 포착해 내고 있는 것이다.

상징주의 운동은 시 분야뿐만 아니라 음악과 회화 등 다양한 문화예술 분야에서도 파급력을 보여 준다. 스크랴빈의 음악과 브루벨과 레리흐의 회화, 공연예술, 다양한 비평적 글쓰기나 정치평론 등 사회문화의 여러 영역에서 상징주의는 강력한 영향력을 행사했고, 의상이나 장식, 잡지와 북 디자인 분야 등 일상 생활문화에서도 작지 않은 흔적을 남기고 있다.

상징주의 미학체계

러시아 상징주의는 일차적으로 유럽 낭만주의의 독특한 변형이라고 말할 수 있다. 하지만 러시아 상징주의는 유럽적 영향과 더불어 예술을 '삶의 건설 жизнестроительство'로 보고자 하는 독특한 지향을 보여 준다. 실증주의적 세계관과 사회적 결정론, 그에 따른 평등주의적 정치 강령들(계급투쟁을 통해 실현되는)에 대해 전쟁과 같은 투쟁을 전개하겠다는 명백한 선언에도 불구하고 러시아 상징주의자들은 나름대로 독특하게 인류의 정신적-도덕적 재무장을 호소하고 있다는 점에서 유미주의라는 규정만으로는 제대로 설명되지 않는다.

종교, 도덕, 예술 등을 통해 인간 삶의 새로운 구축이 필요하다는 상징주의의 윤리성은 분명 관념적이고 추상적이며 개인주의적이다. 그들은 인간과 세계의 면모를 개조할 수 있는 독립적 개인의 도덕적·지적 고양으로서, 사심 없는 영혼의 혁명만이 인류를 새로운 나라에 이르게 하리라고 보았던 것이다.

그러나, 수인이여, 넌 도끼를 들고,
넌 저 단단한 돌 벽을 무너뜨리려는구나,
하지만 난, 그저 녹아내려, 독이 되련다.
불이 봉인된 이 세계에.
그것은 혈관으로 들어오고, 영혼으로 파고들어,
실제와 꿈을 바꾸어 버릴 것이니 …
그래! 나는 보이지 않게 벽을 무너뜨릴 것이다,
우리 영혼이 갇힌 벽을.

Но, узник, ты схватил секиру,
Ты рубишь твердый камень стен, -
А я, таясь, готовлю миру
Яд, где огонь запечатлен.
Он входит в кровь, он входит в душу,
Преображает явь и сон …
Так! я незримо стены рушу,
В которых дух наш заточен.[106]

브류소프는 도끼로 세상을 변형하고 바꾸는 것을 거부하고 다른 방법으로 세상을 변화시키겠다고 노래한다. 블록의 「회합Митинг」, 뱌체슬라프 이바노프의 「평온한 의지Тихая воля」, 안넨스키И. Анненский의 「이아이르의 딸Дочь Иаира」 등과 같은 시 역시 브류소프의 시처럼 당대에 제

106 Брюсов В. 'Одному из братьев'. Собр. соч., В 7 т., Т. 1, 1973.

기되고 있던 폭력 혁명의 구호들에 대한 부정적 태도를 명백히 담아낸다. 여전히 세상의 변화를 시와 예술적 사고에서 화두로 삼고 있지만 그 변화는 개인적이고 추상적이고, 미를 통해 이루어져야 했던 것이다. 언어와 상징체계의 혁신을 통해 새로운 미를 탐구해야 하고, 그 새로운 미를 통해 새로운 사회의 변화를 이룰 수 있다는 주장은 러시아 상징주의의 윤리적 특성을 잘 말해 준다.

이러한 상징주의의 윤리성은 혁명적 사상이나 세계관과 유형적 연관성을 지니고 있다. 이를테면 조야한 사회학주의에 의해 부르주아적 의식이라고 비난받았던 상징주의자들은 기실 부르주아성을, 그 속물성을 경멸하고 있었다. 그들은 소유 세도를 개인을 격하하는 저급하고 정당하지 못한, 그리하여 아름답지 못한 것으로 경멸했다. 전제주의나 반동적 언론을 신랄하게 비판한 것은 물론이었다.

그럼에도 불구하고 톨스토이나 레핀, 솔로비요프 등은 상징주의의 초기 작품들에 대해 비판적인 시선을 거두지 않는다. 심지어 바제노프Н. Баженов와 로솔리모Г. Россолимо와 같은 일부 정신병리학자들은 상징주의를 병리학적 현상의 하나로 간주하기까지 했다. 당시 새로운 유럽 예술에 대해 오스트리아 의사 노르다우M. Нордау는 '퇴화'의 징후라고 진단했다. '안쓰러운 성상깃발'도 없이, '질식시키는' 규범도 없이 미래로의 길을 준비하는, 조롱받는 혁신자들의 입장에서 젊은 벨르이는 그 적들에게 이렇게 위협한다. "광기여, 영원하라! 근시들의 코에 걸친 맨 정신이라는 안경을 쳐내 버려라!"[107] 최초의 상징주의 강령이 불러왔던 많은 악평과 현학적 비평과 비난들의 소란함을 고

107 Белый А. "Несколько слов декадента, обращенных к либералам и консерваторам", Хроника 『Мира Искусства』, 1903, No. 7, p. 67.

려하면 벨르이의 이런 격렬한 표현도 분명 이해될 법하다.

하지만 상징주의자들이 취하고 있는 인간과 사회적 변화의 이상은 단일하지 않다. 메레쥐콥스키는 새로운 종교적 진리를 무엇보다 국가적 교회주의라는 족쇄로부터의 해방에서 찾았고, 그것을 상징주의에 부여된 과제 중 하나라고 보았다. 반면 브류소프는 상징주의를 복잡화된 동시대 정신세계의 특징들을 표현하기 위해 꼭 필요한 예술적 방법으로 보았다. 새로운 종교적 진리의 추구와 새로운 예술적 방법이라는 이 두 가지 경향은 상징주의 내부의 대립적 분화, 즉 윤리적–종교적 경향과 미학적–심리적 경향으로의 분화·발전을 예고한다. 예술을 현실 투쟁의 일환으로 보는 것이나 종교적 유토피아 실현에 복무시키는 것이나 예술을 윤리에 종속시킨다는 점에서는 마찬가지이다. 어떤 것이든 예술을 이데올로기와 연관시키고 있다는 혐의를 피할 수 없는 것이다. 반면 브류소프처럼 예술적 표현방법 자체에 상징주의의 가치를 부여하고자 하는 경향은 상대적으로 예술의 독립적이고 자율적인 가치에 보다 중점을 둔 것으로 예술을 위한 예술, 순수예술이라는 미학주의에 보다 근접해 간다.

상징주의 내부의 이러한 두 경향은 구세대 상징주의자, 유미주의적 신세대, 신비주의 그룹 등에서 시공간을 달리하며 복잡하게 혼종적으로 나타난다. 1890년대 초부터 형성된 메레쥐콥스키 그룹의 종교적–공동체주의적 지향들은 다른 구세대, 브류소프와 솔로굽, 안넨스키와 발몬트 등과는 좀 거리가 있는 것이었다. 그러나 메레쥐콥스키의 견해는 좀 더 나중에 등장한 신세대 상징주의자들인 이바노프, 벨르이, 블록, 솔로비예프 등과 유사하다. 세대를 건너 다시 유형적 반복을 보여 주는 것이다. 브류소프의 유미주의 강령 「비밀의 열쇠들』은 1904년 잡지 『베시』의 사설로 게재되었다. 그러나 바로 그해에 신세대 상징주의자들의 최초의 시집들로 꼽을 수 있는 이바노프의 『투명함Прозрачность』, 안드레이 벨르이의 『감청색 빛 속의 금Золото в лазури』, 블록의 『아름다운 부인에 대한 시Стихи о Прекрасной Даме』가 출간되었다. 거의 동시대에 분기되는 이 두 흐름은 상징에 대한 태도에서 서로 견해를 달리한다. 브류소프와 발몬트에게는 상징이 언어예술의 수단 중 하나였다면, 이바노프나 벨르이 등 신비주의적 경향을 띤 신세대에게 상징은 단순한 수단이 아니라 다른 세계의 기호이고 거기로 가는 다리였다. 따라서 전자에게 상징주의가 문학 유파였다면 후자에게는 세계관이자 신앙과도 같은 것이었다.

물론 이 두 흐름 간에 불통의 장벽이 가로놓여 있다고 말하기는 어렵다. 이들은 유물론, 실증주의, 그리고 그 미학적 상관개념이라고 할 수 있는 당대의 자연주의에 공통적으로 거부감을 표하고 있었다. 바로 이 점이 이들을 다른 누구보다 더 가깝게 만들어 주었다. 또한 인류 최고의 정신적 잠재력이라는 낭만주의 예술에 대한 숭배를 보여 준다는 점에서도 그들은 서로 일치했다. 이들은 미학적 창조가 오직 종교적 계시와 같은 초월적 계기에 의해서만 평가될 수 있는 것으로 여긴다는 점에서 낭만주의자들의 생각을 반복하고 있었던 것이다. 또한 예술가가 창작행위에서 직관적으로 세계를 획득하고, 과학적 인식을 넘어 형언할 수 없는 더 높고 고귀한 어떤 본질을 파악해야 한다고 믿었다는 것도 낭만주의적 신념과 유사하다. 상징주의자들이 예술 중에서도 특히 음악을 존중하였던 것은 이런 이유에서였다. 음악은 기존의 합리적 이성으로는 설명되거나 인식되기 힘든 예술이었고, 그런 점에서 가장 마술적인 성격을 지닌 예술이었다. 그리하여 음악은 가장 상징주의적인 예술로 인식되었던 것이다.

상징주의 내부의 복잡한 이념적 분화는 여러 작가와 작품 속에서 다양하게 변주된다. 도브롤류보프 А.М. Добролюбов는 데카당한 댄디의 종교적 진실을 찾아 '민중 속으로' 달려갔고, 구신론과 거리가 멀었던 메레쥐콥스키 그룹은 신기독교 문학인들과는 공존한 반면, 아르 누보 art nouveau를 향한 예술가들, 즉 『예술 세계 Мир искусства』지의 댜길레프-베누아 Дягилев-Бенуа와는 일정한 거리를 두었다. 브류소프와 발몬트 등이 만든 스코르피온 Скорпион 출판사의 『북녘의 꽃 Северные цветы』에 신비주의자 벨르이가 참여했는가 하면, 유미주의자 브류소프가 정교 개혁을 주창하는 메레쥐콥스키의 종교철학 월간지 『새로운 길 Новый путь』에 참여하기도 하였고, 브류소프가 창간한 『베시』에 그 반대자들인 이바노프, 벨르이, 깁피우스가 활발하게 참여하기도 하였다. 한편 블록은 이 두 경향의 복잡한 통합을 지향한다. 인간에 대한 개인적·심리적 탐구와 그 표현, 그리고 신비주의적 사회지향이라는 모순적 경향들이 당대의 서정적 분위기 속에서 신비주의적이면서 이상주의적인 공동체성과 혼종적 결합을 이루었던 것이다.

상징주의 활동가들이 이전 세대에 비해 대단히 폭넓은 백과사전적인 현대적 교양을 지니고 있었다는 점도 특기할 만한 사실이다. 이들은 풍부한 인문학 지식에다 자연과학 지식과 인류학적 정신문화를 종합적으로 아우르면서 은세기를 러시아 문화의 새로운 르네상스로 만들었다. 이들은 일국적이지 않고 전 세계와 전 인류, 전 우주에 관한 형이상학적·철학적 문제, 그중에서도 특히 종교철학적 사상에 큰 관심을 보였으며, 베르자예프, 불가코프, 플로렌스키, 로자노프, 쉐스토프 등의 사상에 깊이 영향을 받았다. 다른 한편 문학적으로는 도스토옙스키, 튜체프, 솔로비요프, 바그너, 입센, 니체 등이 상징주의 신전의 경애를 받는 신들이었다.

신화시학적Мифопоэтическое 경향도 상징주의와의 연관 속에서 독자적인 영역을 형성한다. 이바노프는 상징을 최고 실재의 형상이라고 보았는데, 그런 생각은 고대 신화에 대한 이론적 탐구로부터 얻어진 것이었다. 그는 무엇보다 디오니소스적 테마에 관심을 집중한다(「수난받는 신에 대한 고대 그리스 종교Эллинская религия страдающего бога」, 「디오니소스 종교Религия Диониса」, 기타 『베시』에 실린 논문들). 그에게 상징주의 예술 창조는 다양한 유형의 신화창조였다고 말해도 과언이 아니었다. 신화의 이설들을 연결하려는 노력(비극 『탄탈Тантал』, 『프로메테우스Прометей』), 신화의 현대적 변용(안넨스키의 네 개의 고대 드라마), 신화의 문체화(솔로비요프의 서정시, 상징주의자들로 시작한 고로데츠키С.М. Городецкий의 시 모음집 『페룬Перун』, 『야리Ярь』), 신화학적인 것과 종교적·세태적인 것의 혼합(솔로굽 『작은 악마』와 동화 작품들) 등 신화와 신화적 요소들이 많은 상징주의자들의 창작 모티프로 활용되었다. 이들은 그리스·로마, 성서, 고대 동방, 심지어 남아메리카의 전통적 신화에서 모티프를 찾았고 거기에 새로운 신화적 형상을 덧입혔다. 러시아문학의 전통적 형상들에도 신화적 지위를 부여한 것은 물론이었다. 벨르이는 고골의 『무서운 복수Страшная месть』에 등장하는 여지주 카테리나의 운명에서 '마술사-자본주의'의 독이 든 술잔에 취한 러시아 운명의 신화적 모델을 보았다. 이바노프는 도스토옙스키의 『악령』의 구상에서 '어머니-대지Матерь-сырая Земля'의 원형적 신앙을 보고자 했다. 상징주의자들과 몹시 가까웠던 로자노프는 레르몬토프의 『악마Демон』가 고대 신화들에 둘러싸여 있다고 분석했다. 푸시킨의 『청동의 기사Медный всадник』와 『스페이드의 여왕Пиковая дама』, 고골의 중편과 도스토옙스키의 소설에 대한 신화시학적 해석 등은 소위 19세기 '페테르부르그 텍스트'를 이어 갔던 상징주의자들의 모티프였다. 이처럼 다양하고 폭넓은 신화시학적 요소들은 상징주의와 교차하며 텍스트의 의미를 더욱 풍부하고 난해하게 만들었고, 때로는 거의 해독 불능의 것으로 만들기도 했다.

상징주의 미학의 언어적 혁신이나 종교적 지향, 신화주의적 경향이 창작의 내용적 풍부화와 미학적 혁신을 자극한 것은 부정할 수 없는 사실이다. 그렇다면 이들은 왜 그렇게 새로운 것에 집착하고 왜 그렇게 집요하게 다른 세상을 향해 나아갔던 것일까. 그것은 앞서도 언급한 바와 같이 세계와 개인의 새로운 관계 변화에 대한 조응이었다. 새롭게 변화된 세기말 세기 초의 세계는 기존의 세계관이나 인식 방법으로는 파악되기 힘들었고, 그들 자신이 느끼는 세계와 개인의 내면에 대한 감각은 기존의 표현방법으로는 담을 수 없는 것으로 여겨졌기 때문이다.

상징주의의 전통에 대한 거부와 대립은 종종 윤리와 미학의 대립으로 해석되곤 한다. 하지만 미학과 윤리의 양자택일이라는 대립구도는 최소한 러시아 상징주의의 실제 양상에는 부합하지 않는다. 그들의 실제 창작 속에는 새로운 미학성의 탐구와 더불어 강렬한 윤리적 지향이 결합되어 있다. 물론 그 윤리적 지향은 시민주의 미학이라고 부를 수 있는 19세기 리얼리즘이나 유물론 미학의 지향과 다른 것이었고, 주관적이고 추상적인 맥락 속에서 추구되는 것이었다. 그러나 인간과 삶의 영역 자체를 벗어나 부르주아적인 유미주의에 갇혀 있다는 비판은 상징주의 문학작품에 관한 한 전적으로 적합하다고 말할 수는 없다. 물론 상징주의 미학의 진폭이 매우 넓고 개별 작가와 작품의 경향들이 다양한 것은 사실이지만, 전체적으로 보았을 때 문학운동으로서의 상징주의 강령이 윤리적 지향 자체를 포기하는 것을 장려하지는 않다. 이들은 새롭게 경험하는 현실과 인간에게서 기존의 패러다임으로는 파악하기 힘든 새로운 요소들을 예민하게 감지하였고 새로운 미와 새로운 예술 수단을 통해 그 알 수 없는 새로운 세계와 인간에게 다가가기 위해 먼 바다로, 어둠 속을 헤엄쳐 나가고자 했다. 그 새로운 미와 예술 수단이 기존의 미학으로 보기에는 지나치게 유미주의적이고, 지나치게 종교적·관념적·신화적으로 보일 수는 있어도, 그렇다고 해서 거기에 담긴 새로운 유토피아, 즉 공동체주의에 대한 동경과 갈망의 존재마저 부정하는 것은 적절한 평가가 되지 못할 것이다.

개인 윤리학의 아이러니 ■■■

상징주의는 개인에 대한 철학적·미학적 이해와 매우 긴밀하게 연관되어 있다. 특히 니체 철학은 1890년대 러시아에 강력한 영향을 미치고 있었고 일종의 '러시아적 니체 현상'을 만들어 내고 있었다. 이 시기 니체는 당대 문명의 전통파괴자로서 실증주의에 대한 전쟁의 주도자이며 개인 옹호자로 인식되었다. 물론 그 수용에서는 완전한 환멸에서부터 지지와 열광에 이르기까지 극단적인 차이가 존재한다.

이미 당대의 많은 서유럽 문학가들이 니체에의 탐닉을 경험하고 있었다. 니체의 사회적·이데올로기적 강령들은 예를 들어 스트린트

버그와 같은 대작가에게 강력한 영향을 남기고 있다. 또한 니체의 존재론과 인간 본성에 대한 철학, 즉 삶에 대한 원초적 의지와 개인의 강렬한 자기 확신은 1900년대 초 잭 런던의 소설들에 반영되기도 했다. 반면 토마스 만은 후기에 이렇게 회고하였다. "나는 무엇보다 니체에게서 자기 자신을 극복하는 사람을 보았다. 하지만 나는 그를 글자 그대로는 아무것도 이해하지 못한다고 말할 수 있다. 나는 그의 '신앙'을 거의 아무것도 받아들이지 않았다. … 그의 힘의 철학이, '금발의 간교한 자'가 나와 도대체 무슨 관계가 있단 말인가? 그것들은 내게 거의 장애물이었을 뿐이다."[108]

러시아에서도 니체에 대한 반응은 몹시 다양했다. 대체로 예술 창작에서는 니체의 수용이 활발하게 이루어졌지만, 이후 그에 대한 비판적 반성 같은 것이 뒤따르곤 했다. 레프 톨스토이(그리고 그의 의견에 동조하는 많은 작가들)가 니체의 개인 사상에서 가진 자들의 편에서의 반민중적·반사회적 설교를 보고 있다면, 『도스토예프스키와 니체』1902년의 저자였던 쉐스토프Л. Шестов는 현대 인간의 진정한 진리, 비극의 철학, 운명적인 고독과 버림받은 자를 보았다. 심지어 정치적으로 현존 체제에 대립하는 좌익 활동가들은 니체를 개인의 해방 투쟁을 독려하는 일종의 사상적 동맹자로 받아들였다.

저명한 인민주의 활동가였던 미하일롭스키Н.К. Михайловский는 아주 열띤 목소리로 니체의 정신적 저항의 의미를 강조하였다. "그에게 인간적 개인은 모든 사물의 척도이다. 그러나 그때 그 척도는 개인에게 완전한 정도의 생을 부여할 것을 요구하며 개인의 덕성을 좀먹는 모든 이

---

108 Манн Т. Собр. соч., В 10 т., Т. 9, М., 1960, p. 106.

해관계와 조건들에 대한 철저한 대적을 요구한다."[109] '사회적 이타주의' 사상을 신봉하는 미하일롭스키와 개인의 무한한 개성을 강조하는 니체의 이 예기치 않은 만남은 개인의 의미와 중요성에 대한 러시아 사회사상의 일반적 경시 경향과 관련되어 있다. 미하일롭스키는 니체의 이념을 빌려 개인 활동의 중요성을 보다 강조하고 싶었던 것이다. 흥미로운 점은 미하일롭스키의 잡지 『러시아의 부 Русское богатство』와 날카롭게 대립하던 합법적 마르크시스트 잡지였던 『삶 Жизнь』이 니체에 대한 미하일롭스키의 평가에 전적으로 동의하고 있다는 점이다. 그들은 니체 철학을 "부르주아-물질 구조"에 반발하는 "당당한 호소"이며, 인간의 "강력한 개인적 창조력"[110]을 강조하는 것으로 받아들였다.

하지만 솔로비요프는 처음부터 일관되게 니체 철학을 '반동적 현상'으로 받아들였다. 그러나 그는 시간이 지나면서 니체 철학에 함유된 초인사상의 긍정적 의미에 대해 관심을 보인다. 그는 니체 사상이 원칙적으로 인간적 본성의 완성에 대한 호소를 담고 있지만 그에 대한 잘못된 탐구로(「초인사상」, 1899년) 왜곡되었다고 보았다. 이후 솔로비요프 종교철학은 점점 더 니체에 대해 공감을 표하다가 나중에는 철저하게 옹호하는 것으로 변모한다. 물론 솔로비요프는 수용하기 어려운 부분은 제외하고 아전인수 격으로 니체를 자신의 편으로 끌어들이고 있다. 사회사상에서와 마찬가지로 러시아의 새로운 종교사상은 러시아 정교 철학에서 부족했던 개인에 대한 인식을 니체를 통해 보완하려고 했던 것이다.

예술문학에서 개인에 대한 니체 사상의 확산의 진폭은(세련된 상

109 Михайловский Ник. Русское богатство, 1894, No. 12, p. 94.
110 Андреевич(Е.А. Соловьев). "О Нитче", Жизнь, 1901, Т. 4, pp. 229, 309.

징주의자들에서 세태소설가들에 이르기까지) 더욱 컸다. 초기 상징주의자들의 시에서 초인사상은 선과 악의 대립을 넘어 인간 개인성의 의미를 확인해 주는 것으로 수용된다. 안드레예프도 니체의 철학을 "모두 다 파악할 수는 없지만 인간적인 본성, 그에게 부과된 모든 가능성을 실현하고 완전하게 힘과 행복과 자유를 장악할 수 있는(가까운 다른 사람을 짓밟지 않으면서) 그런 본성을 … 보는 것"[111]이라고 판단한다. 안드레예프의 이런 생각은 잘나가는 데카당이나 톨스토이, 쉐스토프의 니체 비판과는 상당한 거리를 두고 있다. 메레쥐콥스키도, 쿠프린의 『결투Поединки』의 주인공(저자의 alter ego인) 나잔스키도 분명 니체 철학을 암시하는 '자신에 대한 사랑' 현상에 대해 말한다. '자신'을 대문자로 쓰기까지 하는 메레쥐콥스키의 신기독교 사상 속에서 자신에 대한 숭배는 "타자에 대한 가장 위대한 사랑, 사심 없는 종교적 위업"[112]과 결코 분리된 것이 아니었다. 반면 쿠프린의 니체주의자는 '자신에 대한 사랑'을 기독교적 모랄(가까운 자에 대한 어리석은 동정)에 대립하는 것으로 본다. 그러나 그럼에도 불구하고 그는 "남의 기쁨과 남의 모욕"에 뜨겁게 체감할 수 있는 인물이며, "주인도 노예도 없는" "다가오는 신국의 삶"[113]에 대해서도 사고할 줄 아는 인물이다. 이렇게 보면 러시아 니체주의의 특징은 니체 철학에서 휴머니즘적 내용에 특별히 주목하면서 개인성의 파토스 이면에 감추어진 사회적 단초를 찾아내려는 것에 있었다고 말할 수 있다. 여기에는 러시아의 전통적인 정신적 특성 중 하나로 지적되는 집단성도 일

111 Андреев Л. Собр. соч. Письма. в 24 т., Т. 1, p. 233.
112 Мережковский Д.С. Л. Полн. собр. соч., В 24 т., Т. 11, М., 1914, pp. 72-73.
113 Куприн А.И. Собр. соч., В 6 т., Т. 3, М., 1958, pp. 346, 530-531.

조하고 있다고 말할 수 있을 것이다.

니체의 수용은 변혁기 러시아문학과정에서 매우 일반적 현상이었다. 그것은 무엇보다 그 시대사상의 화두였던 개인의 문제를 해명하는 데 훌륭한 근거로 작용했던 것이다. 솔로비요프는 1899년 이렇게 말한다. "나는 레르몬토프에게서 그런 정신적 기조와 그런 감정과 사상의 경향의 직접적인 원조를 본다. 그리고 부분적으로 그 행위에서도 간단히 말하자면 니체주의라고 부를 수 있는 것을 본다."[114] "니체가 지금 이론화하고 있는" "잔혹함, 경계가 없는 권력의지의 음울한 심연"에 대해 언급하면서 미하일롭스키는 이렇게 말한다. "러시아 독자에게, 심지어 그렇게 진지하거나 이해력이 깊지 않은 독자에게도 이것은 그리 낯선 말들이 아니며 … 도스토옙스키의 거대하고 무시무시한 재능과 그가 그려 낸 장면들과 형상들의 고통스러운 선명함은 우리에게 이런 음울한 심리를 니체의 판단들보다 더 잘 보여 준다."[115] 도스토옙스키의 인신주의적 단초를 니체의 초인사상의 직접적 전조로 여기는 것은 당시 많은 사상가들의 일반적 견해였다. 불가코프는 "도스토옙스키는 니체의 예언적인 통찰과 더불어 무신론적 몰도덕주의аморализм의 문제를 공식으로 제기하였다."고 본다. 그리고 그와 동시에 도스토옙스키가 니체보다 더 높이 고양되어 있다고 말한다. "우리 소설가의 영혼은, 니체-이반의 정신과 더불어 알료샤의 영혼과 조시마의 예언적 영혼을 함께 배치할 수 있었다."[116]

앞서 말한 바와 같이 개인에 대한 극단적·신화적 숭배는 상징주

114 Соловьев В. Стихотворения, эстетика, литературная критика. Сост. Н.В. Котрелев, М., 1990, p. 441.
115 Михайловский Ник. "Литература и жизнь", Русское богатство, 1894, No. 11, pp. 126-127.
116 Булгаков С. "Иван Карамазов (в романе Достоевскгого 『Братья Карамазовы』) как философский тип", Вопросы философии и психологии, Кн. 1, 1902, pp. 838-839.

의자들의 공통된 특징이다. 특히 '신인적인 것', '집단적인 것'과 '인신적인 개인주의적 이념'의 대립은 이를테면 신세대 상징주의자들과 1890년대 데카당들 간의 논쟁에서 분명하게 드러난다. 물론 그 대립적 경향들을 엄격하게 구별하기란 쉽지 않지만, 도스토옙스키와 같이 개인을 대립적인 현상으로 수용하는 경향은 상징주의 운동의 모든 노선에서 공통적으로 관찰된다. 그러나 거기에서도 '나'와 '비-나'의 화해로 나아가거나, 혹은 넘을 수 없는 대립으로 나아가는 등 그 해결책은 서로 다를 뿐만 아니라 착종되어 나타나기도 한다. 이를테면 초기 상징주의 시인들에게 특징적인 자족적 에고에 대한 노골적인 찬미는 데카당적인 '자기비판'의 음조들과 복잡하게 뒤섞인다. "그는 한편으로는 자신의 고립성에 황홀해하고, 다른 한편으로는 그 고립성으로 괴로워한다."[117] 한편 솔로굽의 작품에서는 '나'와 나에 의해 '창조된 전설'들에 대한 다소 무분별한 숭배와, 그리고 동시에 인간 소외의 파괴적인 체험을 통해(소설 『작은 악마』) 그 가장 깊고 극적인 대립이 그려지고 있다. 세계로부터 고립된 고독한 개인의 상황을 축복이자 저주로 받아들이는 것은 솔로굽과 레오니드 안드레예프(상징주의와는 다소 거리를 두고 있던)에게 공통적이다. 이것은 마티치O.Матич가 정확하게 지적하였듯이 도스토옙스키의 모순적 주인공들의 특징들, '신의 체득자'와 '신의 대적자'의 특징을 독특하게 결합한 것이다.[118] 한편 메레쥐콥스키는 그 종합의 길을 찾으려고 모색하는 모습을 보여 주기도 한다. 그리스도와 안티 그리스도의 역설적인 접근은 그에게 단순히 신의 본질에 대한 종교적 분열에 관한 신학적

117 Корецкая И.В. "Сиволизм", История всемирной литературы, Т. 8, pp. 86-87.
118 Matich O. Paradox in the Religious Poetry of Zinaida Gippius, Munchen, 1972, p. 56.

반성일 뿐만 아니라, 그리고 문화적·역사적 대립으로 투사된 자기 자신의 내적·정신적 갈등의 각인일 뿐만 아니라, 당시 세기 경계의 실재적·정신적 상황의 표현, 개인적 단초들의 극도의 대립적 표현이었다. 그들의 조화, '최후의 결합'은 향후의, 어쩌면 미래의 제3의 성서에서나 존재 가능한 것일 터이다.

개인의 수용과 세계 속의 개인에 대한 복잡한 표상은 신세대 상징주의자들에게도 잘 나타난다. 블록의 조화성과 벨르이의 비조화성도 그러한 대립의 결과라고 말할 수 있다. 블록의 서정적 주인공은 세계와의 연대 의식에서 위기감에 휩싸여 있는 경우가 많지만, 벨르이의 예술 세계에서는 세계와 단일한 전체로서의 개인에 대한 표상이 보다 강하게 나타나고 있는 것이다. 상징주의 운동의 이런 행로에서 기본적인 '화해자'의 역할을 떠맡는 것은 뱌체슬라브 이바노프이다. 그의 포에마(『말로페야Мелопея』, 「인간Человек」)의 철학적·서정적 슈제트에는 개인적 단초와 초개인적 단초의 대립을 극복하려는 주인공들이 다소 과장된 고통 속을 걸어가고 있다.

신구 세대 상징주의 미학은 이렇게 개인에 대한 표상의 변화를 통해 당대 현실의 급격한 변화에 대응하기 위한 윤리적 모색을 시도한다. 그것이 때로는 지극히 유미주의적인 경향으로 보이기도 하지만, 그 역시 기존의 윤리적 편향을 극복하기 위한 일종의 위악으로 이해해도 될 것이다. 실제로 유미주의적 경향을 띤 많은 상징주의자들도 그런 극단적 입장을 지속적으로 견지하는 경우는 많지 않았고, 오히려 그 내면에 이전 시대 못지않은 강렬한 윤리적 지향을 품고 있었다. 물론 그러한 윤리적 지향은 기존에 제시된 실증주의적 세계관이나 유물론적 계급투쟁으로 수렴되는 것이 아니라, 종교적·추상적·

직관적 유토피아를 지향하는 것이었다. 그리고 그것은 상징주의 운동이 러시아 토양에서 지속될 수 없는 한계로 작동한다. 기존 세계관에 대한 저항과 새로운 미의 추구라는 시대적 과제를 경과하면서 20세기 초 러시아 상징주의 운동이 그 동력을 상실하고 격변의 러시아 현실에 대한 새로운 대응을 주장하는 미래파와 아크메이즘 등 보다 과격하고 본질적인 '변혁'을 주창하는 문학운동에 그 자리를 넘겨주는 것은 그들의 윤리적 지향의 이와 같은 한계와 결코 무관하지 않은 것이다. 이런 점에서 윤리적 패러다임에 미학을 종속시키고자 했던 19세기적 미학에 반기를 들었던 러시아 상징주의가 바로 윤리적 패러다임의 불명확성으로 인해 존재 근거를 상실해 간 것은 러시아 문화의 아이러니가 아닐 수 없다. 그들 역시 문학과 예술의 강력한 윤리성을 지향하는 러시아적 정신의 한계를 완전히 뛰어넘을 수 없었던 것은 아닐까.

리얼리즘 문학의 자기 혁신

자연주의의 가능성과 한계

1880~1900년대 러시아문학은 자연주의라는 문학 지대를 통과하였고 수십 명의 만만찮은 작가들과 수백 편의 작품들을 남기고 있다. 이런 점에서 "자연주의는 … 러시아문학에서 부수적인 현상조차

되지 못한다."[119]는 주장은 너무 지나치고 단정적일 뿐 아니라 문학사적 사실과도 일치하지 않는다. 러시아 자연주의는 나름대로 내적으로 일관된 독특한 시학을 견지하고 있고, 상징주의 못지않은 문학사적 의의를 가지고 있다.

수보린А.С. Суворин은 1890년『신시대Новое время』에「우리 시와 소설」을 발표한다. 문학사에 반드시 언급되는 글은 아니지만 당시에는 그 2년 뒤에 나온 메레쥐콥스키의 상징주의에 관한 논문에 비견될 정도로 주목을 받았다.[120] 수보린은 이 글에서 당대의 수많은 소설들을 보고 도대체 러시아 소설의 주인공과 여주인공은 무엇인가, 새로운 것을 찾아볼 수 없다, 모든 것이 다 낡아빠졌다고 한탄한다. 지방자치회원, 변호사, 기사, 기술자, 학생 등 주인공은 새롭다고 볼 수 있지만 모두 사랑에 빠졌다가 환멸을 느끼고, 아내와 이별하고 다시 결혼하고 그리고 죽어 간다. 하지만 당대의 삶은 새롭게 변화해 가고 있었고, 사람들의 관심과 성격도 훨씬 복잡해지고 있었다. 단순한 계층구조에서 보다 복잡한 계층화가 이루어지고 있었고 새로운 직업과 새로운 사람들, 새로운 상황들이 나타나고 있었다. 수보린은 이렇게 새로운 환경, 새로운 삶의 조건, 새로운 직업과 같은 변화된 현실에 대해 당대 소설가들이 침묵하고 있고 연구하지 않는다고 비판한다. "사랑과 연관되는 모든 것들, 오만함, 허세, 아양, 질투 등 (인간감정의) 모든 것도 다른 뉘앙스를 띠고 다소 다르게 나타나고 있다." 하지만 소설가들은 전통과 지나간 이념들에 사로잡혀 "모든 것을 똑같은 틀로 몰고 간다." 이미 "형성되어 있는 형식"을 이용하여 내내

119 Муратов А.Б. "Проза 1880 годов", История русской литературы, Т. 4, 1983, p. 58.
120 Русская литература ребежа веков(1890 ~ 1920 годов). Кн. 1, М., ИМЛИ РАН, 2000, p. 227.

똑같이 쓰고 있다는 것이다.

"소설가들은 그들이 알아야만 하는 많은 것을 전혀 모르고 있다." "생리학, 병리학, 심리학은 전혀 모르고 있다." "기이한 병적 현상들의 세계"(이것은 이후 메레쥐콥스키의 현실진단과 유사하다.)도 모른다. 이래서야 문학 혁신이 어떻게 가능하겠는가. "소설가에게 필요한 것은 무엇인가?" 출판과 언론 활동 경험이 풍부했던 비평가 수보린은 작가에게 무엇보다 재능과 관찰력, 지혜가 필요하지만 재능의 크기와 무관하게 모든 소설가들에게 사실들의 탐구와 꾸준한 축적이 필요하다고 충고한다. "소설가는 더 많이 알거나 무엇이든 전공으로 한 가지 분야를 선택해서 그 속에서 대가가 되든지 최소한 좋은 일꾼이 되도록 노력해야만 한다." 그리하여 러시아 소설가는 "이 나라에 대한 어떤 이념과 표상을 일반 지식에 가져와야" 한다는 것이다.[121]

수보린의 이러한 주장은 자연주의 문학 계열의 강령과도 같은 것이었다. 보보리킨П. Боборыкин, 포타펜코И. Потапенко, 마민-시비랴크Д. Мамин-Сибиряк, 기타 소소한 작가들, 그리고 세기 초에는 치리코프Е. Чириков, 베레사예프В. Вересаев, 텔레쇼프, 세라피모비치, 구세프-오렌부르그스키С. Гусев-Оренбургский 등과 같은 많은 작가들이 수보린의 문학적 요구에 응답하고 있다. 자연주의 작가들은 다소 경멸적으로 '소박한 리얼리스트скромные реалисты'라든가, '그 작은 작가들эти малые'이라고 불리기도 하지만 새로운 현실의 미학과 윤리 패러다임을 모색해 간 문학적 정열과 진지함은 문학사적으로 상당한 의미를 지니고 있다. 자연주의 작가 중 한 사람인 바란체비치Казимир Баранцевич의 중편 중 하나는 이렇게 시작된다.

---

121 Суворин А. "Наша поэзия и беллетристика". Новое время. 1890. No. 5099. 11 мая.(Россия превыше всего. М., 2012. pp. 415-425)

'우--우--우' … 일터로 불러내며 음울하게 공장의 기적이 울린다. 가을날 이른 아침 회색의 여명에 싸인 거리는 아직 잠을 자고 있고 시내 중앙로들의 거대한 석조 건물들의 회색 벽들도 아직 잠에서 깨어나지 않았지만 공장지대의 건물들에서는 노동의 삶이 엿보이기 시작한다. 창문에 불이 들어오고 거기에 사람들의 그림자가 어른거린다. 그리고 이젠 포장이 엉망인 지저분한 보도를 따라 한 무리로 모여든 노동하는 사람들이 서둘러 발걸음을 옮기고 있다. 그들의 수척하고 파리한 얼굴들, 어제 일의 때가 여전한 어둡고 졸린 모습이다. 그들은 서로 한마디도 나누지 않는다. 하긴 무슨 말을 할 것인가? 힘겨운 공장 일에 항상 기계 사이에 살면서 그들의 성격은 이미 어쩔 수 없이 그렇게 각인되었고 그렇게 말없는 기계들이 되어 버렸던 것이다. 일터로 가는 미성년 아이들조차 진짜 노동자들처럼 그런 특징들을 그대로 지니고 있었다. 움직임도 없고, 얼굴에 조금치의 생기도 없고, 어린애다운 점은 전혀 없는 … 어둡고 멍한 모습으로 그들은 말없이 함께 걸어가기만 한다.

'우--우--우 … ' 다시 기적이 음울한 소리로 울면 이제 일터에 늦으면 재앙이라는 뜻이다. 늦잠을 잔 노동자는 이 〈두 번째 경고음〉을 듣고는 작고 형편없는 쪽 침대에서 서둘러 뛰쳐나와 신속하게 어깨에 아무거나 누더기를 걸치고 부랴부랴 공장으로 달려간다.[122]

공장지대 노동자들의 삶을 매우 사실적으로 그려 내는 이 장면은 막심 고리키의 『어머니Мать』1907년의 첫 부분을 그대로 연상시킨다. 공장의 기적 소리와 새벽에 깨어나는 사람들, 그들의 음울하고 희망 없는 일상, 그리고 공장지대의 풍경은 모티프마저 동일하다고 말할 수 있다. '공장의 기적소리, 노동하는 사람, 기계, 힘겨운 공장일' 등

122 Баранцевич К. Под гнетом. Повести и рассказы, СПб., 1883, pp. 121-122.

의 소재들은 20세기 초 프롤레타리아 테마가 본격적으로 나타나기 오래전부터 이미 러시아 자연주의 문학에 선구적으로 나타나고 있는 것이다. 1890년대에 보다 본격적으로 대두된 '보샤키 босяки' 현상들도 이미 1880년대부터 등장하고 있다. 1890년대에 대중적 주목을 한껏 받았던 고리키 문학의 주인공들의 선조격이라고 할 수 있는 부랑자 계층의 삶과 행태가 코롤렌코의 소설 『더러운 사회에서 В дурном обществе』 1885년, 『체르케스 Черкес』 1888년, 스비르스키 А. Свирский의 오체르크 『로스토프 빈민굴 Ростовские трущобы』 1893년, 『감옥과 빈민굴을 찾아 По тюрьмам и вертепам』 1895년 등에서 이미 사실적으로 그려지고 있는 것이다. 길랴롭스키 В. Гиляровский는 전 러시아를 순례하듯 방랑하고 그 경험을 바탕으로 『빈민굴 사람들』을 출간하려고 하였지만 검열을 통과하지 못했고 일부만이 잡지를 통해 발표될 수 있었다. 길랴롭스키는 모스크바 빈민굴을 처음 방문한 작가였고, 나중에 고리키에게 모스크바 합숙소를 안내해 준 인물로도 유명하다.

러시아 자연주의는 두 가지 강력한 영향하에 존재했다. 하나는 서구에서 온 것으로 졸라주의의 영향이다. 졸라는 『파리의 편지』에서 자연주의의 특징을 이렇게 규정한다. "나는 발자크처럼 정치가도, 철학자도, 도덕주의자도 되고 싶지 않다. … 나에 의해 그려진 그림은 있는 그대로의 현실 단편에 대한 평범한 분석이다."[123] '있는 그대로의 모습'으로 삶의 단편을 묘사하는 것(분석과 평가가 아니라), 사건을 조사하여 진술서를 쓰듯이 사실 그 자체에 충실하라는 요구는 러시아 자연주의 문학, 혹은 자연주의적 경향을 공유하는 문학을 하

123 Золя Э. Собр. соч., В 26 т., Т. 25, М., 1967, p. 440.

나로 묶어 줄 수 있는 문학적 강령이었다고 말할 수 있겠다. 『주식 부호들Биржевые магнаты』, 『주식의 황제Цари биржи』, 『황금Золото』, 『빵Хлеб』, 『소작료Тяга』, 『승려Жрецы』 등 1890년대 자연주의 대중소설들의 제목만 보더라도 자연주의 작가들이 개인의 삶이나 갈등이 아니라 어떤 구체적 사회적 환경이나 전체로서의 사회 문제 등에 보다 집착하고 있었음을 쉽게 알 수 있다.

인간의 성장과정을 다룰 때에도 자연주의는 무엇보다 환경을 우선시한다. 가린-미하일롭스키Н. Гарин-Михайловский의 자전적 4부작, 『테마의 어린시절Детство Темы』1892년, 『김나지움 시절Гимназисты』1893년, 『대학시절Студенты』1895년, 『공학기사Инженеры』1907년 등은 자연스러운 삶의 시기와 인간 되어가기를 그리고 있는데, 톨스토이의 자전적 삼부작과 구성이 유사하지만 제목 자체에서 보듯이 작가의 일차적 관심은 주인공이 처한 환경의 변화이다. 인간의 내면적 성장 자체보다는 그의 행위를 결정하는 환경에 더 중점을 두는 사회학적 소설 형식을 취하고 있는 것이다. 이처럼 자연주의는 기존 리얼리즘에 비해 환경과 사회적 삶의 양식 변화에 훨씬 많은 관심을 보이고 묘사한다. 마민-시비랴크, 네미로비치-단첸코Вар. Немирович-Данченко, 보보리킨, 포타펜코 등이 이런 경향을 주도한 작가들이다.

자연주의 내부에는 이런 경향에 대립되는 또 다른 경향이 강하게 자리하고 있다. 그것은 서구의 자연주의가 아니라 러시아문학 전통 자체에 의거하는 자연주의라고 말해야 옳을 것이다. 러시아문학에서도 자연주의의 전통은 유구하다. 에밀 졸라가 "나는 심지어 '자연주의'라는 … 단어조차 전혀 생각해 본 적도 없었다. … 그런데 러시아에서는 이미 30년 전부터 이 단어를 사용하고 있었다."[124]라고 말한 것은 러시아 '자연파натуральная школа'에 대한 오해에 근거하는 것이기는 하지만, 1880년대에 활발해진 러시아문학의 자연주의적 경향은 분명 러시아 자연파의 시학을 공유하고 있다는 점을 말해 준다. 1840년대의 자연파와 1860년대 소위 혁명적 민주주의자들의 리얼리즘은 그 기원이나 발전의 동기에서 19세기 후반의 자연주의와 현격히 구별되는 것이지만, 현실의 어둡고 부정의한 측면을 관찰하고 이를 인간주의적 관점에서 그려 내고자 했던 문학 정신과 기법에 있어서는 러시아 자연주의와 결코 무관하지 않은 것이다. 이런 점에서 보보리킨은 자신이 '졸라이즘'을 따르고 있다는 점을 부정하였고 자신은 "인간의 창조를 위해 모든 새로운 영역을 항상 획득"[125]하고자 한다고 말했다. 자연주의를 문학예술의 적극적·진보적 운동으로 보고자 했던 그는 "극사실적 묘사ультрареальное изображение의 조잡한 과잉", "독자의 도덕적·미학적 감정을 건드리려는 고의적인 극단성"[126] 과 같은 자연주의의 방법을 최소한 이론적으로는 거부했다.

반면 자연주의적 방법론에 적극적으로 동의를 표하는 사람도 있었다. 야신스키는 엄격히 제한된 의미에서 자연주의라는 용어를 사용할 것을 주장한다. 그는 자연과학과 소설의 연관성을 인정하고 자신의 소설들이 '삶의 사실들'을 실험하는 것이라고 보았다. "이런 점에서 나는 자연주의자였고 자연주의자로 남을 것이며 그런 자연주의가 일시적인 문학경향이 아니라, 문학에서, 다소라도 의식이 있는

124 위의 책, T. 26, p. 51.
125 Боборыкин П.Д. Европейский роман в 19 столетии: Роман на Западе за две трети века, СПб., 1900, p. 18.
126 위의 책, pp. 587, 18.

문학에서라면 영원한 것이라고 생각한다."[127] 그들은 자연주의가 리얼리즘에 대립되는 것이라고 생각하지는 않았다. 오히려 많은 부분 공통적 특징들을 가진다고 생각했다. 현실모방(미메시스)적 기초, 진실성, 삶의 진실, 있는 그대로의 삶의 묘사, 일상 자체에 대한 묘사 등은 모든 문학의 보편적 가치이며, 이에 가장 충실할 수 있는 문학 방법이 바로 자연주의라는 것이다.

전통적 리얼리즘을 계승하거나 혁신하는 작가들에게서도 자연주의의 영향은 제법 강하게 작용했다. 이를테면 자연과학적 방법론에 가까운 객관적인 접근을 주창했던 체홉은 한때 자연주의 문학 이론의 기본 입장에 적극 동의를 표했다. 그리고 1890년대 중반의 자연주의 문학 강령들을 충실히 수행하는 작품들을 창작하기도 했다. 당시 체홉의 산문에서 소재에 대한 객관적 묘사, 작가의 사상이나 평가가 완전히 배제된 묘사, 그리고 특히 필연적 이유 없이 우연적으로 진행되는 현실 사건 등과 같은 자연주의적 묘사의 특징들을 관찰할 수 있다.

체홉은 선험적인 개념이나 편견에서 벗어난 객관적 관찰과 묘사를 가장 높은 문학적 가치로 삼고 있었다. 이를테면 그는 지주-인텔리겐차와 농민이 합리적으로 공존하는 모습이 정확하고 지혜롭게 잘 그려져 있다는 점에서 가린-미하일롭스키의 『시골에서의 몇 년 Несколько лет в деревне』 1892년을 아주 높이 평가한다. 이 시기 체홉 자신도 사할린 지역을 여행하면서 보고문학적이며 자전적인 산문, 개인적 체험과 사실, 통계 등을 고루 활용하는 방법에 대해 숙고하고 있었다.

127 Ясинский И. "Литературные воспоминания", Историч. вестник, 1898, No. 2, p. 558.

가린-미하일롭스키의 작품에는 자신에게 신뢰를 가지게 하려는 지주의 노력에 대해 거의 불합리할 정도로 저항하는 농민의 모습이 그려진다. 톨스토이의 소설들에 어김없이 자주 등장하는 주제이다. 아마 그런 양상은 그 사회적 이유를 굳이 설명할 수는 있겠으나, 당대에는 결코 극복될 수 없는 것이었다. 농민의 저항은 거의 "적대적인 수준에 달하는 고집"이거나 "군중심리와 같은 공포와 두려움", 혹은 "암울한 침묵"[128] 같은 것이었다. 이런 모습은 체홉의 『나의 인생 Моя жизнь』, 그리고 『새 별장 Новая дача』에도 잘 나타나 있다.

나름대로 빼어난 성과를 보여 준 자연주의 작품은 체홉과 같은 리얼리즘 작가에게 상당한 자극을 주었고, 새로운 예술 방법의 추구에 일조하였다. 물론 차이도 있다. 가린의 기록문 오체르크 들은 러시아문학이 인민주의적 환상을 극복하고 있던 시대의 징후로 남아 있지만, 체홉의 중편들은 그 같은 자연주의적 특성을 넘어 인간의 존재론적 질문들로까지 나아간다. 체홉은 단순한 현실의 복사에 머무르지 않고 궁극적으로 현실을 변형하고 재조직해 내고 있는 것이다. 『새 별장』에서 농민들의 분노와 증오 속에서 "억압된 사람의 내면적 본질"을 보고 "20세기에 그 결과로 나타나는"[129] 병적 과정의 전조를 읽어낼 수 있는 것은 우연이 아니다.

그러나 자연주의라는 짧은 문학적 실험을 거친 뒤 체홉은 러시아 삶의 현실에 천착하되, 그 본질을 보다 깊이 포착함으로써 자연주의 시학 세계를 훌쩍 뛰어넘는다. 비록 외적으로 자연주의 소설과 유사한 점이 있다 하더라도 그가 주목하는 것은 새로운 유형의 사건·의식·주

---

128 Гарин-Михайловский Н.Г. Собр. соч., В 5 т., Т. 3, М., 1957, p. 104.
129 Горенштейн фридрих, "Мой Чехов осени и зимы 1968 года", Книжное обозрение, 1989, No. 42, p. 8.

인공의 심리를 포착하고 분석하는 새로운 방법이었다. 자연주의 묘사의 많은 외적 특징들이 체홉에게서는 전혀 다르게 기능하게 되는 것이다. 1890년대 중반 『6호실 Палата No.6』, 『사할린 Остров Сахалин』 이후 체홉은 자연주의와 확실하게 결별한다. 『갈매기 Чайка』, 『검은 수도승 Черный монах』, 「대학생 Студент」 등에서는 상징주의의 영향과 서정성의 강화, 전설과 신비성 등 새로운 산문 시학적 요소들이 지배적으로 나타나는 것이다. 그러나 동시에 『농민들 Мужики』, 「계곡에서 В овраге」 등과 같은 작품에서는 체홉이 자연주의에 한 발을 딛고 있을 때보다도 더 선명하고 철저하게 자연주의적 묘사의 특징을 남기기도 한다.

자연주의 작가들은 새로운 묘사 대상을 찾아내고 기존에 다루어지지 못한 주제들을 과감하게 다루는 등 변화된 러시아 현실에 대해 나름대로 긍정적인 대응을 모색해 나갔다. 때로 그것은 여성해방이나 빈민굴 현실의 사회적 폭로, 농민들의 현실적 삶과 행태 등을 정확하게 포착하여 그 시대상을 보다 정확하게 이해하는 데 도움을 주기도 하였다. 사실적으로 사진 찍듯 묘사하기, 사건을 조사하여 사실대로 구성하기 등과 같은 자연주의적 경향은 나름대로 리얼리즘 시학의 혁신에 기여하는 바가 없지 않았다. 그러나 자연주의 작가들이 다루는 소재는 곧 진부해졌고, 소재를 통한 주제의식은 이류급 수준을 넘어서지 못했다. 그들은 오직 소재의 새로움을 제시하는 데 매몰되어 있었다. 그들에게 예술언어의 혁신이나 인간의 내면에 대한 보다 깊은 탐구 등은 관심 밖이었다. 그들은 대중 독자들의 입맛에 맞는 진기한 소재의 발굴을 넘어 그 이상의 의미를 찾아낼 수 없었던 것이다.

한편 러시아 자연주의는 인간의 생물학적인 특징에 커다란 관심을 보이기도 했다. 살트이코프 쉐드린 Салтыков Щедрин 은 자연주의 작가들이 인간을 묘사할 때, "그의 신체적 권력과 커다란 사랑 사건들에"[130]만 집중한다고 비난하였다. 생물학적 특징에 깊이 침윤된 자연주의 작품들은 "나나 자연주의 нана-натурализм "라고 명명되었다.[131] 어쨌든 자연주의-생물학주의는 세기 경계의 러시아문학에 적지 않은 흔적을 남긴다. 부레닌 В.Буренин 의 『키슬로보드스크에서의 로맨스 Роман в Кисловодске』, 모르스키-레베데프 Н.Морский-Лебедев 의 『소돔 Содом』. 그리고 야신스키, 비비코프 В. Бибиков, 포타펜코, 아르츠바세프 М. Арцыбашев 등의 창작에서 그러한 생물학주의가 강력하게 드러나 있다. 암피테아트르 А. Амфитеатр 의 중편 『빅토리야 파블로브나 Витория Павловна(Именины). Из воспоминаний литератора.- Летние приключения в довольно странном обществе』는 1890년대에 엄청난 인기 속에 판을 거듭하며 출판되었다. 이 작품은 자유분방하게 살아가는 여성 주인공의 고백으로 되어 있는데, 여주인공의 비도덕적 행실 너머에는 진정한 남녀평등(성적 생활도 포함하여)에 대한 철학이 숨어 있었다. 역시 커다란 반향을 불러일으켰던 『마리야 루시에바 Марья Лусьева』는 지적인 귀족 아가씨가 매춘에 빠진 비밀을 탐구하는 소설이었다. 즉 생물학주의적 묘사와 관심 속에서 사회적 문제를 파고들어 폭로하고 있는 것이다.

러시아 자연주의는 냉정한 과학적 관찰과 그 전달을 문학의 과제로 설정하였지만, 사실 과연 문학이 언어를 통해 얼마나 진실성을 획득할 수 있는가, 얼마나 객관적일 수 있는가는 오늘날까지도 여전히 논쟁의 대상이다. 다만 러시아 자연주의 문학이 러시아 현실의 이면, 아무도 다루지 않았고 보려 하지도 않았던 밑바닥 현실과 그

130 Салтыков-Щедрин М.Е. Собр. соч., В 20 т., Т. 14, М., 1972, р. 153.
131 Басардин В. "Новейший нана-натурализм", Дело, 1880, No. 3, p. 5.

속에서의 인간의 삶의 양상을 찾아내고 있다는 것만은 분명한 사실이다. 19세기 거대 리얼리즘이 놓치고 있던 새로운 사회 현실의 변화에 직면하여 그 현실과 그 속에서의 인간의 새로운 삶의 양상들을 러시아 자연주의가 그려 냈다는 사실만은 과소평가할 수 없다. 즉 거기에는 19세기의 거대 리얼리즘 문학방법론으로는 결코 담아내기 힘든 다양하면서도 새로운 현실이 풍부하게 제시되어 있는 것이다.

러시아 자연주의 작가들이 자신의 이념적 지향을 드러내지 않는 것을 최대의 미덕으로 삼고 있지만 자연주의 작품들의 소재와 슈제트 등에 19세기 러시아문학의 인본주의와 현실 고발이라는 윤리적 지향이 숨 쉬고 있음을 부정하기는 힘들 것이다. 러시아 자연주의는 더 이상 그들의 세계관으로는 온전하게 파악하기 힘들 정도로 확대되고 다변화된 러시아 현실 속에서 최소한 그 현실의 일단이라도 드러냄으로써 그것을 폭로하고 개혁하겠다는 열정에 기초해 있었다.

그렇다고 러시아 자연주의 문학이 윤리적 지향에 근거한 현실 고발에 머무르고 있다고만 평가해서는 안 될 것이다. 실제로 자연주의 문학은 미학적 성취에서도 독자적인 가치를 지니고 있다. 이를테면 자연주의 소설가들이 즐겨 사용한 보고문, 기행기, 인터뷰, 사회 통계적 자료 활용, 다큐멘터리 등과 같은 다양한 형식들은 보고문학 장르의 미학을 개척하여 20세기 산문 장르의 풍부화에 적지 않은 기여를 한다.

자연주의의 윤리적 지향이 새로운 미학적 결과를 낳았다는 점에서 나름대로 자연주의는 문학사에서 윤리와 미학의 결합 양상을 독창적으로 보여 주었던 것이다.

전통적 리얼리즘의 새로운 변화

러시아 리얼리즘은 19세기 말 황금기의 거장들이 사라지고 '거대한 리얼리즘'이 쇠퇴하면서 그 역사적 소임이 끝난 것처럼 보였다. 투르게네프와 도스토옙스키가 죽고 톨스토이는 문학을 부정하고 종교와 도덕의 문제에 사로잡혀 있었다. 문학사에서 보통 1880년대를 잿빛 체홉의 시대라고 부르는 것은 화려했던 대작가들이 일시에 문학계를 떠나고 새로이 등장한 체홉만이 힘겹게 이 시대를 지키고 있었기 때문이다. 그러나 다른 측면에서 보면 이미 1880년대부터 러시아 리얼리즘은 여러 방식으로 새로운 길을 모색하기 시작하고 있었다. 전통적 리얼리즘의 여진 아래에서도 리얼리즘 작가들은 새로운 주제와 주인공, 슈제트를 개발하고 새로운 장르를 모색해 나가고 있었던 것이다. 여기에는 톨스토이나 체홉처럼 이미 위대한 성공을 거둔 작가들에서부터 가르신과 코롤렌코, 그리고 1890년대 등장한 고리키에 이르기까지 많은 작가들이 포함된다.

새로운 리얼리즘 작품들은 전 민중 환경을 그려 내라는 1860년대 인민주의 문학론들의 요구에서 벗어나 인간 개인의 개별적 운명에 대한 관심을 강화하고 있다. 상징주의의 실증주의 미학 비판 역시 개인에게 절대적 지위를 부여하는 한 형식이었다. 사회와 환경의 우위성과 결정론에 대한 저항이 상징주의뿐만 아니라 새로운 리얼리즘 모색에서도 심각한 고려의 대상이었던 것이다. 그것은 새로운 역사적 조건에서 세계와 인간의 새로운 내적·외적 관계를 설정해야 하는 시대적 과제였던 셈이다. 자연주의적 경향들 역시 단순하게 자연결정론적 관점에서 외적 묘사에만 머무르고 있는 것은 아니었다. 앞서 살펴본 것처럼 러시아 자연주의는 새로운 사회적 환경에 처한 인간을 새로운 방법으로 이해하고자 하는 내적 동기에서 출발하고 있다. 형식적 차이가 크긴 했지만 모든 은세기 문학운동의 주요한 내적 동기는 바로 개인에 대한 새로운 이해와 형상화였던 것이다.

1880년대 이후 톨스토이는 거의 종교사상가가 되어 개인으로서의 '나'가 아니라 도덕적·종교적·공동체적 집단성을 강조하는 데 여념이 없었다. 그러나 후기 톨스토이의 문학작품들은 그런 종교적 논문이나 사회평론과는 전혀 다른 목소리를 들려주기도 한다. 어떤 시대를 향하고 있든지, 동시대이든지 과거이든지(『하지 무라트 Хаджи Мурат』, 『산송장 Живой труп』, 『무도회가 끝난 뒤 После бала』, 『무엇 때문에 За что?』), 그리고 어떤 주인공이 나오든지 간에 1890년대 톨스토이 작품의 서사의 중심에는 개별적 개인이 자리잡고 있었다. 물론 『하지 무라트』에서는 인간과 환경의 상호작용에 대한 서사적 묘사와 현실 묘사가 가득하긴 하지만 그래도 이전의 작품들에 비하면 주인공의 개인적 특성과 운명이 보다 중심적인 기능을 수행하고 있다. 하나의 집합으로서 민중의 삶을 그리고자 했던 1880년대의 민담 народные рассказы이나 『어둠의 권력 Власть тьмы』과 같은 작품 경향과는 달리 후기 톨스토이는 개인의 탐구라는 새로운 문학경향에 일정하게 동참하고 있는 것이다.

개인에 대한 새로운 접근과 형상화는 무엇보다 주변 사회와 세계로부터 개인의 이탈, 떠남, 소외의 모티프로 나타난다. 그것은 바로 일련의 젊은 동시대인들(코롤렌코, 고리키, 안드레예프 등)의 가장 핵심적인 모티프 중 하나였다. 19세기 문학에서 '잉여인간' 역시 사회로부터의 단절과 소외를 나타내는 중요 모티프 중 하나였다. 그러나 이제 새로운 문학에서는 사회 환경과 그것을 거부한 개인 사이의 갈등이 훨씬 더 긴장되고 극적인 형식으로 그려지기 시작한다. 미하일롭스키는 고리키의 초기 작품 주인공들에 대해 "그들은 거부되었다기보다는отверженные 거부한 사람들отвергшие이라고 할 수 있다."[132]라고 말한다. '거부되었다'는 말의 경우 개인이 사회로부터 분리·이탈되었다는 피동적 결과에 중점이 놓인다면, '거부했다'는 말에는 그 분리 과정 자체에, 적극적인 행동 주체에 의한 능동적 거부에 보다 방점이 찍혀 있다. 그리고 그것은 문학 창작에서 주목할 만한 차이를 가져온다.

새로운 주인공은 다양한 개인에 대한 형상으로 나타난다. 자연과 일치되어 영웅적 삶을 보여 주는 톨스토이의 하지 무라트가 있는가 하면, 사회 밑바닥에서 뒹굴며 기존의 윤리적·미학적 규범으로부터 멀리 벗어나 있는 고리키의 보샤키, 전설과 동화에 나옴직한 코롤렌코의 낭만주의적 인물 등 이 시대의 문학 주인공들은 아주 뚜렷하게 독자적인 개성과 자아의식을 보여 준다. 이들은 자신을 하나의 개인으로, 남과 동일하지 않은 개성을 지닌 운명으로 인식하고 주변 사회와 환경에 저항하는 비타협적 태도를 지니면서 사회와 환경에 대한 비굴한 굴복에 경멸을 보낸다. 이 새로운 주인공들은 사회로부터 소외되었다는 비극적인 자의식이 아니라 오히려 그런 사회 자체를 스스로 버렸다고 말할 정도로 긍정적이며 적극적인 자의식을 가지고 있다. 바로 자신의 선민성에 대한 높은 자의식이 그런 개인의 특징인 것이다.

---

132 Михайловский Ник. Литературно-критические статьи, М., 1957, p. 627.

리얼리즘 문학에서 개인적 단초가 첨예하게 등장하면서 주인공과 저자의 시학적 관계에서도 변화가 발생한다. 저자와 주인공의 거리 속에서 가능한 한 객관적인 시학을 구축해 갔던 고전적 리얼리즘 시학의 이상과는 달리 새로운 리얼리스트들은 저자의 세계관과 주인공 간의 거리를 적극적으로 좁히거나 일치시켜 나갔다. 즉 주인공의 이념과 정서에 저자 자신의 이념과 정서를 불어넣는 것을 두려워하지 않았던 것이다. 한편 이것은 운명적인 권력에 맞서 고독한 개인적 저항을 예찬하던 서구 신낭만주의 운동의 영향이기도 하다. 개인성을 확립하기 위한 러시아 낭만주의 전통이나 잉여적 '개인'을 창조했던 러시아문학의 전통도 나름대로 이러한 경향에 영향을 주고 있음에 틀림없다. 그러나 세기말 리얼리즘 문학의 갱신 속에서 저항적 개인에 대한 형상화는 훨씬 파국적이며 훨씬 비극적이다. 이런 주인공들의 행위와 운명은 때로 비윤리적이고 비극적인 유미주의를 지향하고 있는 것처럼 보이기도 한다. 그러나 리얼리즘의 이런 새로운 형상들은 새로운 시대의 새로운 개인의 윤리를 모색해 가는 하나의 과정이었다. 그것은 미학과 윤리의 새로운 결합 양상으로 나타난다.

개인적 단초의 발견이라는 리얼리즘의 새로운 노력에도 불구하고 19세기 말과 20세 초 많은 리얼리즘 작가들은 이데올로기와 문학의 상호관계에 대한 이전 세대의 관점을 여전히 강력하게 견지하고 있기도 하다. 1905년 익명의 필자는 『관객Зритель』 지에 보낸 글에서 이렇게 비판한다. "언어 예술가들이 사라졌다. … 지금 남아 있는 예술가들은 신념과 이념과 사회적·정치적 원리들을 담지한 자들뿐이다."[133]

133 Зритель, 1905, No. 1, 5 июня, p. 12.

당시 강령적 리얼리즘 작품들이 넘쳐 나고 있다는 점에 대한 불만이다. 하지만 1900년대 후반에서 1910년대 네오리얼리즘으로 불리는 문학경향들에서는 다시 체홉 시학으로의 전환이 보다 깊게 나타난다. 그리고 그러한 전환은 단순한 이념적 지향이나 강령적 창작에서 벗어나 실제 구체적인 인간의 삶과 조건들에 대한 관찰과 인류학적 고찰을 결합하고자 하는 예술적 성취로 이어지게 된다. 또한 이러한 성취는 전통적 리얼리즘과 그 내부의 새로운 혁신적 시도들이 상징주의나 모더니즘의 문학적 시도들과 가까워지게 만든다.[134] 이러한 노력들은 20세기 초 보다 완강하게 실증주의적 진보이론으로 대두한 사회주의 이론의 영향에 대해서도 저항적 면역력을 높여 준다. 즉 19세기의 이념적 지향보다 강력하게 최고의 가치 척도를 지향하고 역사적 진보에 대한 단일한 이데올로기를 설정하는 경향주의 문학에 대해 네오리얼리즘은 사물과 인간의 본성에 놓인 '영원한' 것에 대한 관찰과 탐구를 지속적으로 제기함으로써 그 예술성의 한 축을 놓치지 않는 것이다.

리얼리즘의 이러한 전환은 문체론적 변화도 수반한다. 개인적 요소를 보다 중시하고 존재론적 단초들에 주목하는 것은 자연스럽게 문체의 주관주의적 경향을 강화한다. 즉 묘사성보다는 표현성이 좀 더 지배적인 요소가 된다. 심지어 후기 톨스토이에게서도 상당히 의미 있는 문체론적 변화를 목격할 수 있다. 이를테면 『이반 일리치의 죽음』에서 "묘사적 과제보다 표현적 과제들이 아주 중요한 역할을" 하면서 "표현적 리얼리즘"[135]의 일단을 보여 주고 있는 것이다.

---

134 Mirsky D.S. Contemporary Russian Literature 1881 ~ 1925, London, 1926, pp. 291-292.

135 Тагер Е.Б. "Новый этап в развитии реализма", Русская литература конца 19 - начала 20 в..

세계관과 문체의 변화는 자연스럽게 리얼리즘 문학의 장르적 변화를 초래한다. 거의 장편적 규모를 아주 좁은 영역에서 다루는 혁명 전 체홉의 '소산문малая проза', 그리고 거대 서사시적 유산을 압축적 형태로 보여 주는 '압축적 서사시сжатая эпопея' (톨스토이의 『하지 무라트』, 부닌의 『시골Деревня』 등)는 대표적인 장르적 변형이다. 이런 장르들은 극적인 예술적 압축을 통해 형식은 보다 짧고 명료하면서도 그 서사시적 내용의 폭은 유지하고 있다. 그리고 작가는 외적 관찰자나 묘사자에 머물지 않고 자신의 텍스트로 점점 더 개입해 들어간다. 부닌은 이러한 창작적 노력을 최대한 '집중화하기', 생각을 '압축하기', 그리고 동시에 '가장 폭넓은 일반화를 위해 공간'[136]을 제공하기라고 보았다. 바로 이런 '집중화'와 '압축화'는, 달리 말해 작품 소재에 대한 작가의 개입을 강화하는 것, 즉 '표현성'의 '재창조' 기능을 강화하는 것이라고 말할 수 있다.

모더니스트에게 자기표현이 처음부터 미학적 세계관의 기본적인 토대였다면, 리얼리스트들이 그런 경향을 수용하기 위해서는 기본적인 예술 의식의 변화가 필요했다. 선명한 전통주의자였던 에르텔А.И. Эртель, 젊은 세대 리얼리스트인 부닌, 초기 안드레예프(리얼리즘에서 새로운 예술로 가는 과도기에 있던) 등은 보다 적극적으로 기존의 묘사적 리얼리즘이 아니라 표현성과 서정성을 강화한 리얼리즘을 주창하며 그것을 '서정적 리얼리즘'[137]이라고 부르고자 한다. 1901년 부닌은 이렇게 말한다. "나는 노골적으로 조서 쓰듯 본질에 대해 쓰지 않네.

Девяностые годы, М., 1968, pp. 99-100.

136 Литературное наследство. Т. 84, М., 1973, pp. 374-375.

137 Колтоновская Е.А. Критические этюды, СПб., 1912, p. 50.

나는 미에 대해 쓰는 것, 즉 말하자면 그 무엇에 대해 쓰는 것에는 관심이 없네. 독자에게 할 수 있는 만큼 내 영혼의 한 부분을 전달하고 싶을 뿐이지. … 그래 내 영혼의 일부가 내가 묘사하는 이반 페트로비치보다 뭐 조금이라도 못하단 말인가? 어떤 '경우'라든가, '사건'이라든가 하는 것은 이제 수없이 많은 우리의 낡은 취향들이지."[138]

'서정화'는 주관적 시학에서, 객관적 문체의 경계에서, 그리고 대상 묘사에서 매우 다양하게 드러나는 이 시대의 공통 특성이라고 볼 수 있다. 서정화와 주관화는 리얼리즘에서뿐만 아니라 상징주의에서도 동시에 나타나는 현상이다. 그러나 당시 모든 문학이 서정화에 경도되었다고 말할 수는 없다. 어쩌면 객관적 묘사라는 전통적 리얼리즘(혹은 그것의 부분적 계승자인 자연주의)의 미덕은 상징주의에, 그리고 표현성이라는 상징주의적 미덕은 리얼리즘에 상호 영향을 미치고 있었다고 말하는 것이 더 타당할 것이다.

은세기 리얼리즘의 새로운 혁신은 모더니즘과의 경쟁과 상호소통 속에 존재한다. 모더니즘 역시 전통적 리얼리즘의 전통을 과격하게 거부한다고 표명하였지만, 내부에서는 그 특징을 다양하게 활용하고 있다. 이것은 이 시기 문학적 모색들이 그 어떤 입장과 강령에도 불구하고 자신들이 처한 현실을 어떻게 받아들이고 이해해야 할 것인가라는 본질적 질문을 공유하고 있었음을 의미한다. 우리는 바로 이 점에서 리얼리즘과 모더니즘을 윤리적 지향과 미학적 지향의 대립으로 환원하는 것이 얼마나 단순한 이해인가를 거듭 확인할 수 있다.

리얼리즘의 갱신 노력은 체홉 문학에서 가장 의미 있는 시학적 성

138 Литературный архив, Т. 5, М.:Л., 1960, p. 132.

취를 이루고 있다. 체홉은 은세기 리얼리즘의 다양한 실험과 모색을 전통적 리얼리즘 시학의 혁신과 결합하여 근본적인 리얼리즘 시학의 혁신을 달성하고 있는 것이다.

체홉 문학에 나타난 미학적 혁신에는 기존의 거대 리얼리즘에 대한 근본적인 혁신이 담겨 있다. 체홉 문학은 인간을 철저히 개별화된 특성 속에서 파악하지만, 결코 거기에 머무르지 않고 그것을 보편성으로 극복해 내고 있다. 체홉 작품들에서 모든 개인들은 아주 구체적인 장소와 환경, 일상(지역성) 속에 뿌리내리고 있지만 동시에 바로 그 지역의 규정성·종속성을 벗어나고 있다. 체홉이 '우리는 모두 민중'[139]이라고 말했을 때, 그 말은 모든 개인이 집단으로서의 민중에 속해 있다는 뜻이 아니다. 체홉에게 개인은 민중의 어떤 부분으로서의 개인이 아니라, 개인들 모두가 제각각 민중이다. 그러니 보편적·일반적 수준의 추상적 민중 개념은 배척한다는 뜻이다. 문학적 대상에 대한 협소하고 폐쇄적인 관찰에 대한 체홉의 불만은 바로 이런 생각에서 나온다. 그는 "러시아 작가는 배수관 속에서 살고 있다"[140]고 불만을 표한다. 일정한 배수관을 통해 흘러나오는 물처럼 모든 개인의 특성과 심리가 보편적이고 일반적인 집단규정에 의해 자동적으로 형상화된다는 비판이 담긴 말이다.

체홉의 창작에서 아주 부분적 사실, 개별적 경우가 인간에 대한 보편적·철학적 개념을 형성해 내고 있는 것을 자주 볼 수 있다. 즉 그는 보편적·철학적 개념의 대변자가 아니라, 한 개인의 특수하고 개별적인 개성과 심리를 통해 오히려 보편적 개념을 확장하거나 변

139 Чехов А.П. Полн. собр. соч. и писем. В 30-ти т.. Сочинения, в 18 т., Т. 17, М., 1980, p. 9.
140 위의 책, Письма в 12 т., Т. 3, 1976, p. 217.

화시키고 있는 것이다. 그의 작품 「왕진 중에 생긴 일Случай из практики」1898년을 살펴보자. 이 단편의 주인공인 의사 코롤료프는 "근본 원인은 알 수 없는 불치의 만성 질환을 정확하게 진단하는 의사이지만, 알 수 없는 것을 대하듯 공장들을 바라보고 있었다." "그 적자색 눈공장의 창문으로 악마가 그 자신을 바라보고 있는 것처럼 여겨졌다. 약육강식의 관계들을, 이 거친 실수를 만들어 낸 저 알 수 없는 힘 … 강자나 약자나 어떤 힘에, 알 수 없는, 삶 바깥에 존재하는 힘에, 사람과 관계 없는 미지의 힘에 굴복하여 자신들의 상호관계의 희생물로 똑같이 전락하고 있다면 이것은 이미 법칙이 아니라 논리적 모순이다."[141] 왕진을 간 공장지대에서 하룻밤을 보내며 의사가 느끼는 감상인데 여기에는 당대 부르주아 사회의 약탈성에 대한 고발뿐만 아니라 그것을 훨씬 뛰어넘는 역사적 일반화가 담겨 있다. 근본 원인을 알 수 없는 현실에서 단순히 강자와 약자의 대립이 아니라, 그들 모두를 이해할 수 없는 비논리적 역사성에 대한 작가의 감촉이 느껴지는 것이다. 비록 적극적 행동으로 나아가고 있지는 않지만(나아갈 수도 없는 상황이다.) 코롤료프의 이러한 감각은 대공장의 희망 없는 노동자들과 소유주의 딸의 무력한 질병과 더불어 근대 역사의 비극적 한 측면을 여실히 드러내고 있다. 이런 체홉의 감각들이 의미하는 바는 무엇인가? 작가는 그 너머에서 무엇을 감지하고 있을까?

체홉의 작품은 당대 현실의 역사적 법칙성이라는 것을 인간에 대한 보다 보편적인 관점에서 다시 조망해 보려는 시도이다. 보통 인류학적 관점이라고 부르는, 즉 인류의 삶과 운명과 역사에 대한 깊은

141 위의 책, Сочинения, T. 10, p. 11.

통찰을 통해 역사적 현실을 그 근본부터 다시 돌아보고 있는 것이다. 역사적 법칙이라 하더라도 그것이 인간에게 악을 창조하는 것이라면 그것은 법칙이 아니라 터무니없는 엉터리 모순에 불과하다. 그러한 관계나 실재는 인간의 삶과 무관한 악마의 형상으로 나타난다. 이 시기 자주 이용되는 '모자Футляр'의 모티프는 체홉에게서 인간의 본성을 왜곡하는 물질로서 그러한 이질적이고 소외된 힘을 상징한다.

1880년대 말에 이미 체홉은 자신의 이러한 시학적 태도에 대해 다음과 같이 말한 바 있다. "나는 자유주의자가 아닙니다. 보수주의자도 아니고 점진적 개혁주의자도 아니고 수도승도 아니고 냉소주의자도 아닙니다. 나는 그저 자유로운 예술가이고 싶습니다. 그리고 다만 … 나는 상표나 꼬리표는 편견이라고 봅니다. 내가 가장 중요하게 생각하는 것은 인간의 몸, 건강, 지혜, 재능, 숨결, 사랑과 가장 절대적인 자유입니다."[142] 체홉은 어떤 이데올로기적 규정에도 매이기를 거부한다. 그것은 그의 작품에서 주인공이 어떤 보편적이고 일반적인 이념의 한 부분으로 그려지지 않는 것과 마찬가지다. 어떤 보편적 규정도 한 구체적인 인간의 삶을 통해 다시 교정되고 보완되어야 한다는 것, 그리하여 구체적으로 살아 있는 모든 '인간의 몸, 건강, 지혜' 등이 가장 보편적인 일반화 자체를 구성하는 것이다. 그것이 '우리는 모두 민중'이라는 체홉의 명제이다. 이렇게 보면 체홉이 무사상의 작가라든가, 사회적 악에 대한 윤리적 분노가 부재한 작가라든가 하는 비판은 다소 방향이 빗나간 것이거나, 체홉에 대한 몰이해를 드러내는 것일 뿐이다.

---

142 위의 책, Сочинения, Т. 3, р. 11.

벤게로프는 조금 과장되지만 19세기 러시아문학의 특징을 이렇게 설명한다. "1840년대부터 시작하여 러시아에서는 그 어떤 작가라도 작가인 동시에 사회적 지도자였다." 19세기 러시아문학이 사회정치 이념들이나 이데올로기적 경향들과 특히 긴밀하게 연관되어 있다는 말이다. 그리하여 러시아문학의 "언어는 우리에게 쉽게 이해되는 것이었던 반면 유럽의 비평에는 몹시 낯선 것이었다."[143]고 말한다. 아마도 그런 경향은 톨스토이와 도스토옙스키처럼 '사회성'의 범주로만 볼 수 없는 거장의 작품이나 예술·철학 사상에서도 뚜렷이 나타난다. 러시아문학을 사회운동의 '강령' 속에 구겨 넣을 수 없다는 것은 당연하다. 그러나 19세기 러시아 작가들이 보다 보편적인 삶에 대한 일반적 법칙으로 경도되고(심지어 그 자신도 신뢰하지 않으면서) 있다는 것은 분명하다. 따라서 종교적·도덕적 지향과 구체적인 사회적 문제들이 쉽게 결합되고 어떤 미학적 주장이나 형상화에도 인간의 공동체적 삶과 사회 고발이나 비판의 문제가 강하게 함축되는 경우가 많았다.

체홉은 사회 이념의 이런 강력한 압박을 거부한다. 무엇보다 그는 그 시대의 인간의 삶과 사회 현상을 보편적이고 일반적인 수준에서 규정하려는 시도들을 언제나 의심스럽게 바라본다. 그에 대한 반발이 철학적인 의미를 함유한 인류학적인 범주들('인간의 몸', '호흡', '사랑' 등)에 대한 주목이었던바, 그것은 현존하는 이데올로기적 상표나 딱지와 공존할 수 없는 것이었다.

이런 점에서 체홉은 한 시대의 결산일 뿐만 아니라 새로운 출발점

143 Венгеров С.А. Основные черты истории новейшей русской литературы. СПб., 1899. pp. 17-18.

이다. 그의 모든 경험과, 그리고 이데올로기적인 것으로부터 존재론적인 것으로 방향을 전환하는 세계관은 바로 은세기 리얼리즘의 새로운 모색에서 본질적인 중요성을 가진다. 그러나 체홉의 이러한 전환이 리얼리즘의 혁신을 단번에 완전히 새롭게 만들어 주는 것은 아니다. 새로운 리얼리즘은 보다 복잡한 경로를 거치면서 체홉의 이러한 전환을 다양하게 변주하고 있다.

새로운 리얼리즘의 미학적 모색

1890년대 신낭만주의 경향에 고유한 '저항하는 고독한 주인공'은 1905년의 폭풍이 다가옴에 따라 점차 그 성격이 변모한다. 리얼리즘 문학 진영(특히 즈나니에Знание 출판사와 문학동인 스레다Среда)은 개인을 휴머니즘적인 개인주의가 아니라 '집단적 활동자'와 연결시켜 이해하기 시작한다. 그런 활동자는 개별적 개인 개념을 수용하되, 그 개인을 질식시키지 않고 정신적 잠재력을 해방시키는 자이다.

20세기 초 혁명적 분위기의 고양은 상징주의 진영에도 크게 영향을 미친다. 사회의 다양한 움직임과 저항운동을 상징주의 역시 진실하고 초월적인 정신의 혁명으로 나아가는 길로 인지한 것이다. 세계의 갱신 과정에서 인류 모두를 하나로 묶어 줄 수 있는 전일체 개념이라든가, 개인과 초개인적인 단초들의 극미한 조화로서 신과 지혜의 이상 등과 같은 개념들이 이제 상징주의 시학에서도 변주되어 나타나기 시작한다.

20세기 초 혁명적 분위기는 각 문학 진영에 상이하게 수용된다. 앞서 언급한 바와 같이 상징주의는 신세대 상징주의자들을 통해 현실과의 소통 경로를 보다 적극적으로 모색하였고, 리얼리즘 역시 모더니즘적 기법들을 수용하며 보다 적극적으로 현실 문제들에 개입해 들어가는 방법을 모색하였다. 1906년 초 고리키가 뱌체슬라브 이바노프 서클을 방문한 것은 이러한 상호접촉의 분위기를 상징적으로 보여 준다. 이바노프는 한 편지에서 고리키의 방문에 대해 다소 흥분한 목소리로 이렇게 말한다.

> 어젠, 아직 실질적 결과가 있을지 모르겠지만, 어쨌든 우리 문학계에서 정말 기록할 만한 기념비적인 날이었다. 막심 고리키가 다정하고 겸손한 대리인으로 내게 문학 계파들이 뭉쳐야 할 필요성에 대해 말했다. 그는 우리 예술가들이, 러시아의 전 예술가들이 모두 뭉쳐야 한다고 말했다. 그러고 나서 메이에르홀드의 주재로 회담이 시작되었다. 처음에 내가 한 시간가량 행동에 대해 이야기했고, 다음에 출코프가(신비주의적 아나키즘과 새로운 무대에 대해) 그리고 메이에르홀드 등이 발언했다. … 그리고 고리키가 러시아에는 오직 예술만이 존재하여 여기에 있는 우리가 러시아에서 '가장 흥미로운 사람들'이다, 여기에 있는 우리가 러시아의 '정부'다. … 그래서 우리는 권력을 가지고 지배해야 한다. 우리의 극장은 거대한 규모로 그것을 실현해야 한다. … 등에 대해 이야기했다.[144]

고리키의 언술은 혁명적 분위기의 고양 속에서 어떻게든 예술가와 지식인을 한목소리로 결합하고자 하는 정지적 목적이 개입되어 있는 것이기는 하다. 이바노프 서클 회합 얼마 전인 1905년 10월에 벤게로프는 그에게 보낸 편지에서 당당하게 단언하고 있다. "그렇게 상징주의는 해방운동으로 녹아들고 있다."[145] 바로 그러한 저항적 파

144 Серебряный век в России: Избранные страницы. М., 1993, pp. 169-170.
145 Ежегодник рукописного отдела Пушкинского дома на 1990 год, СПб., 1993, p. 92.

토스 속에서 상징주의자들은 리얼리즘 진영의『즈나니에』그룹과 접촉하고 있었던 것이다.

『즈나니에』를 실질적으로 이끈 인물은 막심 고리키였다. 당시 그는 전통적 리얼리즘이 그 기능을 다했다고 판단했다. 그는 톨스토이와 체홉의 문학을 높이 평가했지만, 그런 전통의 압박을 극복해야만 새로운 말을 할 수 있다고 생각한 것이다. 체홉의『개를 데리고 다니는 부인Дама с собачкой』에서 고리키는 전통적 리얼리즘이 끝났음을 확신했다. 그리고『갈매기Чайка』와『바냐 아저씨Дядя Ваня』등에 담긴 상징주의적 내용에 찬사를 보내기도 했다. 심지어 러시아문학에는 전체적으로 상징주의가 부족하다고 아쉬움을 표하기까지 했다. 그것은 꼭 작품 구성의 기법과 수단에서만이 아니라 문학의 사명을 바라보는 태도에 대해서도 그러했다. 고리키의 새로운 공리주의는 이전 리얼리즘과 달리 문학이 "삶과 유사한 것이 아니라 그보다 위에 있고, 더 좋고 더 아름다운 것"을 그려야 한다는 것이었다. 그는 이렇게 말했다. "오늘의 문학은 다소간에 삶을 윤색하는 것이 절대적으로 필요하다. 삶이 윤색되면 그 즉시 사람들이 더 빠르고 선명하게 살아가기 시작할 것이다."[146](GO 2, 9)

체홉과 코롤렌코 역시 진실과 미의 문제를 숙고하며 나름의 해결책을 모색해 나갔다. 그러나 추한 현실, 아름답지 못한 현실에서 미를 찾아 형상화하는 문제는 고리키를 통해 전혀 다른 방법으로 해결되기 시작한다. 바로 주관성의 강화였다. 점점 급진화되는 러시아의 사회 분위기 속에서 전통적인 예술언어, 사실 묘사의 원칙은 그 힘

146 Горький М. Полное собр. соч.. Художественные произведения, В. 25 т., М., 1968~1976. 이 전집은 이후 Горький М. ПСС로 약칭함. 이후 이 전집에서의 인용은 본문 속에 (GO 권수, 쪽수)로 표기함.

을 잃어 갔고 작가의 보다 직접적인 개입이 요구되었던 것이다. 리얼리즘 작가들이 자신들과 대립되는 것으로 여겨지던 모더니즘 문학 방법에 접근해 간 이유를 바로 이런 점에서 찾을 수 있다. 고리키가 추구해 간 이런 변화는 새로운 독자층과의 새로운 소통 방법이었고, 새로운 리얼리즘 진영의 문학적 강령으로 받아들여졌다.

『즈나니에』에는 체홉과 쿠프린 등 당대의 리얼리즘 작가들과 이후 네오리얼리즘을 이끄는 안드레예프와 부닌 등 대체로 범汎 리얼리즘 문학가들이 참여하고 있었다. 하지만 자연주의 계열의 작가들에게도 지면이 많이 할애되는 등 참여 작가층은 매우 두터웠다. 그럼에도 불구하고 여기에 참여하는 작가들은 다른 문학 진영에 비해 상대적으로 강한 유대의식을 지니고 있었다. 이들은 주로 1870년 전후 태어나 1890년대에 문학 활동을 시작한 세대로서 당대 사회와 현실에 저항적인 젊은 세대였다. 이들은 19세기 리얼리즘 전통의 권위로부터도 자유로웠다. 그러나 이들은 산업화된 러시아 현실에 대한 이해가 그리 높지 않았고 그런 현실에 미처 적응하지 못한 세대였다. 즉 20세기 초 격렬하게 진행되었던 계급투쟁이나 혁명운동의 새로운 흐름을 주도하는 세력은 아니었던 것이다.

1905년 혁명을 앞둔 시기에 러시아 사회는 급격하게 동요하였고, 여러 가지 사회적 갈등이 폭발하기 시작한다. 지식인들의 사고와 행동도 바로 십여 년 전인 1890년대 초의 그것과는 또 다른 전환을 겪고 있었다. 혁명 전야의 급격한 위기의식과 변혁적 에너지의 분출이 20세기 초 러시아 지식인 사회, 그리고 문학계를 사로잡고 있었던 것이다. '즈나니에파'로 불리는 작가들은 서로 다른 나름의 시학과 창작 경향을 지니고 있었기 때문에 보다 명료한 하나의 강령으로 묶어 낼 수는 없을 것이다. 그러나 그들의 창작의 공통 토대를 그나마 찾아본다면 그것은 분명 '새로운 공리주의'라고 말할 수 있겠다.

고리키는 독자들에게 다음과 같은 질문을 던진다. "여러분! 여러분은 읽고 칭찬을 합니다. … 그 점 대단히 감사하게 생각하고 있습니다. 하지만 여러분, 그다음은 무엇이지요? … 나의 이런 글쓰기의 영향으로 대체 인생에 유용한 어떤 훌륭한 일이 이루어질 수 있다고 생각하시나요? 이런 쓸데없는 일로 대체 인생에 어떤 도움이 된단 말입니까? … "(GO 2, 6) 하지만 그럼에도 불구하고 고리키는 '문학에의 열정'을 인정할 준비가 되어 있다. "내가 설사 잘못 이해하고 있는 것인지 모르지만, 난 거의 항상 틀림없이 예술의 영역에서 아름다운 것과 중요한 것을 느끼고 있습니다.", "예술은 마치 신과 같아서 인간의 가슴에 존재하는 것 같은 그런 사랑은 적습니다. 그에게는 신적인 경배가 존재합니다."(GO 2, 59) "진실한 예술의 산호 사원Коралловый храм을 바로 우리가 짓고 있다, 바로 우리가!"(GO 2, 45).

고리키의 강령적 선언 속에는 미와 유용성의 대립이 나타난다. 물론 그것은 1890년대의 고리키 초기 작품들에 지속적으로 나타났던 바였다. 그러나 분명히 20세기 초 『즈나니에』를 이끌던 고리키는 이제 문학과 예술의 유용성, 즉 윤리적 지향을 보다 강조하고 있다. 새로운 독자에 대한 고리키의 열망은 무엇보다 계급적 그리고 심지어 당파적이었다. "나 자신은 칠쟁이, 빵쟁이, 햄머공이기 때문에, 노동자 형제가 내게 어떤 관심의 대상인지 당신은 분명 잘 아실 겁니다."(GO 2, 10) 고리키는 다른 누구보다 '노동자 계급'을 가장 우선시하기 시작한다. 1890년대 초기문학에서 탈계급적인 민중을 주인공으로 삼던 작가가 이제 보다 사회적 계급으로서의 노동자를 의식하고 강조하기 시작했던 것이다.

이러한 인식에서 고리키는 노동자 계급과 민중이 보다 쉽게 접근할 수 있는 문학의 창조와 교육을 강조한다. 밑바닥에서 세상으로 뚫고 나온 그런 사람들이 문학을 접하게 만드는 것이 그의 가장 중요한 과제가 된 것이다. 교육받지 못한 사람들에게 기존의 관습적 문학 언어는 접근하기 어렵다. 또한 그들 자신의 언어로 그들 자신의 삶을 이야기하도록 만드는 것이 중요했다. 고리키는 기존의 작가들 외에 노동자 출신 작가들을 수없이 발탁하고 그들의 작품을 출판한다. "우리 형제가 말을 하기 시작하여 마침내 커다랗게 자신의 언어로 자신의 말을 하도록 하는 것은 아주 중요합니다."(GO 3, 163)

고리키는 새로운 독자에게는 새로운 예술언어가 필요하다는 것을 정확하게 인식하고 있었다. "이념을 품은 단순함과 명료함, 이념을 습득하기 위한 노력을 줄이는 것, 이것은 독서를 위한 자유 시간이 거의 없는 사람에게 아주 중요하다."(GO 3, 33) 이것은 톨스토이와 체홉 같은 대작가들도 높이 평가하는 미덕이었다. 고리키는 체홉에게 이렇게 말한다. "그 누구도 당신처럼 그렇게 단순한 사물에 대해 그렇게 단순하게 쓸 수는 없을 것입니다."(GO 2, 8) 그리고 톨스토이에 대해서도 이렇게 말한다. "그가 말하는 모든 것은 놀랄 만큼 단순하고 깊다. 비록 가끔 완전히 옳은 것은 아니지만—내가 보기에—아주 끔찍하게 좋다. 중요한 것은 바로 그런 단순함에 있다."(GO 2, 13) 다른 작가들과 달리 고리키는 황금기 대가들의 고도의 단순함이 복잡성의 특수한 형식이라는 것을 간파하고 있었던 것이다. 마찬가지로 리얼리즘 작가들이 문학적 형상성, 메타포, 알레고리, 상징 등과 같은 새로운 방법들에 대해 관심을 기울이게 된 것은 바로 이러한 언어적 혁신에 대한 필요성 때문이었다.

「마카르 추드라Макар Чудра」로 러시아 문단에 그 이름을 알린 고리키는 19세기 러시아 리얼리즘 고전소설의 주인공들과는 현저히 다른 성격의 주인공들을 그려 내기 시작했다.[147] 사회 최하층의 보샤키나 하루 벌어 하루 먹고 사는 일일 노동자, 떠돌이, 집시 등 고리키가 그려 내는 주인공들의 사회적 지위만 하더라도 당대 문단의 주목을 받기에 충분했다. 고리키와 알고 지냈지만 그의 창작에 대해서는 그리 호의적이지 않았던 톨스토이도 고리키 문학의 이런 주인공들이 지닌 문학사적 의미에 대해서는 정확하게 판단하고 있었다. "고리키의 중요한 공헌은 그가 사회에서 방기된 사람들이나 보샤키 등 이전에 우리 문학에서 거의 다루지 않았던 인물들의 세계를 합당한 사실로 그려 내고 있다는 점이다. 이 점에서 그는 투르게네프와 그리고로비치가 그 시대의 농민 세계에 주목했던 것과 같다."[148] 고리키의 초기 작품들을 푸시킨과 고골, 톨스토이와 도스토옙스키와 비교하려는 비평가들에게 냉소를 보내며 고리키 문학을 기껏해야 중급, 아니면 아주 조악한 문학이라고 평가했던 메레쥐콥스키도 고리키 작품들의 이런 사회적 특성에 대해서만큼은 충분히 인정하고 있다. "고리키의 이런 의심스런 작품들의 이면에는 … 삶이, 그 진정한 삶의 모습이, 피와 살을 가진 삶으로부터 찢겨져 나온 편린이 놓여 있다. 러시아 현실의 특징을 잘 드러내는 현상인 보샤키의 발견은 대단히 의미 있는 사회적 현상인 것이다."[149]

147 이하 고리키 초기 작품 분석은 「막심 고리키 초기 단편의 '당당한 인간' 재론」(『러시아 어문학연구논집』 제44집, 2013)의 일부를 수정한 것임.

148 Гольденвейзер А.Б. Вблизи Толстого, М., ГОСЛИТИЗДАТ, 1959, p. 113.

149 Мережковский Д.С. "Трядущий хам. Чехов и Горький", Горький М. Pro et contra. Личность и

그러나 많은 사람들이 고리키 문학에 주목한 것은 이런 소재 때문만은 아니었다. 이미 1880년대에도 보샤키를 묘사한 작가가 없었던 것은 아니기 때문이다.[150] 고리키의 보샤키 문학이 당대에 커다란 주목을 받은 것은 소재도 소재였지만 무엇보다 그 소재를 다루는 방법에 있었다. 좀 더 폭넓게 러시아문학의 '왜소한 인간형Маленький человек' 형상의 전통까지 포함하여 고리키 이전이나 동시대 대부분의 문학에서 민중은 삶의 비참하고 고통스러운 현실 속 존재로 묘사되었고 연민과 동정의 대상이었다. 한껏 나아간다 하더라도 '민중적 지혜로움에 대한 지식인 문학가의 발견'을 넘어서는 경우는 쉽게 찾아보기 힘들다. 이런 상황에서, 특히 19세기 말 침체에 빠져 있던 러시아문학적 상황에서 자기 스스로의 시선으로 자신의 삶에 대해 말하고 생각하며, 고통스러운 현실뿐만 아니라 나름의 기쁨과 희망을 드러내는, 나아가 적극적으로 삶과 현실에 대해 발언해 나가는 고리키의 주인공들은 새롭고 신선한 활력으로 받아들여졌다. 게다가 작가의 시선은 민중과 거리를 둔 관찰자가 아니라 민중의 내부적 시선과 일치하는 것으로 여겨졌다. 주인공의 소재적 특성, 즉 그 사회적 특성보다는 그것을 다루는 작가의 관점이 고리키라는 문학 현상의 가치와 독창성의 핵심을 이루고 있다고 평가되었고, 고리키의 '당당한 인간론'은 바로 이런 점을 확인해 주는 핵심 개념이었던 것이다.

하지만 이 '당당한 인간론'에 대한 해석은 두 가지 측면에서 고찰될

творчество Максима Горького в оценке русских мыслителей и исследователей. 1890 ~ 1910 гг. Антология, СПб., 1997, pp. 643-645. 이하 이 책은 PRO ET CONTRA로 약칭함.

150 고리키에 앞서 부랑자 계층을 문학작품에 담은 작가들로는, 고리키의 문학적 스승인 В. Короленко를 비롯하여 앞서 언급한 19세기 말 자연주의 문학가들인 А. Свирский, В. Гиляровский, Ф. Решетников, А. Левитов, Н. Помяловский, И. Ясинский, С. Каронин 등이 있다.

수 있다. 무엇보다 먼저, 보샤키는 러시아 자본주의의 발전과정에서 농촌의 해체와 인구의 재편에 따라 태어난 룸펜 프롤레타리아트 계층이며, 이런 새로운 계층의 정서와 일상을 적극적인 행동주의와 집단주의로 그려 낸 것이 고리키 초기문학이라는 관점이 가장 대표적이다. '당당한 인간' 형상이 낭만적인 경향을 띠고 있는 것은 사실이지만, 그것은 기존의 낭만주의의 반복이 아니라 리얼리즘과의 결합을 통해 새로운 문학방법론으로 발전하고 있다는 것이다. 그리하여 고리키 문학을 규정하기 위해 네오리얼리즘неореализм, новореализм, 혁명적 낭만주의революционный романтизм, 낭만주의적 리얼리즘романтический реализм, 리얼리즘적 낭만주의реалистический романтизм, 전단계 사회주의 리얼리즘предсоциалистический реализм 등과 같은 다양한 개념들이 등장한다. 그러나 다양한 명칭에도 불구하고 이런 개념들은 모두 문학의 새로운 주인공으로 떠오른 보샤키에 대한 사회학적 주목과 이념적 해석에 이론적 근거를 두고 있다. 당대의 인민주의 비평가로 손꼽히던 미하일롭스키나 솔로비요프-안드레예비치Е.А. Соловьев-Андреевич는 무엇보다 새로운 낭만주의적 경향으로 고리키를 규정한다. 하지만 이들은 고리키의 낭만주의가 리얼리즘과 긴밀하게 결합되어 있다는 점을 분명하게 인식한다. 뒤를 이어 루나차르스키А.В. Луначарский를 필두로 소련 시절 대표적인 고리키 연구자들인 소콜로프А.Л. Соколов, 미하일롭스키Б.В. Михайловский, 타게르Е.Б. Тагер, 오브차렌코А.И. Овчаренко, 볼코프А.Л. Волков, 뱔리크Б.А. Бялик, 켈드이쉬 등도 기본적으로 이런 관점을 견지한다.[151]

151 사실 이런 경향의 연구를 일일이 열거할 필요는 없을 것이지만 가장 대표적인 저작을 꼽는다면 다음과 같다. Михайловский Б.В. Творчество М. Горького и мировая литература. 1892~1916, М., Наука, 1965. Волков А.Л. Путь художника: М. Горький до Октября, М., Худож. лит., 1969. Келдыш Е.А. "Новое в критическом реализме и его эстетике", Литературно-эстетические концепции в

초기 단편으로 크게 성공을 거둔 시점인 1900년에 고리키는 예술과 인간에 대한 견해를 이렇게 밝힌다. "대체 문학, 예술의 과제가 무엇일까요? 인간 속에 존재하는 가장 훌륭하고 아름답고 정직하고 고결한 것을 색채와 언어와 소리와 형태를 통해 표현하는 것, 바로 그것이 아닐까요? 특히 인간 속의 당당함을 스스로 일깨우는 것, 삶에서 가장 훌륭하고 가장 의미 있고 가장 귀중하고, 성스러운 존재가 바로 인간이며 그 외에 그 어떤 것도 관심의 가치가 없다는 것을 말해 주는 것, 저는 그것이 저의 과제라고 생각합니다. 세계는 그의 창조의 산물이고 신은 그의 가슴과 이성의 일부인 것이지요."[152] 이런 언급은 '당당한 인간'에 대한 작가의 기본적 입장을 보여 주는 것으로 초기 작품에서 여러 형태로 변주되어 나타난다. 아름다운 집시 청년을 사랑하지만 자신의 자유도 포기할 수 없었던 여주인공 랏다는 '당당한 여왕'으로, 위기에 처한 동족을 구하고 쓰러지는 위대한 영웅 단코는 '당당한 용사'로 그려진다. 그리고 자유를 사랑하며 죽음을 불사하고 하늘로 높이 날아오르려는 매는 '당당한 새'(『매의 노래』)이고, 다가오는 폭풍우를 예감하며 더 높이 날아오르려는 바닷제비는 '당당하게' 울부짖는다.(『바닷제비의 노래』) 고리키는 결국 이러한 인간을 산문시 「인간」에서 그 첫 알파벳을 대문자로 Человек 표기하며 강령적으로 선언한다. 인간은 스스로 명료한 이성적 사고를 통해 자신의 존재 의미를 깨닫고 이기심과 소유욕, 그리고 온갖 속된 욕망과 편견, 죽음에의 유혹과 무기력한 동정심에의

России конца 19- начала 20 вв., М., Наука, 1975. Овчаренко А.И. М. Горький и литературные искания XX столетия, 2-е изд., доп. М., Сов. писатель, 1978. Бялик Б.А. Судьба Максима Горького, 3-е изд., доп. М., Худож. лит., 1986.

152 Горький М. Собр. соч., В 30 т., Т. 28(1889 ~ 1906), М., Худож. лит., 1954, p. 125.

기대에서 벗어나 더 높은 신념과 진리의 세계로 '당당하게' 나아가야 한다는 것이다.

> '인간'! 마치 태양이 내 가슴에 솟아오르는 것처럼, 그 찬란한 빛 속에서 '인간'이 천천히 앞으로 행진한다! 더 높이, 비극적으로 극미한 '인간'이! 나는 그 당당한 이마와 용감하고 깊숙한 눈매를 바라본다. 그 눈빛에는 두려울 것 없는 '사고'의 불빛이 번뜩인다.[153] (GO 6, 35)

> 여기 다시, 위대하고 자유로운 '인간'이, 당당한 머리를 높이 들고 '인간'이 천천히, 그러나 굳건한 걸음으로 낡은 편견의 쓰레기더미를 밟고 걸어간다, 혼돈의 회색 안개 속에 홀로이. 그의 뒤에는 과거의 짙은 먹구름이 먼지가 되어 날리고, 앞에는 수없이 많은 미지의 난제들이 냉정하게 그를 가로막고 서 있다. (GO 6, 42)

그러나 고리키의 이 '당당한 인간'은 낭만주의적·개인주의적 관점에서 전혀 다르게 해석되기도 한다. 고리키의 인간관은 후기에 해석된 이데올로기적 인간관에 부합하기보다는 니체를 비롯하여 세기말적 경향에 영향을 받은 초인주의적 인간관에 가깝다는 것이다. 이미 고리키 당대에도 고리키의 인간론을 낭만주의 전통의 부활이나 상징주의의 영향으로 보던 비평가들이 있었다. 겔로트는 「니체와 고리키-막심 고리키 창작에서 니체주의 요소들」을 통해 고리키의 니체주의적 초인관의 영향을 다루었고[154] 벤게로프는 강력한 개인의 초월적인 지향이라는 점에서 고리키와 데카당 문학의 유사성을 지적[155]

153 번역에서 '인간'으로 표기한 것은 러시아어 인간의 첫 글자를 대문자로 표기한 것을 나타내기 위함이다.
154 Гельрот М. "Ницше и Горький", Горький М. Pro et contra, pp. 381-429.
155 Венгеров С.А. "О Горьком", Русская литература XX в. 1890 ~ 1910 гг., М., изд. Мир, 1914, p. 19.

하고 있다. 고리키와 고골[156], 도스토옙스키의 유사성과 차이에 주목하는 관점[157]도 '당당한 인간'에 대한 주류적 해석에 이의를 제기한다는 점에서는 마찬가지다. 이런 관점은 1980년대와 1990년대에 들어 보다 새롭게 주목받기 시작한다. 콜로바예바는 초기 고리키 문학의 니체주의적 경향은 신화가 아니라 부인할 수 없는 사실이라고 주장한다. "고리키는 러시아의 삶에 대해 숙고하면서 니체의 윤리적 문제의식을 끌어들였다. 고리키는 나름대로 새롭게 의미를 부여하면서 자신의 창작 욕구를 실현하기 위해 니체의 철학적 모티프와 상징들을 활용하였다. 물론 니체는 삶에서 기쁨의 원천을 보고 지상에서의 인간의 욕망과 웃음의 권리를 억압하는 기독교적 정신에 반역하는 비관주의(페시미즘)를 특징으로 하는데, 고리키는 이런 경향을 극복하고자 하였다. … 니체의 미학이 고리키에게 공명하는 바는 반사변성антисозерцательность, 언어의 행동성действенноть слова 지향에서, 그리고 그 '영웅적 파토스', 좀 더 본질적으로 말하면, 위업의 해석 자체에서 찾아볼 수 있다."[158] 다시 말해 고리키의 당당하고 영웅적인 보샤키 주인공들은 니체의 초인주의 철학과 상징체계에 공명하지만 니체의 세속주의와 페시미즘은 거부한다는 것이다. 이런 관점들은 특히 현대에 다양하게 변주되며 깊이를 더해 가고 있다.

고리키를 필두로 많은 『즈나니에』 동료들이 작품의 주인공을 형상화하는 방법에서, 그리고 인간에 대한 이해방법에서 또 다른 혁신을 시도한다. 고리키는 문학에 보다 적극적인 주인공이 필요함을 거듭 강조

156 보귀에는 고리키를 새로운 고골이라고 칭하며 다만 '조금 덜 즐겁고 조금 덜 안정적인 고골, 격노한 고골'이라고 말한다. Вогюэ М. Французская критика о М. Горьком, СПб., 1904, p. 36.
157 Анненский Инн. Избранные произведения, Л., Худож. лит., 1988, pp. 459-460.
158 Колобаева Л. "Горький и Ницше", Вопр. литературы, 1990, No. 10, pp. 165-166.

한다. "전사, 노동자, 복수자 … 직선적인, 영웅적으로 고무된 민주주의자, 일찍이 이마로 머리를 찧을 준비가 되어 있는 자"(GO 3, 13-15)를 그려야 한다는 것이다. 그의 인간중심주의 사상은 그것을 뒷받침한다. "나는 언제나 인간을 경배했고 지금도 그러하고 앞으로도 그럴 것이다."(GO 2, 21) 일정한 사회적 경향("노동하는 사람들"에 대한)과 정치적 경향("러시아 작가라면 정치 활동가가 되어야 한다"(GO 3, 136)), 역사적 낙관주의("새로운 세기는 진정 정신의 혁신의 시기일 것이다"(GO 2, 97)) 등등이 고리키와 『즈나니에』 문학 동인들의 창작의 기본 방향이었던 것이다.

적극적 주인공, 주인공의 영웅주의화도 고리키와 『즈나니에』 작가들이 선호한 강령적 원칙이었다. 실제 인물에 대한 구체적인 묘사와 분석보다 과장되게 윤색된 영웅적 묘사를 선호하는 것은 리얼리즘보다 분명 낭만주의에 가깝다. 자기 환경에서 떨어져 나와 진실을 추구하고 새로운 선지자의 호소에 귀 기울이는, 예를 들면 유쉬케비치 С. Юшкевич의 『유대인 Евреи』의 노동자 다비드, 『기아 Голод』의 혁명가 가바이, 나이죠노프 С. Найдёнов의 『아브도치야의 삶 Авдотьиная жизнь』과 치리코프의 『이반 미로니치 Иван Мироныч』의 유형수 혁명가들이 그러하다. 고리키의 「감옥 Тюрима」의 비밀스런 정치범도 그렇다. 이 작품에서는 주인공의 실제 모습은 보이지 않고 다만 젊은 대학생의 입을 통해 이렇게 이야기된다. "이 사람은 더러운 가로등에서도 밝게 타오르는 빛과도 같았어."(GO 4, 376) 이런 주인공들은 하나의 메시아로서 현존의 것을 파괴하기 위해 해야 할 일을 알고 있고 비타협적으로 반역을 도모하며, 젊음과 생명을 바칠 준비가 되어 있고, 주저 없이 타인의 피도 불사하는 그런 인물들이다. "바다 안개와 폭우와 돌풍 가운데,/ 용

맹한 가슴들의 나침반을 바라본다,/ 고귀한 이상의 돛단배가 지나간다."(GO 7, 325)

영웅적 개인에 대한 선호는 작품 슈제트에서 주인공의 기능이 변화하고 있음을 나타낸다. 이런 주인공은 더 이상 환경에 수동적으로 매여 있지 않고 주관적인 의지로, 혹은 이유를 알 수 없는 돌발적 사건을 통해 어디선가 갑자기 돌출한 "전사로서의 인간, 저항자로서의 인간"이다. "고리키의 격렬한 저항적 주인공, 열정적인 낭만주의는 체홉의 주인공이 빠져 있던 것 같은 그런 수동성과 우수에 더 이상 머물 수 없었기 때문에 나온 것이다."[159]

「감옥」의 대학생 미샤 말리닌의 사고는 체홉과의 논쟁을 염두에 두고 있음이 분명해 보인다. 감방에 갇힌 그는 보이지 않는 한 정치범이 그에게 보내는 교시에 귀 기울인다.

> 견고한, 얼음처럼 차가운 한 남자의 말들이 단단하고 거침없는 생각들로 화하면서 … '삶은 사람들이 노예가 되든, 주인이 되든 … 똑같이 해롭고 모멸적이다, 그걸 이해하지 못한다면 끔찍함과 잔혹함으로 가득한 삶이 될 것이다.' 그러나 그와 동시에 어딘가 그의 내면 깊숙한 곳에서 따뜻하고 뜨거워진 생각이 조용히 타올랐다. … '과연 사람들을 두 진영으로만 나눌 수 있을 것인가? … 아니, 예를 들어 나는? 알다시피, 본래, 나는 주인도 노예도 아니잖아!'
> 그의 영혼 속에 불꽃처럼 반짝이는 이런 작은, 영악한 생각이 곧바로 거대하고 준엄하고 견고한 생각들에 자리를 양보했다."(GO 6, 92-93)

톨스토이는 이 작품을 읽고 거의 체홉과 같은 묘사력을 가지고 있

159 Русская литература конца 19 - начала 20 в. 1901 ~ 1907, М., 1991, pp. 342, 401.

다고 긍정적으로 평가했다. 그러나 감정이 지나치게 넘쳐 나고 '판단들'이 허약하다는 예의 고리키에 대한 지적을 잊지 않는다.[160] 분명 고리키는 이런 비판에 동의하면서도 나름대로 항변할 수 있었을 것이다. 그는 무엇보다 혁명으로 나아가는 젊은이들에게 '유용한' 작품이 필요하다고 생각하고 있었다. 고리키는 이런 유용한 주인공 형상이 당시 러시아문학에 제기된 새로운 사회적 분위기에 조응하는 것이고 새로운 독자층이 요구하는 바라고 생각했던 것이다.

혁명적 분위기의 고양과 영웅적 주인공은 소설의 대립과 갈등의 구성에도 일정한 시학적 변화를 요구한다. 사람들을 '두 진영으로만' 나누고 서로 대립시키는 것이 과연 얼마나 옳고 정당한 것인가? 모든 평범한('중간적인') 사람도 아주 다양한 단초들로 구성되어 있지 않는가? 고리키의 주인공은 체홉으로부터 물려받은 그와 같은 성찰을 '작고 영악한 생각 … '으로 거부한다. 현실은 이제 그에게 '자신의 편'과 '적들'을 명료하게 구분할 것을 요구한다. 그런 적대적 대립 속에서 당시 러시아 사회에서 점증하는 날카로운 대립과 갈등이 더욱 극적으로 반영될 수 있다는 것이다.

아버지와 아이들, 소시민과 노동하는 자들, '놀고먹는 자들'과 '모든 사람에게 필요한 어떤 진지하고 위대한 일'을 하는 자들, '태양의 아이들'과 '지상의 아이들', 그리고 결국 자본가와 노동자의 대립 등 이제 고리키의 작품들에는 대립과 갈등의 단순한 구도가 완고하게 자리한다. 그와 같은 갈등과 대립구도는 궁극적으로 어느 한편의 필연적 승리, 그리고 다른 한편의 패배를 예정하고 있다. 『즈나

---

160 Гусев Н.Н. Летопись жизни и творчество Л. Толстого, 1881 ~ 1910, М., 1960, p. 519.

니에』 동료들은 대체로 이러한 고리키 미학을 준수하며 단순한 대립과 갈등 속에서 승리하는 주인공의 지루한 설교로 가득한 산문을 양산해 냈다.

문학이 자연주의 소설들에서처럼 지나치게 눈앞의 현실 소재에만 매달리다 보면 현실과 현실의 역사적 국면에 대한 통찰과 일반화의 계기를 살려내기 어렵게 된다. 즉 이런 작품들이 이 시대에 대한 일정한 기록자로서의 역할을 수행하고 또 일정하게 저항의 의지를 고양시킨 것은 사실이지만 대부분이 시대의 역사적 의미, 역사적 발전 상태를 제대로 파악하지 못한 채, 몇 가지 기본적인 테제를 단순하게 반복하거나 주관적인 저항의지와 선동적인 행동성에 머무르고 마는 것은 분명한 한계라고 말할 수 있다.

『즈나니에』에 대립하던 진영의 작가들은 이러한 경향에 대해 비판의 목소리를 높였다. 그들은 『즈나니에』 작가들을 '고리키의 아이들'이라고 조롱하기도 했다. 블록은 「리얼리스트에 대하여」에서 모든 『즈나니에』 작가들이 합심하여 "커다란 하나의 테마, 러시아 혁명"[161]에 대해 작업하고 있다고 평가하지만 이들의 업적 대부분은 모방적 측면, 삶의 직접적이고 직선적인 재현에 머물고 있다고 비판했다. 하지만 러시아 사회가 모순과 갈등 속에서 몰락하고 폭발해 가는 순간에 대해, 계급적 민족적 정신적 불화에 대해 『즈나니에』 작가들이 그 현장을 목격하고 고발하는 역할을 충실히 수행한 것에는 누구도 이의를 달 수 없을 것이다. 유쉬케비치의 유대인 테마, 구세프의 성직자들의 타락에 대한 고발, 세라피모비치의 노동자 삶과 현실에 대

161 Блок А. Собр. соч., В 8 т., Т. 5, p. 114.

한 묘사, 가린-미하일롭스키와 치리코프, 스키탈레츠의 농촌의 몰락에 대한 고발, 쿠프린의 러시아 군대의 부패에 대한 고발, 파업과 바리케이드, 시가전에 대한 묘사는 『즈나니에』의 문학 강령이 아니었다면 창조되기 어려웠을 것이다.

20세기 초 러시아 1차 혁명기 속에서 러시아의 새로운 리얼리스트들은 현실에 대한 고발과 혁명적 의지의 고취라는 전통적 리얼리즘의 윤리적 지향을 보다 급진적으로 예각화했다. 그리고 이런 윤리적 지향은 전통적 리얼리즘의 예술 방법에 새로운 혁신을 요구하였다. 쉽고 대중적인 형식과 문체의 개발, 명료한 대립구조 속에서 사회적 대립구조를 드러내기, 영웅적 주인공과 작가의식의 표현 등 분명 기존 리얼리즘과 차별된 새로운 문학적 시도들이 풍부하게 실험되었던 것이다. 그러나 이런 과도한 윤리적 지향이 역사적 현실에 대한 보다 깊은 통찰력을 수반하지 못했다는 것은 분명한 한계이다. 바로 그러한 과도한 윤리적 지향은 또한 추상적이고 주관적인 영웅성의 시학을 선호하게 만들었다.

새로운 리얼리즘의 윤리적 지향과 미학적 혁신은 변혁기에 대응하는 예술의 역사적인 한 양상을 보여 준다. 주관적·추상적·윤리적 지향이 과도하여 예술성을 손상시키는 양상들에 대해서도 많은 반성거리를 제공하고 있다. 그러나 그럼에도 불구하고 이들의 문학적 실험은 모더니즘의 다양한 모색과 어울려 20세기 러시아 산문 발전의 한 축을 이루고 있다는 점은 분명하다.

변혁기 러시아문학의 윤리와 미학

3

미학과 윤리의 교차와 혼종

1905년, 피의 구원인가 붕괴의 시작인가

1890년대부터 시작된 러시아 사회의 급격한 변화는 20세기에 접어들면서 현실적 양상으로 구체화되기 시작한다. 사회적·정치적 지형의 변화와 경제적·물적 토대의 변화, 문화와 예술의 혁신적 변화는 가히 혁명적이라고 말해도 좋을 정도였다.

알렉산드르 블록은 "1901년 1월은 1900년 12월과는 전적으로 다른 기호 아래 놓여" 있으며, 그것은 "새로운 표식과 예감으로 가득 차 있다"[162]고 회상했다. 그만큼 새로운 세기는 러시아 사회의 불안과 강렬한 기대 속에 태어났다. 특히 이 시대의 특징적인 문화 현상의 주역이었던 막심 고리키는 희곡 『소시민Мещане』의 주인공 닐의 입을 통해 이 시대의 새로운 열정을 다음과 같이 토로한다.

> 변하지 않을 일정표란 없다! 나는 내 영혼의 모든 수단으로 삶의 가장 깊은 반죽으로 파고들어 … 이렇게 저렇게 주무르고 싶은 내 욕망을 만족시키고 싶다. … 이건 방해하고, 저건 도와주고 … 바로 여기에 삶의 기쁨이 존재한다![163]

162 Блок А. "Владимир Соловьев и наши дни", Собр. соч., В 8 т., М.; Л., 1962, Т. 6, pp. 154-155.
163 Горький М. ПСС, Т. 5, p. 89.

이 주인공은 새로운 주체가 되어 삶 자체에 적극적으로 개입해 들어가 삶을 개조하고 거기서 존재의 기쁨을 맛보고 싶다고 열망한다. 이런 의지와 열망이 바로 새로운 세기를 맞이하는 러시아 사회의 지배적 분위기였다.

하지만 이러한 혁명적 예감과 열정은 그 이면에 러시아 사회의 근본적인 동요와 혼란을 담고 있다. 실제로 현실 속 러시아는 그러한 예감과 열정을 실현하고 있다기보다는 위기와 혼란, 갈등과 붕괴로 치닫고 있었기 때문이다.

세기말부터 급격하게 증가한 학생 시위와 노동자 파업은 20세기에 들어서면서 전제체제의 근본을 위협할 정도로 확대된다. 나중에 1917년 혁명의 주역이 될 레닌과 트로츠키 등이 주도하는 러시아 사회민주당, 그리고 인민주의 정신을 계승하는 사회혁명당을 비롯한 다양한 급진 정당과 단체들은 자연스럽게 터져 나오는 민중의 불만과 저항을 전국적 조직으로 결집해 내기 시작했다. 레닌은 1902년 『무엇을 할 것인가』를 통해 직업적 혁명가 집단이 중심이 되어 단호하고 일관된 혁명 조직을 건설해야 하고, 이를 통해서만 혁명을 이룰 수 있다고 주장하였다. 레닌을 위시한 볼셰비키는, 부르주아 민주주의 혁명 단계를 거쳐야 한다고 주장하는 멘셰비키와는 달리 즉각적이고 단호하게 전제정부를 전복하고 혁명정권을 수립할 것을 강령으로 채택하고, 대도시를 중심으로 치밀하고 은밀하게 노동자 정치 조직을 구축해 가며 혁명을 준비했다. 반면 인민주의 운동을 계승하여 좌파에서 우파, 아나키스트에 이르기까지 다양한 지식인들이 중심이 된 사회혁명당은 급진적인 사회 혁명을 도모하며 테러리즘을 선도하였다. 이들은 총리와 교육부장관, 모스크바 황제 전권

대사 암살에 성공하기도 했다. 이와 같이 혁명운동의 급진적 전개는 열악한 현실에 대한 노동계급과 농민계급의 불만, 지식인 사회의 반정부적 분위기 고조에 힘입어 1905년 러시아 제1차 혁명으로 달려가고 있었다.

한편 20세기를 여는 길목에서 러시아는 시베리아 철도를 부설하는 등 아시아 지역에 대한 지배력을 높여 갔고, 남부 발칸반도와 터키 등에 대한 제국주의적 팽창정책에 골몰했다. 이미 영국과 프랑스, 독일 등 서유럽 열강들이 전 세계를 식민지로 분할 점령하고 있는 상태에서 러시아가 뻗어 나갈 수 있는 길은 국경을 접한 아시아와 남부 지역뿐이었다. 이 당시 러시아의 자본주의적 산업화는 빠른 속도로 성장하고 있었고 서유럽 자본도 물밀 듯이 유입되고 있었다. 비록 내부적으로 사회 모순이 격화되고 혁명적 저항이 강화되고 있었지만, 후발 자본주의 국가로 성장해 가는 러시아로서는 뒤늦게라도 제국주의적 팽창정책에 나서지 않을 수 없었다. 대외적 팽창정책은 대내적 모순과 저항을 완화시키고 전제정권의 안정화에 기여할 수 있는 전략적 선택이기도 했다. 그러나 그나마 남부 지역으로의 팽창은 영국과 프랑스의 견제에 시달렸고, 아시아로의 진출은 일본의 강력한 견제에 직면했다. 1904년 발발한 러일전쟁은 직접적으로는 한국과 만주 지역에서의 패권을 둘러싼 싸움이었지만, 간접적으로는 영국과 프랑스 등 제국주의 강국들의 이해관계가 복잡하게 연루된 아류 제국주의 전쟁이었으며, 십 년 뒤 휘몰아치게 될 제1차 세계대전의 비극적 전조였다.

러일전쟁 1년 동안 러시아는 압록강과 랴오양, 뤼순항 등에서 전개된 모든 전쟁에서 매우 참담하게 패배했다. 1905년 5월 쓰시마 해전에서는 바략Варяг 함대 전체가 수장되는 끔찍하고 비극적인 수모를 당하며 세계 해전사에 일본 해군의 명성을 각인시켜 주었다. 전쟁 패배로 러시아는 제국으로서의 국제적 위신과 명예를 크게 훼손당했을 뿐만 아니라 대내적으로도 막대한 전비를 빚으로 떠안게 되었다.[164] 9월 포츠머스 종전 평화협정을 통해 일본은 남사할린 지역의 영유권과 러시아 해역에서의 무제한 조업권을 획득하고 여순항을 양도받았으며, 러시아 포로들에 대한 대가를 지불받았다. 러일전쟁 기간 동안 끓어올랐던 애국적 분위기는 결국 수많은 인명 손실을 초래하고도 동양의 작은 나라에 패배하고 만 황제 니콜라이 2세와 국가 지도자들에 대한 불신, 관료의 부패와 무능에 대한 전 국민적 불만으로 전환되었다. 고리키 희곡 『예고르 불르이쵸프와 사람들Егор Булычев и другие』의 예고르는 전쟁의 패배가 "전 세계적 수치"이며, "어떤 놈은 싸우는데, 어떤 놈은 도적질이나 하고 … "[165]라고 지적한다. 러시아 전함이 전멸한 시점에 발표된 쿠프린의 중편 『결투』는 왜 러시아가 극동에서 괴멸되었는지, 러시아 장교들이 얼마나 무능하고 부패했는지를 폭로하여 커다란 반향을 불러일으키기도 했다. 전쟁에서의 패배로 인해 가뜩이나 불안했던 러시아 국내 정세는 혁명적 상황으로 치닫게 된다.

1905년은 20세기 러시아 혁명의 역사를 예고하는 대격변의 사건들로 점철된다. 전해에 시작된 러일전쟁의 참화가 지속되고 있는 가운데 1월부터 대대적인 권리청원운동이 발생한다. 가폰 신부가 이끄

---

164 황제는 13억 루블에 해당하는 전비 중 거의 12억 루블을 거의 모두 파리의 증권거래소를 통해 나라 밖에서 조달하였다고 한다.(빅토르 세르주 저/황동하 역, 『러시아 혁명의 진실』, 책갈피, 2011, 50쪽.)

165 Горький М. ПСС, Т. 19, p. 10.

는 노동자들의 평화적인 권리청원 시위대에 대해 황제가 무차별 사격과 체포로 대응함으로써 '피의 일요일'을 만들어 냈던 것이다. '피의 일요일'은 러시아 사회에 지울 수 없는 충격과 상처를 남겼다. 황제에 대한 민중적 거부감 속에 전국적인 시위가 이어져 결국 전국적 파업과 러시아 제1차 혁명으로 나아간다.

기대와 희망으로 시작된 러시아의 20세기는 이렇게 피와 혼란, 그리고 혁명과 패배로 얼룩지고 말았다. 혁명적 정치가들은 혁명의 패배 속에서 몰락하거나 변절해 가기도 했고, 또 더욱 치밀한 정치 강령과 혁명 전략을 준비해 가기도 했다. 새로운 세기에 대한 기대와 열정은 냉혹한 현실에 직면하면서 좌절과 회의로 차갑게 식어 갔다.

이전 세기말부터 시작된 상징주의 문학운동이나 새로운 리얼리즘 운동이 여전히 지속되고 있었지만 1905년의 격동을 거치면서 작가들은 이제 자신들의 문학적 동기와 근거를 되돌아보지 않을 수 없게 되었다. 이 혼란과 격변의 시기에 '나'는 누구이며 어떻게 살 것인가? '세계'는 어떻게 구성된 것이며 '역사'는 어떻게 진행되어 갈 것인가? 무엇보다 문학과 예술, 철학이 바로 이런 문제에 대한 근본적인 재성찰을 요구하고 있었다.

이수소프 В. Исусов 가 지적하듯이 이 시기는 문학가는 철학을 하고 철학가는 문학을 하는 등 문학과 철학의 경계가 희미해진 때였다.[166] 많은 문학가들이 문학 속에서 세계관과 인간관의 체계를 보다 우선적인 문제로 그리고자 했고, 많은 철학자들은 전통적인 철학적 논구보다는 다양한 문학적 양식으로 철학하고자 했다. 문학과 철학 모두

166 Русская литература рубежа веков(1890 ~ 1920), Кн. 1, М., ИМЛИ РАН, Наследие, 2000, p. 70.

시대가 제기하는 문제의 소용돌이로 서둘러 끌려 들어갈 수밖에 없었기 때문이다. 이러한 경향은 한편으로는 이데올로기화로, 다른 한편으로는 서정적 주관화로 이어졌다. 자신이 보고 그려 내는 문학적 형상들을 어떻게든 전 세계적 의미로 통합하고 완결시키고자 하는 경향이 이데올로기화를 촉진했다. 그러나 혼란스럽고 복잡다단한 구체적 현실에서 근거를 찾기 힘들고 논리적 체계를 구성할 수 없게 되었을 때는 추상적이고 주관적인 서정화에 의존하게 되었던 것이다.

1900년대 러시아문학의 이데올로기화는 주관적 서정화와 맞물리면서 매우 다양하게 분화한다. 현실과 인간에 대한 실증적 지식에 기초하여 인간의 존재와 세계를 탐구하고 재현해 낼 수 있다는 전통적 리얼리즘은 이미 1890년대 상징주의의 맹렬한 공격으로 힘을 잃었지만, 새로운 리얼리즘은 시대정신을 탑재하고자 하는 다양한 변용을 시도하고 있었다. 반면 새로운 미학운동을 선도했던 상징주의 역시 과도한 미학주의와 추상적 신비주의를 넘어 보다 구체적으로 자신들의 미학관을 정비해 가기 시작했다. 이와 같은 커다란 두 방향의 움직임 사이에서 다양한 미학적·윤리적 태도의 분화가 발생하기 시작했는데, 그 분화를 추동하는 힘은 바로 1905년의 기억과 반성이었다. 그리고 그 분화의 내적 구조를 형성한 것은 이데올로기화와 주관적 서정화였다.

1914년 제1차 세계대전이 발발하기까지 명멸한 문학과 철학의 다양한 경향들은 거의 폭발이라고 말할 수 있을 정도로 다양하고 복잡하다. 그것은 한편으로는 1890년부터 시작된 러시아 모더니즘의 화려한 개화였고, 다른 한편으로는 혁명적 현실 앞에서의 곤혹스러움의 표현이었다. 노동자 계급을 중심으로 새로운 인간관에 기초한 혁명적 프롤레타리아 문학, 사회주의와 종교의 결합을 통해 집단주의적 주체를 모색하는 건신주의 문학, 계급적 인간이 아니라 보편적인 존재로서의 인간을 탐구하는 새로운 리얼리즘 문학, 세계관으로서의 상징주의를 체계화하려는 후기 상징주의, 종교와 신비주의적 경향, 신화주의, 좀 더 후기에는 아크메이즘과 미래파 등 20세기 약 15년 동안 러시아문학계는 손으로 꼽고 분류하기 힘들 정도로 다종다양한 문학적·철학적 분화를 경험하게 된다.

문학의 다양한 흐름들은 미학적인 것과 윤리적인 것에 대해 저마다 다른 해석과 변용을 내화한다. 현실에 대한 윤리적 태도의 극단적 거부와 유미주의적 태도, 집단으로서의 인간에 대한 이데올로기화된 윤리적 지향과 그 직접적인 문학화가 양극에 놓여 있다면, 그 사이에는 작가와 작품마다, 각 문학 집단들의 강령마다 제각각 서로 대립하고 중첩되고 교차하며 착종되는 현상들이 폭발하고 있었던 것이다. 바로 이런 이유로 이런 현상들을 미학화와 윤리화라는 두 가지 단순한 대립구도로 파악하고 분류하기는 매우 힘들 것이고, 가능해 보이지도 않는다. 하지만 1890년대와 마찬가지로 인간에 대한 이해가 이 시기 문학 현상들의 근본에 놓인 세계관적 대립을 낳고 있는 것은 분명하다. 다만 1890년대에는 이전의 공리주의적·실증주의적 인간관에 대한 극단적 저항으로 낭만주의적 인간관이 문제시되었다면, 1900년대에는 현실적 주체로서의 구체적 인간에 대한 문제가 중심 문제로 떠올랐던 것이다. 또한 그 인간의 문제는 단순히 존재론적·인류학적 문제일 뿐만 아니라, 역사적·사회적 현실의 문제와 깊게 연루되어 있었다.

집단으로서의 인간

나도 너도 그들도 아닌

고리키의 희곡 『밑바닥에서На дне』는 20세기 초 러시아 극장에서 높은 대중적 인기를 누렸다. 도시의 빈민 합숙소에서 가난과 좌절 속에 살아가는 사람들에게 찾아온 루카라는 노인은 아름다운 목소리로 갖은 위로의 말을 건넨다. 죽음을 앞두고 괴로워하는 여인에게는 천국의 안락함을 설교하고, 실패한 배우에게는 재능을 칭찬하며 다시 일어설 수 있다고 격려하고, 절망적인 삶에서 허우적대는 자에게는 '황금의 시베리아'로 떠나 새 출발을 하라고 설득한다. 그런데 다른 한 주인공 사친은 이런 달콤한 '위로의 거짓말'이 노예의 논리일 뿐, 당당하고 위대한 인간에겐 필요 없는 것이라고 맞선다.

> 거짓말이 어떤 사람들은 버틸 수 있게 해주고, 어떤 사람들은 그 뒤에 숨도록 해주는 거지 … 자기 자신이 주인인 사람이나 남을 잡아 먹지 않는 사람에게는 그런 거짓말이 왜 필요하겠어? 거짓말은 노예들과 주인들의 종교지 … 진실이야말로 자유로운 인간의 신이야!(GO 7, 173)

> 인간, 그것이 진실이야! 인간이 뭐냐고? 너도 나도 저들도 아니야! 여기 너나 나나 저들이나 노인네나 나폴레옹이나 마호메트나 그 모두를 합한 하나지! (그는 손가락으로 공중에 인간의 모습을 그린다.) 알겠어? 거대한 거야! 바로 이 인간에 모든 것의 시작과 끝이 있다고 … 인간만이 존재하고 나머지 모든 것은 인간의 손과 뇌의 산물이지! 인-간! 인간은 위대하다! 인간은 당당하게 울려 퍼진다! 인-간-! 인간을 존경해야

만 해! 동정하는 것은 안 돼. … 동정으로 인간을 저급하게 만들어서는 안 돼. … 존경해야 해!(GO 7, 177)

사친은 인간을 개별적인 존재가 아니라 '나와 너와 저들이나 나폴레옹이나 마호메트를' 모두 합친 거대하고 위대한 존재라고 뜨겁게 역설한다. 주변에 있는 사람들은 각자 허약하고 무능한 실패자들이지만 그들 모두를 끌어안으면서 그들 모두를 초월하는 거대하고 위대한 존재로서의 인간, 그것이 바로 현실을 개조하고 역사를 만들어 나가는 주체라는 것이다. 이와 같은 사친의 외침은 사람들에게 뜨거운 감정을 북돋운다. 자신이 위대한 인간이라는 사실, 그가 혼자가 아니라 모든 타자들과 연대하여 하나의 뜻으로 결합되는 위대한 존재라는 사실은 분명 암담한 현실을 극복하고 새로운 세계를 꿈꾸는 자에게 요구되는 절실한 '진리'가 아닐 수 없을 것이다. 바로 그런 인간은 키릴로프(도스토옙스키의 『악령』의 주인공)가 고대하는 신인 Богчеловек과 니체의 초인을 떠올리게 하지만, 고리키는 이러한 인간론을 발전시켜 보다 계급적인 주체로서의 노동자 계급을 형상화하고자 한다.

고리키의 『어머니』는 집단으로서의 계급적 인간을 그려 낸 대표적인 작품이다. 프롤레타리아 문학의 탄생을 알리는 이 작품은 자본주의의 모순에 대해 전혀 알지 못하던 노동자가 자신의 역사적 운명, 불평등한 사회구조의 근본적 원인을 인식하고 이를 극복하기 위해 체계적이고 조직적인 운동에 나서는 과정을 그리고 있다.

주인공 펠라게야 닐로브나는 노동에 지친 남편의 폭력과 술주정을 묵묵히 받아들이고 체념 속에서 평생을 살아왔다. 그의 아들 파벨 블라소프 역시 노동자가 되었고 다른 젊은이들처럼 일만 끝나면 술에 취하거나 싸움을 해대면서 아무런 희망 없이 아버지의 삶을 반복하고 있다. 그런데 어느 날부터 아들의 말과 행동이 몰라보게 달라지기 시작한다. 파벨은 말수가 점점 줄어들었고 무엇인가 열심히 읽기도 하고 가능한 한 깨끗하고 단정한 옷차림을 유지하였다. 그리고 때로는 낯선 친구들을 집에 불러들여 밤새 무슨 이야기에 골몰하곤 했다. 어머니 펠라게야는 변해 가는 아들의 모습과 그의 친구들을 지켜보며 내심 불안하기는 했지만 동시에 새로운 인간적 힘을 어렴풋이 느끼게 된다. 파벨은 혁명적 노동자로 성장해 가고 있었던 것이다.

파벨은 무의식 노동자들을 일깨우려는 선전 활동을 전개하고, 동료 혁명가들과 함께 부당한 노동 현실을 개선해 나가는 운동에 앞장선다. 자본가의 회유나 경찰의 탄압이 뒤따르는 것은 당연했다. 마침내 노동절 기념 시위대의 선두에 서서 파벨은 이렇게 선언한다.

> "동지들!"
> 파벨의 우렁찬 목소리가 힘차게 울렸다.
> 어머니는 입술이 바짝바짝 마르고 눈앞이 아찔했다. 그는 어느 샌가 몸을 놀려 아들의 뒤에 버티고 섰다. 모든 사람들이 파벨을 바라보고 순식간에 그를 에워쌌다. 흡사 자석에 빨려드는 쇳가루들 같았다.
> 어머니는 아들의 얼굴을 쳐다보며 아들의 두 눈을, 자랑스럽고 용감하며 불꽃처럼 타오는 두 눈만을 뚫어져라 응시했다.
> "동지들! 오늘 우리는 우리가 누구인지 당당하게 선포하고자 합니다. 우리는 오늘 우리의 깃발, 이성과 진리와 해방의 깃발을 높이 들 것입니다."
> 군중 속에서 하얗고 긴 깃대가 허공에 쑥 솟아올랐다가 아래로 넘어지며 군중을 둘로 가르고 사라졌다. 그러나 잠시 뒤 노동자 깃발이 흡

사 새빨간 새가 비상하듯 솟구쳐 올라 고개를 쳐든 사람들 얼굴 위로 넓게 펼쳐졌다. 파벨이 손을 위로 높이 들자 깃대가 흔들렸다. 그때 수십 개의 손이 하얗고 매끌매끌한 깃대를 함께 홈켜쥐었다. 어머니의 손도 함께였다.

"노동자 만세!"

파벨이 외쳤다.

수백 명의 목소리가 그의 우렁찬 목소리를 뒤따랐다.

"사회 민주주의 노동당 만세, 우리의 당, 우리의 동지, 우리의 정신적 조국 만세!"

군중은 고양되어 들끓어 오르기 시작했다. 깃발의 의미를 알고 있는 사람들이 군중을 비집고 깃발로 모여들었다. 페쟈와 사모일로프, 그리고 구세프 형제가 파벨의 곁에 붙었다. …

"전 세계 노동자 만세!"

파벨이 외쳤다. 모두가 뜨겁고 격정적인 환희에 젖어 정신을 아찔하게 할 정도로 수천의 메아리를 만들며 그의 구호에 응답했다.

어머니는 베솝쉬코프의 손을 잡았고 주변에 있던 몇 사람의 손을 더 잡았다. 터져 나오려는 눈물에 숨이 막힐 지경이었지만 끝내 울음을 터트리지는 않았다. 다리가 부들부들 떨려왔고 입술은 덜덜 떨렸다. …

"동지들!"

우크라이나인이 부드러운 목소리로 군중들의 웅성거림을 누르며 소리쳤다.

"우리는 이제 새로운 신, 빛과 진실의 신, 이성과 선의 신 이름으로 교회행렬처럼 행진을 시작했습니다. 우리의 목적지는 멀고 험하지만 면류관만은 오직 가까이에 있습니다. 누가 진리의 힘을 믿지 못합니까. 진리를 위해 죽음을 무릅쓸 용기가 없는 자 또한 누구이며, 자신을 믿지 못하고 고통을 두려워하는 자, 과연 누구란 말입니까? 우리 가운데 그런 사람이 있다면 옆으로 비켜서십시오. 우리는 우리의 승리를 믿는

> 사람들만을 초대합니다. … 동지들! 해방 노동자의 축제 만세! 메이데이 만세!"
> 군중은 더욱 빽빽하게 모여들었다. 파벨이 깃발을 흔들었다. 햇빛을 받아 발갛게 물든 깃발은 공중에서 펄럭이며 앞으로 흐르듯 나아갔다. 붉고도 환하게 웃으며 ….(GO 8, 152-153)

파벨은 메이데이 시위를 주도하며 노동자들이 하나가 되어 전진하여 진리와 해방의 길로 나아갈 것을 선언한다. 그가 끊임없이 호소하는 '우리'는 하나의 개인이기보다 노동자 계급으로서의 동지이고 사회민주당의 강령을 체현하는 보다 크고 위대한 집단으로서의 인간, 사친이 허공에 크게 그려 내는, '나도 너도 그들도' 아닌, 그 모두를 합친 그 이상으로서의 인간이다. 그에 공감하는 동료들과 어머니에게 깃발로 상징되는 바로 그 인간은 뜨거운 감동이자 아름다운 축복처럼 여겨진다.

이제 파벨이 말하는 인간은 지난 세기에 등장한 상징적인 개인이나 니체의 초인이기를 넘어 구체적인 사회 현실을 움직이는 집단적 주체이다. 파벨이 생각하는 집단으로서의 인간은 하나의 조직적이고 유기적인 사회적 실체로서 사회주의 정당과 동일하다. 결국 체포되어 재판을 받는 파벨은 법정 최후 진술에서 자신과 동료들의 정체를 숨김없이 드러내며 자신들의 역사적 사명과 과제를 선언적으로 역설한다.

> "우리는 사회주의자입니다. 그것은 우리가 사유재산을 반대한다는 것을 말합니다. 사유재산은 사람들을 분열시키고 서로 싸우고 갈등하게 만들며, 화해불가능한 적대감을 조장합니다. 인간을 한낱 부의 축적

도구로만 취급하는 사회는 반인간적인 사회이며 우리는 분명 그런 사회에 맞서 투쟁하고자 하며 영원히 투쟁해 갈 것입니다. 우리는 노동자입니다. 거대한 기계에서 아이들 장난감까지 모든 것이 우리 노동자의 노동으로 만들어지고 있습니다. 그러나 우리는 인간적 가치를 획득하기 위한 투쟁의 권리마저도 박탈당한 사람들입니다. 우리가 주장하는 바는 간단명료합니다. 사유재산을 폐지하라! 모든 생산 수단은 민중에게! 모든 권력은 민중에게! 우린 결코 폭도가 아닙니다."

"본론만 말하시오."

재판장이 좀 더 큰소리로 파벨을 제지하려 했다. 어머니는 판사들이 어찌나 파벨을 뚫어져라 바라보는지 그들의 눈이 아들의 몸에 달라붙어 아들의 젊은 피를 빨아먹으려는 것만 같다고 느껴졌다.

"우리는 혁명가입니다. 착취와 억압이 존재하는 한 우리는 영원히 혁명의 길을 갈 것입니다. 당신들이 지키고자 하는 사회와 우리는 결코 타협하지 않고 싸울 것입니다. 당신들은 우리를 지배하고 있다고 생각할지 몰라도 당신들은 우리보다 더욱 노예입니다. 당신들이 정신적으로 예속되어 있다면 우리는 육체적으로 예속되어 있을 뿐입니다. 우리의 의식은 끊임없이 성장하여 당신들이 가지고 있던 것 중에서 가장 훌륭하고 건강한 요소를 하나씩 우리의 것으로 만들고 있습니다.

당신들의 힘, 당신들에게 황금을 안겨 준 기계적인 힘은 당신들 서로를 쥐어짜는 힘이지만, 우리의 힘은 모든 노동자들이 함께 성장해 가기 위한 단결의식에서 나오는 힘입니다. 당신들이 하는 모든 일은 범죄적이지만 우리가 하는 모든 일은, 당신들의 거짓과 탐욕으로 만들어진 환상과 유령으로부터 민중을 해방시키는 것입니다. 당신들은 인간을 삶으로부터 떼어 내어 파괴시켰습니다. 하지만 사회주의는 당신들에 의해 파괴된 세계를 다시 위대한 하나로, 전체로 결합시켜 낼 것입니다. 그것은 반드시 이루어질 것입니다."[167] (GO 8, 314-316)

167 이 부분은 독자의 이해를 위해 축약한 것임.

파벨이 말하는 노동자는 세상의 모든 것을 창조해 내는 주체지만 그들이 생산해 낸 것으로부터 소외되고 억압받는 존재이다. '파괴되고 분열된 세계를 하나의 위대한 전체'로 결합하기 위해 모든 노동자들이 '함께' 단결하여 투쟁해야 한다. 그 투쟁의 과정 혹은 목적은 사유재산제의 폐지와 생산수단의 공유화, 권력의 민중화이다. 20세기 내내 사회주의 혁명의 주체로서 그와 같은 역사적 과제를 수행할 수 있는 집단으로서의 인간, 노동자 계급과 정당에 대한 문학적 형상화이다.

어머니 펠라게야는 아들과 동료 노동자들의 투쟁을 지켜보면서 수동적이고 체념적인 자신의 삶을 돌아보지 않을 수 없었다. 그녀 역시 점차 인간적 삶을 되찾아 가고 마침내 아들의 삶을 이해하고 수용할 뿐만 아니라 아들을 대신하여 적극적으로 혁명 사업에 뛰어든다. 그러나 아들의 법정 최후 진술문을 배포하기 위해 나섰다가 어머니는 광장에서 헌병대의 발굽에 짓밟힌다.

> 그녀는 공중에 연설문을 던져 뿌렸다. 어머니는 사람들이 유인물을 낚아채서 품속이며 호주머니에 넣는 모습을 보았다. 어머니는 더욱 자신감을 가지고 가방에서 유인물 다발을 꺼내 계속 내던졌다.
> "내 아들과 동지들이 왜 재판을 받았습니까? 여러분, 이걸 읽어보시고 제 말을 믿어 주세요. 그들은 여러분 모두에게 진실을 말한다는 이유로 재판을 받았습니다. 어제 나도 진실이 무엇인지를 알게 됐습니다."
> 사람들은 아무 말이 없었지만 점점 숫자가 불어나 어머니를 에워쌌다.
> "가난하고 굶주리고, 병들고, 열심히 일한 대가가 그것입니다. 우린 매일 더러움과 기만 속에서 노동하며 죽어 가고 있습니다. 하지만 우리의 노동으로 마음껏 즐기며 배를 불리는 자들은 우리를 쇠사슬에 묶은 개처럼 대합니다. 우린 아무것도 모르고 공포 속에서 살아갈 뿐이지요."

"맞소!"

짤막한 대답소리가 어딘가에서 들려왔다.

그녀는 헌병들이 다가오는 것을 보면서 마지막 뭉치를 던지려고 가방에 손을 넣었다. 하지만 누군가 다른 사람이 먼저 그것을 꺼내고 있었다.

"가져가세요, 다 가져가서 읽어 보세요!"

그녀는 고개를 끄덕이며 말했다.

"해산! 저리 비켜!"

헌병들이 사람들을 밀치며 다가왔다. 사람들은 달갑지 않게 밀려나며 은근히 그들의 길을 방해했다. 가까이 선 사람들은 모두 우호적으로 어머니를 바라보고 있었다. 어머니는 그들의 따뜻한 숨결을 느낄 수 있었다.

"달아나세요, 아주머니!"

"바로 잡힐 겁니다. … "

"아이고, 대담하기도 하지!"

"내 아들의 말은 노동자의 순수한 말입니다. 용기를 가지고 싸우는 사람들의 진실입니다!"

마침내 다가온 헌병에게서 가슴을 한 대 맞은 어머니는 의자에 털썩 주저앉고 말았다. 헌병들이 어머니의 옷을 잡아 일으켜 옆으로 내동댕이쳤다. 눈앞이 캄캄해지고 어지러웠다. 하지만 어머니는 있는 힘을 다해 몸을 일으키며 소리쳤다.

"여러분, 민중이 단결해야 합니다!"

"입 닥쳐!"

헌병 하나가 그녀의 멱살을 잡고 벽에다 밀어붙였다. 뒤통수가 벽에 세게 부딪쳤다.

"두려울 것 없습니다. 이제까지 평생 겪은 고통보다 더한 것은 없습니다. … "

"입 닥치라잖아!"

또 다른 헌병이 그녀의 팔을 잡고 끌고가려 했다.

"매일 매일 피 말리듯 가슴을 조이며 살아가는 민중이 … "

사복 경찰이 앞으로 달려 나와 주먹으로 그녀의 얼굴을 내려치고 소리쳤다.

"아가리 못 닥쳐, 이 개 같은 년아!"

그녀의 눈이 툭 불거지고 턱이 부르르 떨렸다. 간신히 몸을 일으키며 어머니는 다시 외쳤다.

"부활한 영혼은 죽일 수 없는 법이다!"

또다시 주먹이 연이어 날아들었다. 뭔가 검붉은 것이 일순간 어머니의 눈을 가렸고 찝찔한 피가 입안으로 흘러들었다.

"개 같은 년! 짐승만도 못한 년이!"

그러나 여기저기서 사람들이 분명하게 외치는 소리가 들려왔다.

"때리지 마라!"

"저 더러운 놈들이 어딜 … "

"혼내 줘라!"

이런 외침에 힘을 얻어 어머니는 다시 외쳤다.

"이성의 피로 네 놈들 배를 채울 수는 없다!"

어머니는 머리와 배를 가릴 것 없이 마구 두들겨 맞으며 정신이 혼미해졌다. 사람들의 비명소리와 호루라기 소리가 뒤섞이며 검은 회오리바람을 일으키는 것 같았다. 뭔가 묵직한 것이 귓전을 때리며 멍하게 만들었다. 목이 조여 오고 숨이 막혔다. 땅이 꺼지는 듯하고 온몸의 기운이 빠져나갔다. 그러나 두 눈은 아직 꺼지지 않고 주위를 둘러싼 사람들의 눈동자를 바라보고 있었다. 사람들의 눈동자는 용감하고 날카롭게 불꽃을 일으키고 있었다. 그것은 바로 그녀가 가슴으로 느끼던 그런 불꽃이었다.

"피로 바다를 이루어도 진실은 죽지 않는다."

헌병이 그녀의 목을 움켜쥐고 조였다. 그녀는 소리를 치려고 흐느꼈다.[168] (GO 8, 343-346)

168 『어머니』의 마지막 장면을 축약한 것임.

영웅적이고 강철 같은 혁명적 의지를 가진 아들 파벨이 사회주의 이론에 입각하여 새로운 인간의 탄생을 정연하게 설파하고 있다면, 아들을 이해하고 함께 투쟁에 나선 연약하고 선량한 어머니의 수난은 정서적 공감과 동정을 불러일으킨다. 경찰과 헌병대에 짓밟히는 어머니를 둘러싼 민중들의 반응은 이들의 싸움이 결코 끝나지 않을 것이며 패배하지도 않을 것임을 말해 준다.

집단적 인간과 인신

20세기 초 이러한 집단적 인간주의는 직전 시기의 추상적·개인적 인간주의에 비해 사회적·역사적 구체성을 띠고 있다. 1890년대에 개인을 찬양하고 개인의 위대함을 재발견함으로써 19세기의 집단주의적 사고를 극복하고자 했다는 점은 앞에서 여러 번 설명한 바 있다. 이러한 사고가 집단 속에 매몰된 인간을 새로이 발견하고 근대적 개성을 가진 인간의 다양한 심리와 특성에 주목하고 있다는 점은 사실이다. 그러나 대체로 그러한 개인주의적 인간의 발견이 추상적 상징이나 과도한 영웅성으로 경도되어 있다면, 이제 20세기 초 러시아문학은 그 개인의 결합으로서 더 큰 주체, 사회적·역사적 변화를 추동하는 주체를 모색하고 있는 것이다. 이러한 집단적 주체로서의 인간은 19세기에 농민을 변화의 주체로 설정한 인민주의 이념과 그 집단성에서는 유사하다고 말할 수 있을 것이다. 그러나 새로운 인간은 이 두 경험의 극복을 필요로 한다. 한편으로는 개인의 존재적 가치를 수용하면서, 그 개인의 결합을 통해 집단적 주체를 설정하는 논리체계가 요구되는 것이다. 보그다노프A. Богданов는 20세기 초 이러한 집단적 인간의 사상적 토대를 제공한다.

보그다노프는 자연과학자이자 철학자, 언론인, 작가로서 이 시대의 르네상스적 특징을 한 몸에 지닌 인물이었다. 그는 인간 활동이란 "세계를 법칙적이고 계획적으로 변화시켜 내는 의식적 집단적 창조"[169]를 사명으로 한다고 보았다. 그는 예술 창조 역시 일반적 문명화 과정에서 인간의 창조 활동의 역사적 일부이고, 문화는 인간 활동에 의해 특수하게 조직화된 형식이라고 보았다. 그리고 그는 문화와 예술, 문명 창조 과정에서 개인이 어떻게 현실의 일부가 되고 현실을 바꾸어 가는 주체가 되는지를 철학적으로 탐구해 나간다.

인간 개인이 체험할 수 있는 부분적인 경험들은 이미 익숙해진 관습이나 관념, 감정, 행동들의 협소한 결합의 수준을 넘어서기 힘들다. 보그다노프는 그와 같은 개인적 경험들은 인류 문화의 발전이나 새로운 창조의 토대가 되지 못한다고 말한다. 따라서 보그다노프에게 가장 중요한 것은 새로운 인식이다. 이성과 합리성에 기초하여 자연적이고 습관적인 행위와 감정을 극복하는 것이 무엇보다 중요하다는 것이다. 보그다노프는 인류 사회의 문화적 경험을 체득하고 새로운 창조로 이끌어 가는 사람은 불충분한 경험에 기초하는 다른 사람들에 비해 보다 완전한 경험을 자기화하는 인물이다. 이런 사람은 자신의 개인적 특성이나 지위, 자신의 특정한 견해에 매몰되지 않고 삶의 권위 있는 형식을 보여 준다. "한 인간의 경험은 분명하게든, 다소 불명료하게든 다른 사람의 체험과 원칙적으로 불균등하

169 Богданов А. Вопросы социализма: Работы разных лет, М., 1990, p. 19.

다. 따라서 한 인간이 다른 인간에게 의존하는 것은 편협한 일이다. 적극적 의지는 수동적 의지와 거리가 먼 것이다."[170] 그리고 보그다노프는 적극적 의지는 인간의 정신에, 수동적 의지는 인간의 육체에 해당한다고 주장하고, 당연하게도 정신이 육체를 극복하고 이겨 내는 과정으로 인류 문화사를 이해한다. 그 과정은 인류의 모든 체험이 한 인간에게 집중화되어 전수됨으로써 가능하다. 바로 그 한 인간은 "자신의 노동 활동에서 그 어떤 낯선 타자의 의지에 의해 가로막히거나 이용당하지 않는 전적으로 독자적인 단위로서 사회 생활에 참여하고, 인류적 '나'로서 전면에 나선다."[171] 보그다노프는 니체의 초인사상을 변주하며 이 인류적 '나'로서의 인간은 초인으로 나아가는 중간 다리 역할을 한다고 주장한다. 그러나 보그다노프는 초인 그 자체의 특성과 신화화에 매달리기보다는 초인으로 가는 중간 단계에서 수많은 개인들이 창조적 의지를 발현하여 집단적으로 문화와 체제를 변화시켜 나가는 과정에 보다 주목한다.

보그다노프의 이론은 이처럼 인류의 집단적 경험을 인간이 수용하여 적극적 의지로 조직화하는 과정을 중시함으로써 단순하게 인간을 계급관계와 경제관계로 환원하고자 하는 속류적 마르크시즘과는 일정한 거리를 두고 있다. 그의 『조직학Тектология』은 인류의 집단적 경험이 어떻게 개인의 경험을 통해 인식되고 적극적 의지로 조직되는지, 또 거기에 기초하여 그러한 개인들이 어떻게 집단적인 의지를 산출하고 사회체계를 만들고 개조하는지를 논증하고 있다. 역사적·객관적 합법칙성이라든지, 위로부터의 즉각적인 정치권력의 획득이나

170 위의 책, p. 33.
171 위의 책, p. 36.

특정한 사회체제의 변화에 앞서 보그다노프는 어떤 상황에서 어떤 인간적 주체들이 어떻게 세계를 인식하고 조직화해 내는가에 보다 본질적인 관심을 보인다.

보그다노프의 이런 생각들은 사적 유물론과 변증법적 유물론에 입각하여 역사과정의 합법칙성을 강조한 레닌에게 강하게 비판받는다. 모든 것을 인간의 경험으로 환원하여 설명하는 경험일원론으로서의 오류를 저지르고 있다는 것이다. 레닌에게 중요했던 것은 역사발전 법칙은 이미 주어져 있고, 노동자 계급과 전위 정당이 그 법칙을 앞당겨 실천하는 전위라는 점이었다. 그런데 어떻게 각 개인들이 경험 조직화 과정을 거쳐 집단적 주체로 조직될 때를 기다리고 있을 수 있겠는가. 또 그 개인 집단의 조직화가 현재 요구되는 정당으로 귀결된다는 명백한 논거도 부족하지 않은가. 세계의 모순과 모순으로부터 발생한 사회 체제는 현재 주어져 있고, 그것의 혁명적 개조가 절박하다. 그렇게 되면, 즉 혁명을 통해 권력이 주어지고 체제가 변혁된다면 인간의 의식과 경험은 그에 따라 변화될 것 아닌가. 1917년 혁명과 혁명정권의 확립에 레닌과 볼셰비키가 여념이 없었을 때, 보그다노프가 『프롤레트쿨트Пролекульт』를 조직하여 전국적으로 노동자의 집단적 경험 영역을 확장하고 조직하는 일에 더욱 매달렸던 것은 그의 논리의 자연스러운 결과가 아닐 수 없다. 물론 이처럼 당조직과 무관한 전국적 프롤레타리아 조직 활동이 끝까지 보장되지는 못했다. 결국 레닌에 의해 프롤레트쿨트 전국 조직은 해산되고 만다.

그런데 흥미로운 것은 이러한 보그다노프의 집단적 개인 사상이 건신주의Богостроительство라는 새로운 경향과 맞물려 있다는 점이다. 건신주의는 마르크시즘과 종교의 결합을 통해 민중 속에 사회주의 사상을 보다 광범위하게 전파할 수 있다고 생각한 일군의 문학가들로부터 시작되었다. 이들은 사회주의 이론이 인간에게 무엇보다 중요한 삶과 죽음의 문제에 답해야 하며, 이를 위해 프롤레타리아의 종교가 필요하다고 생각했다. 사적 유물론이 모두 설명해 주지 못하는 인간의 정서와 성스러움에 대한 지향을 포용해 낼 때 사회주의의 이상은 민중 속에 더욱 깊게 '종교로서' 뿌리내릴 수 있을 것이었다.

건신주의는 의외로 러시아 혁명운동 진영에 매우 광범위하게 유포되었다. 러시아 사민당 내에서 루나차르스키 А. Луначарский, 바자로프 В. Базаров 등과 같은 이론가들이 먼저 주장하기 시작했고, 막심 고리키와 보그다노프가 그에 합류했다.[172] 이들은 고리키의 지원하에 이탈리아 카프리에 당 학교를 만들고 건신주의 사상을 적극 유포하기도 하여 레닌의 반발과 비판을 사기도 했다. 그러나 이 건신주의 사상은 당 내에서 논란의 대상이 되었을 뿐만 아니라 종교 이론가들로부터도 격렬한 반론을 불러일으켰다. 하지만 문학예술 속에 건신주의는 더욱 뿌리 깊게 파고들어 공식적인 철학적 포기에도 불구하고 혁명 이후까지도 그 흔적을 남기고 있다. 건신주의 사상과 보그다노프의 집단적 인간의 형상을 문학적으로나 이념적으로 정확하게 반영하고 있는 작품은 막심 고리키의 『고백 Исповедь』 1908년[173]이다. 이 작품은 진정한 삶의 목적과 자유를 찾아가는 주인공 마트베이의 행로를 그린 소설이다.

버림받은 고아로 교회의 부사제에게 의탁하여 살아가던 주인공

---

172 루나차르스키는 두 권으로 된 『종교와 사회주의』(1908), 바자로프는 논문 「구신론과 건신론」(1908), 「우리 시대의 신비주의와 리얼리즘」(1909)을 발표했고, 이들 두 사람과 고리키, 보그다노프는 『마르크시즘 철학 개관』(1908)이라는 공동 저서를 발표하였다.

173 『고백』이 1인칭 고백 형식을 띠고 있지만 작가 자신을 의미하는 것은 아니라는 것은 분명하다. 그러나 그렇다고 해도 작가 자신의 목소리가 마트베이에게 투사되고 있다는 것도 분명하다. 이런 점에서 이 작품을 "특이한 고백의 예술 장르"로 보고 작가의식이 어떻게 다양하게 매개되고 있는가를 분석할 필요가 있는 것이다.(Спиридонова Л. Горький: диалог с историей, М., Наследие, 2001, p. 99.)

마트베이는 어렸을 때부터 매우 열심히 신을 갈구한다. 그러나 세상 사람들의 죄악과 파렴치한 욕망을 수없이 접하면서 그는 자신이 찾는 신이 과연 존재하는지 의심하기 시작한다. 전능한 신이 존재한다면 왜 세상에는 저토록 많은 죄악과 고통이 난무한단 말인가. 혹시 신의 힘이 너무나 미약하여 세상의 악을 제거할 수 없기 때문에 인간세상을 악마에게 맡겨 놓은 것은 아닌가. 하지만 마트베이는 자신의 이성으로 혹은 신학으로 이 문제를 해결하지 못하고 극심한 정신적 고통에 빠진다. 그는 신을 찾아 세상을 떠돈다. 고명한 수도원에서 수도하기도 하고 떠돌이 순례자를 만나 대화를 나누는가 하면 최하층 민중들과 어울리기도 하고 이교도의 종교행위를 관찰하기도 한다. 그가 만난 사람들은 그에게 온갖 다양한 사상을 불어넣으려고 한다. 인민주의자나 개인주의자, 마르크스주의자와 자유주의자, 신비적 종교주의자에 이르기까지 수많은 인물들이 저마다 삶의 의미와 신의 의미를 제각각 서로 다르게 제시하는 것이다. 그러나 마트베이는 그 어디에서도 신에 대한 만족스런 답을 듣지 못한다. 아니 그 누구도 그처럼 신에 대한 문제를 고민하며 살아가고 있지 않았다. 그렇다면 신이란 애당초 존재하지 않는 것 아닌가? 마트베이는 순례자 이오나에게서 하나의 개별적인 인간이 아니라 집합으로서의 인간, 민중의 힘이 바로 신을 창조해 낼 수 있다는 설교를 듣는다.

> 건신자는 바로 민중이지! 이 세상에 수없이 살고 있는 민중 말일세. 이 위대한 수난자들은 교회에서 칭송하는 성자들보다 더 위대하지. 이게 바로 기적을 행하는 신이지! 민중은 불멸이야. 나는 민중의 영혼을 믿고 민중의 힘에 따른다네. 민중은 의심할 여지가 없는 단 하나의 생

명의 근원이야. 민중이야말로 과거와 미래의 모든 신들의 아버지라네. (GO 9, 342)

그러나 마트베이가 만나는 민중은 빈곤에 시달리고 몸과 정신은 더럽혀진 상태이며 단돈 한 푼에도 영혼을 파는 존재에 불과하다. 그런 민중 어디에서 신의 요소가 존재한단 말인가. 마트베이는 이오나의 말을 미치광이의 헛소리 정도로 생각하고 그와 논쟁한다. 이오나는 러시아와 세계 역사 속에서 행한 민중의 역할을 설명하고 세상 모든 것이 민중의 집단적 힘에 의해 만들어졌고 그리스도마저도 민중이 만들어 낸 것이라고 역설한다. 이오나의 논리에 한편으로는 커다란 감동을 받으면서도 다른 한편으로는 깊은 의혹을 거두지 못하는 마트베이는 마침내 민중이 하나의 열망으로 단결하여 일어서지 못했던 한 처녀를 일으켜 세우는 기적을 목격하고 감동한다.

카잔 주에서 나는 심장에 마지막 일격이 가해지는 체험을 했다. 내 영혼의 사원을 완성시킨 일격이었다.

그것은 세미오죠르나야 수도원에서 기적의 성모상 행진 중에 일어났다. 그날 모두들 성모상이 시내를 돌고 수도원으로 돌아오는 것을 기다리고 있었다. 장엄한 축제날이었다.

나는 호숫가 언덕 위에 올라 지켜보고 있었다. 사방에 사람들이 넘칠 듯 가득했다. 사람들은 수도원 문을 향해 검은 파도가 되어 몰려가며 수도원 벽에 부딪치고 밀려나고 했다. 태양은 기울고 가을 햇빛은 붉게 빛났다. 종은 제 노래 소리를 따라 날아가려는 새처럼 지저귀고 있었다. 여기저기 모자를 벗은 사람들의 머리가 햇빛을 받아 양귀비처럼 붉게 반사되었다.

모두들 수도원 문 옆에서 기적을 기다리고 있었다. 작은 짐수레 위에 어린 소녀가 미동도 없이 누워 있었다. 얼굴은 하얀 밀랍처럼 굳어 있었다. 잿빛 눈은 반쯤 뜬 상태였고 생명이라곤 가볍게 떨리는 긴 속눈썹에만 담겨 있는 듯 했다.

…

숱한 눈들이 먼 곳을 바라보고 있었다. 따뜻하고 진한 속삭임이 내 주위를 감싸 돌았다.

"온다, 오고 있어!"

사람들의 무리가 검푸른 파도처럼 서서히 묵직한 움직임으로 언덕 위로 올라오고 있었다. 교회 깃발의 황금 무늬가 선명한 불꽃 다발을 번쩍이며 붉은 거품처럼 그들 위로 타오르고 있었다. 흐르듯 흔들리며 유영하는 성모상은 햇빛을 받아 불타는 새처럼 붉게 타올랐다.

군중은 한 몸이 되어 강렬하게 숨을 내쉬었다. 수천의 목소리가 한목소리로 노래하기 시작한 것이다.

"성모 마리아여, 우리를 지켜 주시옵고 … "

…

푸른 숲속에 자리 잡은 호수는 밝게 미소 짓고 붉은 태양은 숲 너머로 가라앉으며 호수를 적시고 청동의 종소리는 맑게 울려 퍼지고 있었다. 주위에는 간절한 애원의 표정들과 속삭이는 기도 소리, 눈물에 젖은 눈동자, 성호를 긋는 손뿐이었다.

…

사람들은 마치 한 몸처럼 다가오고 있었다. 그들은 서로 바짝 붙어서 손을 잡고 갈 길이 몹시 멀고도 멀지만 당장이라도 그 끝까지 가고야 말겠다는 듯 빠르게 걷고 있었다.

내 마음에 알 수 없는 불안의 위대한 전율이 전해져 왔다. 이오나의 위대한 말씀이 번개처럼 기억 속에 피어올랐던 것이다. "민중은 건신자이다!" 나는 벌떡 자리를 박차고 언덕 위에서부터 구르듯이 내려가 다가오는 군중 속으로 몸을 던졌다. 그리고 온 마음을 다해 노래를 부르기 시작했다.

"기뻐하라, 전능한 성모의 은덕을 받으리니!"

사람들이 나를 붙잡고 끌어안았다. 나도 그들과 한사람이 되어 수많은 뜨거운 숨결들 속에 녹아들며 흘러갔다. 발밑의 대지도, 나라는 존재도 느껴지지 않았고 시간도 느껴지지 않았다. 오직 기쁨만이, 하늘처럼 광대한 기쁨만이 있었다. 나는 활활 타오르는 불덩이 같은 뜨거운 믿음으로 가득 찼다. 나는 이들 모두와 함께 비상하며 누구와도 다르지 않고 주변의 모두와 같이 위대한 존재였다.

…

위대한 깨어남이었다. 사람들이 짐수레를 흔들어 대자 소녀의 머리가 힘없이 흔들거렸고 커다란 두 눈이 두려움의 시선을 던지고 있었다. 수십의 눈들이 빛처럼 병든 소녀에게 쏟아졌다. 환자가 병상에서 일어나는 모습을 보아야겠다는 절대적인 염원으로 인해 생명의 힘을 얻은 수많은 힘들이 그녀의 쇠약한 몸에 전달되고 있었다. 나도 그녀의 눈 깊은 곳을 바라보며 그 모두와 함께 그녀가 일어나기를 간절히 염원했다. 그것은 그녀를 위해서도, 나 자신을 위해서도 아니고 그 무언가를 위해서였다. 그것은 나도 그녀도 그 앞에서라면 불길 속에 들어간 새의 깃털에 지나지 않을 그 무언가였다.

…

장밋빛 기운이 그녀의 죽은 듯한 얼굴에 타오르기 시작했다. 놀라움과 기쁨에 찬 두 눈을 점점 더 크게 뜨더니 그녀는 천천히 어깨를 움직거리고 떨리는 손을 시키는 대로 온순하게 사람들 앞으로 들어 올렸다. 그녀의 입이 열렸다. 그녀의 모습은 마치 둥지를 떠나 처음으로 날아오르는 작은 새와 같았다.(GO 9, 385-388)

마트베이는 이처럼 종교적 기적을 민중과 함께 체험하면서 이오나 순례자가 말한 민중의 힘을 깨닫는다. 사회주의를 종교적으로 해석하여 신앙처럼 수용하고자 하는 건신주의가 신앙의 뿌리가 깊은 민중들에게 사회주의를 효과적으로 전파하는 수단이 될 수 있다는 점을 인정한다 하더라도, 『고백』의 이 마지막 장면, 즉 민중의 집단적 영혼의 힘이 불구인 처녀를 일으켜 세운다는 것은 아무래도 너무 지나친 종교화가 아닐 수 없다. 파벨과 같은 혁명가상을 그린 작가가 채 이년도 되지 않은 시기에 어떻게 이런 형이상학적이고 관념적인 민중상을 그려 낸다는 말인가. 이렇게 기적을 행하는 '인간-신으로서의 민중'은 현실적으로 거의 수용하기 어려운 것이라는 점에서 너무 비현실적이지 않은가. '집단으로서의 민중-신'이라는 형상은 집단으로서의 인간을 넘어서, 즉 이데올로기화된 인간을 넘어 거의 종교화된, 더욱 심하게 말하자면 광신도적인 설교가 아니라고 말할 수 있을까.[174]

건신주의는 1905년 제1차 혁명 이후 의기소침해진 지식인들이 어떻게든 다시 민중을 조직하고 그 힘을 고취하고자 하는 조급한 발상의 소산이기도 하다. 즉 어떻게 하면 더 많은 민중이 사회주의 혁명으로 한 몸이 되어 나아갈 수 있을까, 민중들이 사회주의를 마치 종교처럼 받아들인다면 혁명은 그야말로 자동적으로 주어지는 것 아닌가 하는 심리가 건신주의에 투영되어 있는 것이다. 그러나 다른 한편으로 보그다노프의 논리처럼, 건신주의는 당시 지나치게 계급론적 관점의 객체로만 취급되던 민중의 의식화 과정, 그들 의식의 조직화 과정에 관심을 촉구하고 있는 것이기도 하다. 비록 종교라는 관념론적 요소로 지나치게 기울고 있지만, 사실 민중의 삶과 의식은 경제적·계급적 요소뿐만 아니라 문화와 삶 자체의 다면적인 측면에 접해 있다. 그들의 삶과 문화 모두가 계급론으로 환원되어 처리될 수 있는 것만은 아니다. 그런 점에서 건신주의가 20세기 초 집단으

174 이런 점에서 고리키의 건신주의는 메레쥐콥스키나 베르쟈예프 등 20세기 초 러시아 지식인들 사이에 유행한, 러시아의 미래를 종교적 구원에서 찾고자 하는 구신주의(богоискательство)와도 구별된다.

로서의 인간을 추구하면서도 인간의식의 조직화 과정 자체에 관심을 돌리고 있다는 점에서 일말의 긍정성을 지니고 있다는 점을 부정할 수만은 없다.

집단의 윤리와 미학

열악한 노동현실에 대한 고발, 노동자의 권리를 억압하는 권력기제에 대한 비판과 투쟁, 혁명운동의 주체로 성장해 가는 노동자 내부의 분화와 성장, 노동자와 진보적 지식인의 결합, 노동자와 농민의 관계, 혈연적 입장과 사회적 입장의 변증법, 민중전통과 노동자 운동의 관계 등『어머니』는 20세기 프롤레타리아 문학, 나아가 사회주의 리얼리즘이 맞닥뜨려야 할 본질적인 문제들을 풍부하게 보여준다. 또한『고백』은 새롭게 떠오른 집단주의에 입각한 새로운 인간의 의식과 행동을 모색하고 있다.

막심 고리키의 이 두 작품은 20세기 초 집단으로서의 민중, 인간에 대한 사고를 대표적으로 잘 보여 주고 있다. 새로운 방법의 인간 이해, 집단적 주체로서의 인간은 개성적 특징이나 개별적 특성을 넘어 초월적인 이데올로기로 조형되고 있으며, 이렇게 조형된 인간상이 다시 이 시대의 지배적인 한 정신적 경향으로 자리 잡고 있는 모습을 이 작품들이 여실히 보여 주고 있는 것이다. 이러한 인간상에 입각하여 이 작품에서 그려지는 미학과 윤리는 이전의 그것과 결정적으로 분절된다.

우선 집단적 인간은 당연하게도 인간의 전통적인 윤리의 경계를 뛰어넘는다. 파벨은 메이데이 시위에 나서기 전 어머니가 불안해하면서 너무 앞에 나서지 말라고 만류하자, "슬퍼하기보다는 기뻐해야만 해요. 언제나 우리네 어머니들은 기쁜 마음으로 자식들을 사지로 떠나보낼 수 있는 거지?"라고 응수하고, "사람이 살아가는 데에 방해가 되는 사랑도 있다."(GO 8, 119)고 단호하게 힐난한다. 한 등장인물의 표현에 따르면 그는 자기가 가는 길에 어머니가 누워 있다면 어머니를 넘고 지나갈 사람이라는 것이다.(GO 8, 190) 파벨은 마음속에 이는 사랑의 감정도 단호하게 부정하고 억제한다. 집단적 주인공 형상으로서의 파벨에게 개인의 윤리와 감정은 이제 사치나 방해물에 지나지 않는다. 이런 장면은 투르게네프의 바자로프가 이성과 과학으로 증명되는 않는 모든 권위를 부정하고 인간의 감정조차 비이성적인 것으로 배제하려는 모습을 떠올리게 한다. 그러나 바자로프가 자신도 이해할 수 없는 사랑의 감정 앞에 무너지고 혼란에 빠지고 있다면, 파벨은 결코 한 번도 그와 같은 망설임이나 후회 같은 것을 보이지 않는다. 정말로 강철 같은 혁명가였던 것이다. 도스토옙스키의 라스콜리니코프가 초인으로서 살인이라는 '위업'을 행하지만 내면의 종교적이고 윤리적인 반성 끝에 '회개'하는 것과도 전혀 다른 모습이다. 밀고자 이사이를 살해한 사건을 두고 안드레이와 파벨은 잠시 인간적 동요를 나누기도 하지만 결국 안드레이의 고양된 감정이 그것을 뒤덮는다.

"민중이 사랑으로 하나가 되는 그때를 앞당기기 위해 인간을 증오할 줄 알아야 해. 삶의 진전을 방해하는 자들, 자신들의 안락을 위해 인간을 팔아넘기는 자들을 마땅히 제거해야 해. 나도 알아, 그들의 피로 얻을 것은 아무것도 없다는 것을. 진리는 우리의 피로 자라나는 것이지! 하지만 난 내 스스로 죄를 짊어지겠어! 내 죄는 나와 함께 사라지겠지. 미래의 오점이 되진 않아. 그 누구도 더러워지는 게 아니야, 나 외에는, 아무도!"(GO 8, 127)

사람을 죽인 안드레이가 자신을 변호하려는 웅변이지만 어쨌든 이러한 논리 속에서 이제 인간은 오직 '나도, 너도, 그들도' 아닌, 그 무엇으로서의 인간이고 오직 그에 합당한 새로운 윤리를 지향하고 있다. 파벨과 동료들이 추구하는 진리와 선은 시대의 역사적 과제로부터 도출된다. 앞서 말한 바와 같이 그것은 노동자 계급의 해방과 사회주의 이상의 실현이다. 이러한 목표로부터 연역된, 즉 외부로부터 주입된 인간 형상은 자연히 현실의 구체적 인간의 모습과 괴리를 일으킬 수밖에 없다.

외부적 이념과 주인공의 완벽한 결합을 위해서, 아니 그 괴리를 넘어서기 위해서 고리키의 작품들은 새로운 미학성을 구축하고 강화해야 했다. 소련 문학계에서 보통 혁명적 낭만주의라고 채색되는 이데올로기화와 서정적 주관화의 경향이 그것이다. 이를테면 무의식적 노동자 파벨이 의식화되어 가는 과정은 거의 생략되다시피 간략히 처리되고 있다. 사실 이러한 의식변화의 과정은 수많은 매개적인 우회로를 통해 이루어지는, 그리고 인류 역사상 여전히 쉽게 이루어지지 못하는 얼마나 지난한 것인가. 그러나 작품에서 파벨은 '어느 날 부터인가' 그런 이념을 지니게 되고 강철 같은 혁명가가 된다. 그리고 동료 노동자들이 현실을 극복해 가는 과정 역시 '소택지 사건'이라는 소규모 갈등으로 처리되고 이를 통해 대대적인 시위를 전개하는 '위대한 인간'으로 재탄생한다. 대체로 한 인간의 의식이 변화하는 미세하고 매개적인 과정이 오직 정해진 목표에 의해, 아니 그 목표로부터 연역되고 있는 것이다. 파벨이 추구하는 사회주의적 이상은 따라서 현실 자체로부터, 구체적인 노동자의 현실과 삶으로부터 나오는 것이라기보다, 위로부터, 사회주의 정치 강령으로부터 부여받은 것으로, 파벨의 법정 최후진술이라는 '말'로 우리에게 전해진다. 이처럼 예술적으로 매우 허약하고 지나치게 이념적일 수 있는 파벨의 행동과 논리는 이 작품이 다소 과장된 감정과 정서를 자주 채택하게 만든다. 메이데이 시위에서 깃발을 그려 내는 장면과 그에 대한 어머니와 군중의 반응은 바로 그런 모습을 잘 보여 준다.

이데올로기화와 서정적 주관화는 저자와 주인공 사이의 서사적 일치라는 소설 시학적 경향을 보다 강화한다. 『어머니』에서 서사를 이끌어 가는 서술자, 그리고 그 서술자 뒤에 느껴지는 저자의 목소리는 주인공 파벨과 어머니 펠라게야와 적극적으로 동일화되고 있다. 서술자는 노동자의 끔찍한 현실을 공장 지대에 대한 묘사를 통해 보여 주고 파벨의 아버지의 삶에 대해, 그리고 어머니의 끔찍한 삶과 파벨에게 지워진 운명에 대해 앞서 설명한다. 그리고 작품 전체에서 전지적 서술자의 지위를 유지하지만 파벨과 동료 혁명가들, 어머니의 생각과 사상, 행동 등에 대해 적극적인 동조적 관점을 보이고 있다. 물론 때로 이들 형상들에 대해 불안한 반성적 태도를 보이지 않는 것은 아니지만, 전체적으로 작가는 서술자와 서술자 이면의 저자의 태도 등에서 자신을 주인공들의 삶과 행동에 적극적으로 일치시키고 있다. 이러한 결과는 이 작품을 기존의 고전적 리얼리즘의 서사로부터 크게 벗어난 매우 독백적인 작품으로 만든다. 이데올로기화와 서정적 주관화가 낭만주의적 채색과 독백적 서사를 지향하게 만들고 있는 것이다.

『고백』에서는 훨씬 더 심하게 서술자의 고양된 목소리가 서사를 지배하고 있다. 다양한 이념들의 상호비교가 이루어지고 주인공의 냉정한 비판이 이루어지지만 종교적 엑스타시와 같은 감정들은 작가에 의해, 서술자에 의해 외부적으로 주인공에게 주입되고 있다. 이오나의 설교에 대해 반신반의하던 마트베이가 군중의 뜨거운 열기에 휩쓸려 들어가 기적을 체험한다는 설정은 아무리 보아도 작가의, 서술자의 조급하고 지나친 이념적 개입이라는 비판을 피하기 힘들 것이다.

'집단으로서의 인간', '민중-신'과 같은 집단주의는 개인의 윤리성의 기준을 집단의 윤리성으로 대체함으로써 20세기 인간 주체에 대한 새로운 특징을 형성하고 있다. 비록 그것이 개인의 전통적이고 보편적인 윤리의식을 훼손하고 사물화시키고 있다는 비판을 마땅히 받을 수 있겠으나, 20세기 새로운 사회적 변화 속에서 집단 윤리와 그 의식이 인간의 새로운 존재적 영역을 감당하고 있다는 점은 분명한 사실이다. 또한 이데올로기화된 윤리적 지향은 문학예술에서 독백적 서사를 보다 강화하고 있다. 그 독백적 서사에서 인간의 삶과 의식은 다면적이고 복합적인 상호관계 속에서 형성되고 발전되고 변화되는 살아 있는 형상이기를 멈추고 작가에 의해, 윤리적 이념에 의해 단선적이고 단색적인 형상으로 주조되고, 따라서 인간의 실재적 삶과 현실을 구현해 낼 수 있는 예술적 가능성으로부터 더욱 멀어지고 만다.

내밀한 개인의 윤리와 미학

『베히』와 러시아 지식인

1905년 제1차 러시아 혁명은 실패한 결과도 결과지만, 혁명과정에서 전개된 다양한 사회문화적 갈등상황들로 러시아 사회와 지식인에게 심대한 정신적 충격을 안겨 주었다. 이러한 충격은 러시아의 운명과 지식인의 역할, 혁명의 본질 등을 전면적으로 되돌아보게 하는 반성의 계기로 작용했다. 물론 일부 혁명적 지식인들은 보다 조직적이고 은밀한 혁명운동으로 나아갔고, 앞에서 본 바와 같이 집단주의 정신을 더욱 고양시켜 혁명 패배와 민중의 힘에 대한 좌절감을 보상받고자 했다. 그러나 다른 한편, 특히 세기 초 러시아 지식인들은 정치적 혁명이라는 패러다임 자체에 대한 거부와 비판을 통해 이제까지와는 다른 러시아를 사고하기 시작했다.

이 시기 러시아 지식인들의 지적 분위기와 풍토, 그리고 그 이론적 토대를 가장 잘 보여 주는 것이 바로 『베히 ВЕХИ』 1909년 다. 이 책은 1905년 혁명에 직·간접으로 개입했던 당시 지도적 지식인 7명이 공동 집필한 일종의 논문 모음집이다. 이들은 "1905년에서 1906년의 혁명과 뒤이은 일련의 사건들이 우리 사회사상이 반세기 이상 신성불가침의 절대적인 것으로 받들어 온 가치들을 전면적으로 재검토"하게 만들었으며, 자신들은 "조국의 장래에 대한 초조와 불안"[175]으로 이 책을 집

175 Вехи. Интеллигенция в России. Сборники статей 1909 ~ 1910, М., Молодая гвардия, 1991, p. 22. 이하 이 책에서의 인용은 본문 속에 (ВЕХИ, 쪽수)로 표기.

필한다고 출판의 변을 밝혔다. 집필에 참여한 인물들은 베르쟈예프, 불가코프 С. Булгаков, 게르쉔존 М. Гершензон, 이즈고예프 А. Изгоев, 키스탸콥스키 Богдан Кистяковский, 스트루베 П. Струве, 프랑크 Семён Франко 등 마르크스주의자로부터 자유주의자, 종교철학자까지 매우 다양한 정치적 이념적 스펙트럼을 지니고 있었다. 그러나 이들은 최소한 두 가지 측면에서, 첫째, 러시아 좌익 급진 혁명가들이 종교로부터 이반함으로써 사회와 민중 앞에 해악을 끼치고 있다는 점, 둘째, 도덕적·종교적 가치를 민중숭배로 대체함으로써 러시아 지식인의 비극이 발생했다고 보는 점에서는 공히 일치된 견해를 보인다. 이러한 입장에서 이들은 급진 좌익 혁명가들을 맹렬하게 비판하고, 1905년 혁명을 부정적으로 평가하며, 러시아에서 혁명이 가져올 부정적 결과에 대해 심각한 우려를 표하고, 사회 혁명이라는 역사적 현상의 본성과 부정성을 분석한다.

베르쟈예프는 「철학적 진리와 지식인의 진실 Философская истина и интеллигентная правда」에서 먼저 러시아 지식인들의 민중숭배주의를 비판한다. 러시아 인텔리겐챠는 전통적으로 민중에 대해 과도한 도덕적 부채의식을 가지고 있고, 그로부터 죄 없이 억압받는 민중을 구원해야 한다는 아주 원시적일 정도로 단순한 사상을 도출해 낸다. 이들은 과학과 실증주의를 앞세우지만 실상 과도한 민중숭배에 빠져 있을 뿐이다. 민중에 대한 부채의식 자체야 나쁠 것이 없지만 민중숭배주의는 민중에게 진정으로 도움이 되지 못하는 단순하고 원시적인 사상일 뿐이다. 더구나 이러한 원시성과 공리주의, 정치적 편향으로 인해 러시아 지식인들은 전통적으로 신과 진리, 미 등 보편적 진리와 가치에 대한 사고 훈련을 할 수 있는 기회를 가지지 못했다. 그러나 인류 보편에 대한 사랑이 배제된 민중에 대한 사랑이라는 것은 매우 주관적이고 편협한 것으로,

민중의 의식과 삶 자체를 왜곡시키고 나아가 러시아 문화 자체를 파괴하는 부정적 결과를 초래하고 말 것이다. 러시아 지식인 계층은 객관적·보편적인 사고 능력이 부재한 가운데 서구의 어떤 철학사상도 그 본래의 의미를 터득하기보다는 자신들이 추구하는 사회적 경향과 목적에 따라 편향적이고 부분적으로 왜곡해 버린다. "민중의 행복에 대한 평균적 정의에 대한 사랑이 진리에 대한 사랑을 마비시켰고, 진리에 대한 사랑을 거의 박멸시켜 버렸다."(ВЕХИ, 30)는 것이다.

물론 베르쟈예프도 러시아 지식인을 이렇게 편협한 민중숭배주의로 내몬 일차적 책임이 전제제도와 그 폭압성에 있다는 것을 부정하지 않는다.

> 쇠잔해 가는 전제정권은 지식인의 영혼을 불구로 만들었고, 외형적으로 속박할 뿐만 아니라 영혼의 가치기준을 모두 부정적인 것으로 만들어 내면까지 속박해 버렸다. 그러나 모든 일에서 외적인 힘에서만 그 책임을 찾고 자기변명으로 일관하는 것은 자유로운 존재로서 할 일이 아니다. 지식인 자체에게도 잘못은 있다. 의식적 무신론은 지식인 스스로의 의지가 저지른 과오이며, 민중숭배의 길을 스스로 선택함으로써 자기의 영혼을 파괴하고 진리를 향한 본능을 숨죽여 버렸던 것이다. 이성의 조종을 받는 우리의 의지에 잘못이 있었음을 인정함으로써만 우리는 새로운 삶으로 인도될 수 있다. 내적 노예상태로부터 해방될 때, 즉 스스로가 책임을 지고 모든 책임을 외적 힘에게 돌리는 것을 그만둘 때에야 비로소 우리는 외적 강제로부터도 벗어날 수 있는 것이다.(ВЕХИ, 42)

베르쟈예프는 이렇게 지식인이 모든 책임을 외적 사회상황에서 찾기보다 내면적으로 먼저 자신들의 잘못을 깨우치고 보편적 가치에 대한 객관적 지식과 탐구로 나아갈 것을 요구한다. 여기서 핵심적인 역할을 하는 것이 바로 종교와 철학이다.

베르쟈예프는 키예프 대학 법학과를 다니던 시절 당시 급진적 마르크스주의 운동 단체였던 「노동계급 해방연맹」에 가입했다가 체포되어 유배 생활을 한 이력을 가지고 있었다. 유배 생활과 그 이후 독일에서의 철학 공부를 통해 그는 자신의 급진적 사회사상을 버리고 관념론과 종교사상가로 성장했다. 이러한 이력으로 인해 베르쟈예프의 지식인 비판과 민중숭배주의 비판은 더욱 커다란 주목과 반발의 대상이었다.

뒤를 잇는 불가코프의 논문 「영웅주의와 희생정신 Героизм и подвижничество」은 베르쟈예프의 논리를 심리적으로 보다 정치하게 분석하고 좀 더 적극적인 자기 논리를 표방하고 있다. 그는 제1차 러시아 혁명이 러시아에 심각한 정신적 위기를 초래하였으며 좌익 급진 지식인들에게도 파국적인 결과를 가져다주었다고 판단한다. "혁명은 지식인들의 정신적 아이이다. 하지만 결과적으로 혁명의 역사는 이러한 지식인들에 대한 역사적 심판"(ВЕХИ, 45)이 되리라는 것이다.

무엇보다 불가코프는 혁명적 지식인들의 영웅주의적 행동 이면에 놓인 심리적 기초에 주목한다. 그가 보기에 혁명적 영웅주의와 기독교적 희생정신, 종교적 금욕과 자기희생이 외적으로 유사해 보이지만 그 사이에는 본질적 차이가 존재한다. 전제정치와 경찰의 가혹한 탄압 속에서 혁명적 지식인들은 정치적으로 수난을 받고 있다는 순교자 심리를 스스로 강화하게 되는데, 그것은 정교의 메시아주의와 결합되어 지식인들의 영웅주의, 일종의 자기 숭배 감정을 강화해 갔다. 러시아 지식인들은 인간과 사회 문제에 대해 미처 성숙한 태도를 갖기 이전에 전제적 폭력과 탄압을 마주하면서 스스로를 민중의 구원자로 사고하는 과도한 자기인식에 빠지게 된다. 이러한 심리가 바로 혁명적 낭만주의의 과도한 주관성을 형성하는 것이다. 이들은 종교나 형이상학을 배척하되 과학과 진보를 하나의 신앙처럼 받아들이는 아이러니에 빠져 있다. 러시아에서 특히 무신론과 공리주의적 도덕이 광신적인 이유를 바로 여기에서 찾을 수 있다는 것이다. 혁명적 지식인들은 최고의 목적으로 민중의 해방을 운위하지만 결국 인간의 보편적 도덕에서 벗어나 약탈과 폭력, 살인 등 무영혼성과 반도덕주의аморализм를 드러낼 뿐이다.

불가코프는 지식인들이 정교를 거부함으로써 교회의 반지식인적 경향이 강화되는 역의 과정에도 주목한다. 즉 지식인들의 무신론으로 인해 교회는 지식인들이 가진 최소한의 민중 계몽적 의미마저 부정하게 되고, 민중들에게 지식인에 대한 적대적인 감정을 불어넣고자한다는 것이다. 그로 인해 지식인과 교회는 극단적으로 대립하게 되고 러시아 역사 발전에 기여할 수 있는 각각의 장점을 상실하게 된다. 교회는 보다 합리적이고 근대적인 민중 의식을 성장시키기보다는 오직 몽매한 신앙심만을 강조함으로써 민중으로부터 멀어지고, 지식인들은 민중의 신앙심과 도덕성이라는 러시아 문화의 정신적 토대를 경시하고 민중을 오직 정치적 동원의 대상으로만 사고함으로써 민중과의 진정한 연대를 이루지 못하게 되는 것이다.

불가코프는 신앙심의 회복, 지식인과 교회 간의 화해, 진정한 정교적 겸손함과 금욕성을 치유의 방법으로 제시한다. 이를 통해 지식인들은 과도한 자기숭배적 영웅심을 극복하고, 지상의 천국 건설이라는 환상을 포기함으로써 정신적 균형을 회복할 수 있다는 것이다.

불가코프 역시 젊은 시절에 인민주의의 혁명적 니힐리즘에 매료되었고 마르크스주의에서 최종적인 답을 구하고자 했다. 러시아 혁명적 지식인에 대한 그의 심리분석은 바로 자기 자신에 대한 고백이자 반성이었던 셈이다. 그는 마르크스의 경제이론과 기독교 신앙을 결합하여 독특한 기독교 사회주의 이론을 구축하고자 노력했다. 그는 제2차 두마 의원으로 활동하기도 했고, 혁명적 지식인과 제1차 혁명에 대한 비판에도 불구하고 사회주의 혁명의 가능성을 확신했던 인물이기도 했다. 1917년 혁명 이후에 정교회 성직자가 될 때까지도 그는 자신의 이런 사상을 버리지 않았다.

『베히』의 편집인 역할을 한 게르쉔존은 앞서의 베르쟈예프나 불가코프와는 달리 마르크스주의와는 전혀 인연이 없었고 역사가이자 문학평론가로 높은 명망을 떨치던 인물이었다. 그의 논문 「창조적 자기인식 Творческое самосознание」은 1905년 혁명에 대한 비판적 인식, 그리고 종교성의 회복을 주장한다는 점에서 앞의 두 논문과 큰 차이를 보이지는 않는다. 하지만 그의 논문에 나타난 신랄하고 공격적이며 야유조의 표현들로 인해 특히 큰 반향을 불러일으켰다. 이를테면 그는 혁명적 지식인들에게 무엇보다 먼저 사람이 되라고 말한다.

> 우리가 러시아 지식인에게 할 수 있고 또 해야 할 말은 단 한 가지뿐이다. 사람이 되라는 것이다. 사람이 되고 나면 그는 우리의 도움 없이도 자신에게 무엇이 필요한지, 사랑을 하든 믿음을 가지든 대체 어떻게 해야 할 것인지 깨달을 수 있을 것이다.(ВЕХИ, 85)

게르쉔존은 러시아 지식인들이 역사적으로 의지와 행동의 분열된 상태를 오랫동안 체험하면서 불구적 상태에 처했다고 진단한다. 사회적 실천과 민중 등 오늘날의 용어로 말하자면 거대담론에 지나치게 탐닉하여 러시아 지식인은 인격이라든가 도덕 등과 같은 개인적 가치들을 무시해 왔다. 민중을 구원한다는 명분을 내세우며 개인의 인격이나 가정을 돌보는 일은 사치나 이기주의로밖에는 보이지 않았던 것이다. 그들이 거리나 광장에서 공론에 빠져 헤매는 동안 개인이 마땅히 가져야 할 도덕성이나 종교성 같은 내면의식은 모두 붕괴되고 말았다. 또 집안을 돌보지 않아 더러움과 가난으로 엉망이 되어도 그들은 전혀 개의치 않았다. 그들은 개인의 삶이나 사회적 삶의 잘못은 무조건 전제주의의 탓으로 돌리고 자신의 책임은 전혀 생각지도 못했다. 그들은 우상처럼 생각하는 민중의 실제 모습은 전혀 돌아보지 못하고 오직 자신들의 죽은 이념 속에서 민중에 대한 환상에 사로잡혀 있었다. 결국 그들은 민중으로부터 배척당하고 괴리되었으며 심지어 인간의 영혼이 깃들지 않은 괴물로 취급받았다. 그리하여 지식인과 민중은 서로 다른 종족처럼 괴리가 발생했다.

> 우리와 우리의 민중 사이에는 다른 불화가 존재한다. 그들에게 우리는 자신들의 시골 부농 형제처럼 강도가 아니다. 우리는 민중에게 터키나 프랑스인처럼 낯선 존재이다. 민중은 우리의 인간적인, 즉 러시아적인 외모를 바라보지만 우리에게서 인간적 영혼을 느끼지는 못한다. 그래서 그들은 우리를 지독히 증오하고 무의식적으로 신비하고도 끔찍한 공포심을 지닌 채 우리가 같은 러시아 사람이라는 것을 더욱 더 증오하는 것이다. 우리가 어떤 사람이든 우리는 민중과 하나됨을 꿈꾸어서는 안 되며 우리는 권력의 처형보다 그들을 더욱 두려워해야만 한다. 아니 민중의 광포함으로부터 총검과 감옥으로 우리를 격리시켜 주는 바로 이 권력에 감사해야 한다.(ВЕХИ, 101)

비록 극단적인 비유이겠으나, 전제정부가 총검과 감옥으로 지식인들을 민중과 격리시켜 주는 것에 감사해야 한다는 말이 그 본의와 무관하게 당대 지식인들에게 커다란 충격과 격렬한 반발을 불러일으켰으리라는 것은 상상하지 않아도 알 수 있는 일이다.

특히 게르쉔존은 1905년 혁명과 그로부터 얻어진 일정한 정치적 자유에 대해 매우 부정적으로 평가한다. 1905년 혁명의 과정에서 지식인들은 통제가 불가능할 정도로 솟아오르는 민중의 봉기 앞에서 주저하고 당황해하며 놀란 양떼처럼 달아나 버렸다. 그렇게 예찬해 마지않던 민중의 봉기 앞에서 혁명적 지식인들은 아무런 책임도 질 수 없었고, 그 길을 밝혀 주지도 못했다. 결국 혁명의 실패에는 다른 많은 이유도 있겠으나 러시아 지식인의 분열된 인격으로 인한 책임이 더 크다는 것이 게르쉔존의 견해이다. 그는 이 혁명으로부터 러시아 지식인은 귀중한 교훈을 얻어야 한다고 말한다. 정치 만능주의적 사고방식과 맹목적인 사상에의 몰입에서 벗어나 이제 러시아 지식인은 종교적 각성을 바탕으로 인격 연마와 이상의 정립이라는 내면적 과제로 눈을 돌려야 한다는 것이다. 즉 창조적 개인의 자의식을 활성화해야 한다는 것이다. 사회정의와 대의명분도 이러한 내면적 충실에 의해 뒷받침될 때 새로운 도덕과 공동체 정신으로 승화될 수 있다는 게르쉔존의 견해는 역시 러시아 정교의 가치를 긍정적으로 수용하고 집단이나 인신사상이 아니라 창조적 개인에 보다 주목한다는 점에서 『베히』의 일반론을 대변하는 것으로 평가할 만하다.

논문집의 필자 중에서는 1905년 혁명에 대해 다른 견해를 보이는 인물도 있다. 위의 세 사람이 혁명을 실패로 보고 부정적으로 평가했다면, 「지식인과 혁명 Интеллигенция и революция」을 집필한 스트루베의 견해는 이와 좀 달랐다. 젊은 시절 그는 마르크스주의와 사회민주주의에 탐닉했고, 심지어 러시아 사회민주당 제1차 전당대회 선언문 작성에 참여하기도 했다. 그러나 이후 그는 자유주의를 거쳐 슬라브주의에 입각한 민족주의자가 되어 군국주의적 태도로 선회하였다. 그렇지만 1900년대까지는 아직 자유주의적 입장에서 황제의 전제정치를 비판하는 태도를 견지하고 있었다. 입헌민주당 소속으로 1905년 혁명과정에 적극 참여했고 혁명 후 제2차 두마 의원을 역임했던 그는 혁명을 패배의 관점에서만 보지 않았다. 그가 보기에 혁명은 러시아 전제정치 체제를 개혁하고 민중 생활의 개선을 촉진한 긍정적 측면을 가지고 있었다. 그리고 그건 분명한 사실이기도 했다. 다만 그러한 개혁의 과정은 지속되지 못했고 황제의 배신으로 모두 무화되었으며, 더욱 반동적인 억압정치가 강화되고 말았을 뿐이다. 스트루베에 따르면 이러한 반동으로의 회귀는 황제가 아니라 좌익 급진주의 사회주의 정당들의 모험주의적이고 무책임한 무정부주의에 더 큰 책임이 있었다. 러시아 급진 지식인들은 건설을 위한 준비와 지난한 과정에는 관심이 없었고 오직 파괴만을 지향함으로써 진정으로 민중을 위한 점진적이고 개혁적인 과정을 수행할 능력이 없었다. "신앙 없는 경박한 신앙, 창조 없는 투쟁, 열정 없는 광신주의, 공경심 없는 불관용"(ВЕХИ, 146)에 물든 급진 지식인들이 혁명으로 인해 열린 개혁의 공간을 조급한 봉기와 소요로 몰아넣음으로써 황제와 지배 권력의 불안을 초래했고 반동으로의 회귀를 초래했던 것이다.

스트루베는 그러나 반동의 시기에도 러시아의 경제발전과 부국강병책에 힘입어 러시아 사회에 일정한 중간층이 형성됨으로써 지식인들의 부르조아화가 이루어져 권력과의 새로운 타협 가능성이 높아지고 있다고 보았다. 이런 관점에서 그는 특히 당시 화려하게 피어

나기 시작한 문화와 예술에 주목하였고 거기에서 러시아의 문화적 발전과 새로운 사상의 탄생 가능성을 보았다

프랑크의 「니힐리즘 윤리Этика нигилизма」 역시 러시아 지식인의 세계관적 특징을 파헤친 논문으로 앞서 베르쟈예프와 불가코프의 논리와 크게 다르지 않지만, 철학자답게 훨씬 논리적이고 체계적으로 니힐리즘의 도덕적 문제를 분석한다. 지식인들은 민중의 해방과 행복을 구현하는 지상의 천국을 건설해야 한다는 논리를 절대적 명제로 내세우며 거기에 복무하는 것을 도덕적 의무로 간주한다. 그 신성한 절대 목적을 실현하기 위해서는 모든 방법과 수단이 강구될 수 있으며, 그것을 저해하는 모든 것은 제거되고 파괴되어야만 한다. 이런 논리가 바로 혁명적 지식인들의 니힐리즘이며 도덕이다. 하지만 니힐리즘의 도덕은 오직 그들의 과장된 목적 실현만을 이성적인 것으로 인정할 뿐, 생명의 파괴와 그 과정에서의 심리적 부산물로서의 증오에 대해서는 전혀 고려하지 않는다. 따라서 프랑크가 보기에, 니힐리즘의 도덕률은 민중에 대한 사랑이라는 명분을 가지고 있지만 실제로는 인간들 사이의 도덕적 관계의 파괴를 초래하고 사랑과 일치 대신에 증오와 반목을 가져다줄 뿐이다.

프랑크는 역사과정에서 투쟁의 필요성 자체를 부정하지는 않는다. 다만 투쟁이 불가피하다 해도 그것은 결코 선이 될 수 없다는 사실을 망각해서는 안 된다고 주장한다. 혁명적 지식인들이 쉽게 저지르는 가장 큰 잘못은 투쟁 자체를 절대화하고 건설과 생산적 노동 자체를 경시하며 인간의 창조적 행위와 정신문화의 중요성을 소홀히 취급한다는 것이다. 투쟁과 파괴의 논리는 개인의 삶의 영역에까지 적용되어 니힐리즘적 폭력주의, 반도덕적 방종으로 이어지고, 결

국 선하고 도덕적이며 자기희생적인 사람들뿐만 아니라 이기적 살인자나 폭력범들, 부패하고 타락한 사람들마저 혁명의 목적을 위해서라면 언제든지 자기편으로 끌어들이고자 한다.

> 여기서 가장 끔찍한 사실은 지식인의 신념으로서의 니힐리즘은 그 자신도 어쩔 수 없이 범죄와 폭력 행위를 정당화해 주며, 그것을 이념과 진보의 의상으로 덮씌울 수 있도록 만들어 준다는 점이다.(ВЕХИ, 181)

프랑크의 이런 지적은 당대 혁명적 지식인들에게 뼈아픈 비판이었을 뿐만 아니라 그 이후 20세기 진보적 사상가들에게도 두고두고 새겨들을 만한 교훈이 아닐 수 없었을 것이다. 그것이 현대 한국의 진보적 지식인들의 심리와 논리, 혹은 행동 양식에도 결코 무관계한 지적은 아닐 것이라는 점은 어제오늘의 우리의 직접적 경험으로 확인되고 남음이 있을 것이다.

뒤를 이은 이즈고예프의 「지식인 청년들에 대하여 Об интеллигентной молодежи」는 역시 앞선 필자들의 지식인에 대한 견해에 입각하되, 당시 러시아 학교나 대학에서 어떻게 그런 지식인들이 양산되고 있는지, 제대로 된 독서나 자기 연마의 기회는 없이 오직 정치적 입장에서만 평가받는 풍토가 얼마나 만연해 있는지, 개인의 삶이나 도덕적 문제는 도외시하고 직업적 혁명가로 성장하는 것만을 최고의 가치로 삼고 있는 청년들이 얼마나 많은지를 구체적으로 살펴보며 비판한다. 그리고 키스탸콥스키의 「법의 옹호 –지식인과 법의식 В защиту права - интеллигенция и правосознание」은 러시아 지식인들에게 법의 중요성과 법질서의 소중함에 대한 의식이 결핍되어 있음을 지적한다. 러시아 지식인들은 법을 정치적 도구로만 생각할 뿐, 법체계와 합법적 과정의 중요성이나 의미를 이해하지 못하고, 그에 마땅한 신뢰와 존중의 마음이 없다. 이와 같은 법에 대한 지식인들의 경시는 법을 집행하고 관리하는 권력기관들의 관료주의와 형식주의와도 긴밀한 연관을 지닌다. 따라서 키스탸콥스키는 항구적이고 안정적인 법과 질서를 수립하는 일이 중요하다고 강조한다.

『베히』에 실린 일곱 편의 논문은 한결같은 어조로 러시아 지식인, 특히 급진 혁명을 지향하는 지식인들의 일반적 경향과 전통을 비판하고, 개인의 정신적·종교적 갱생을 통해 다시 태어날 것을 요구하고 있다. 러시아 지식인에 대한 이들의 비판은 혁명적 지식인뿐만 아니라 러시아 정신문화의 일반적 특징에 대한 비판이기도 하며, 20세기 혁명가들의 일반적인 내적 심리분석에도 적용될 법한 타당함을 가지고 있다. 서구에서 1930년대 프랑크푸르트학파의 비판철학이나 1960년대의 해체주의적·정신분석학적 철학 경향들이 인류 문화의 근대성은 자기동일성의 주체 설정이며 그로 인해 불가피하게 전체주의 문화로 귀결되었다고 비판했던 사실을 상기한다면, 『베히』의 저자들은 반세기 먼저 그러한 비판철학을 선취하고 있다고 말해도 과언이 아닐 것이다.

『베히』는 출간되자마자 러시아 지성계에 커다란 반향을 불러일으켰다. 초판으로 3천부를 발행했지만 거듭 재판을 찍어 일 년 사이에 총 1만 6천부를 발간하였는데, 이는 당시로서는 엄청난 일이었다. 그리고 『베히』에 대한 촌평과 반박 등 2백여 건의 기사들이 쏟아져 나왔고 이 책의 주제와 관련된 수많은 강의와 토론이 이어졌다. 그러나 당시 민감한 정치 환경 속에서 이들이 제기하는 합리적 핵심은 제대로 이해되기 힘들었다. 극우에서 극좌에 이르기까지 다양한 정치 경향을 지닌 러시아 지식인들은 제대로 된 토론과 비판보다는 저마다의 정치적 입장에 따른 정치적 반응에 보다 열중했던 것이다.

보수적 정교회 주교들은 이제 러시아의 혁명적 지식인들이 정교의 품으로 돌아오게 되었다며 적극적으로 환영의 뜻을 밝혔고, 극우주의 정치가들은 혁명적 지식인들에 대한 자신들의 비판과 공격이 정당했음을 말해 주는 증거라며 환호했다. 극우진영으로부터의 찬사는 역설적으로 '자유주의 배신자들의 백과사전'이라는 레닌의 비난을 더욱 타당해 보이게 만들었다. 볼셰비키와 혁명적 지식인들은 당연하게도 이들의 주장을 지식인들의 변절이자 부르주아화의 결과로 받아들였는데, 사실 1910년대에 들어 점점 강화되어 가는 개량주의적 태도를 보였다는 점, 정치적·사회적 과제보다 개인적·종교주의적 태도에 집중하였다는 점에서 결코 틀린 비판만은 아니었다. 이런 이유로 볼셰비키는 소련 시기에 이 책을 금서로 지정하여 엄격히 통제하였고, 학자들도 소련이 붕괴되기 전에는 이 책을 쉽게 접할 수 없었다.

입헌민주당은 가장 곤란한 상황에 처했다. 스트루베나 이즈고예프, 불가코프 등 여러 필자들이 1905년 혁명과정에서 입헌민주당과 밀접한 관련을 가지고 있었기 때문이다. 입헌민주당은 이 당시 급진적이고 즉각적인 혁명을 주장하는 혁명적 사회주의자들과 더욱 폭압적인 반동정책으로 나아가는 정부 사이에서 그 입지가 점점 축소되고 있었다. 그들은 『베히』의 주장들이 입헌민주당의 정치적 입장으로 오인됨으로써 자신들의 정치적 입장이 더욱 궁지에 몰리는 것을 원치 않았다. 입헌민주당은 『베히』의 급진 지식인 비판에 공감하는 바가 적지 않았지만, 그렇다고 해도 개인의 인격 수양에 치중하고 신앙생활로 귀의하라는 주장에 동의하기는 어려웠다. 이런 이유로 입헌민주당은 가장 적극적이고 전면적으로 『베히』를 비판하고 나섰다. 그리하여 입헌민주당의 이념적 지도자였던 역사가 밀류코프 П. Милюков 를 중심으로 한 저명한 학자들과 평론가 등 당대 거물급 지식인들은 당의 요구에 따라 『베히』에 대해 체계적으로 분석하고 비판하는 『러시아의 지식인 Интеллигеция в России』을 펴내게 되었다. 『베히』에 대한 가장 논리적 심층 분석이자 학문적 비판이었던 셈이다.

사실 『베히』의 논점이 전적으로 새로운 것은 아니었다. 19세기에 이미 호먀코프 А. Хомяков, 키레옙스키 И. Киреевский, 콘스탄틴 악사코프 К. Аксаков, 이반 악사코프 И. Аксаков 등의 많은 슬라브주의자들과 도스토옙스키와 톨스토이 등 지도적 문학가들이 다양한 방법으로 혁명적 지식인들의 행태에 대해 우려와 비판을 표명하였고, 종교성과 도덕성의 회복을 촉구한 바 있다. 19세기 후반 솔로비요프를 비롯한 상징주의 문학가들 역시 천박한 물질주의와 공리주의적 사고방식, 일원론적 실증주의를 비판하고 개인의 창조적 자유와 개성을 예찬하면서, 사회적 개조의 이념과 실천보다는 개인의 내적 완성과 종교성을 우선적인 가치로 인식했다. 『베히』는 바로 이러한 사상적 경향을 보다 집중적으로, 그리고 당면한 문제와 관련하여 보다 구체적으로 표명한 것이었다. 20세기 초 지식인과 정교회 간의 화해와 대화를 지향했던 상트 페테르부르그의 종교철학협의회 활동, 『예술의 세계』 지를 중심으로 활발하게 전개된 예술과 문화의 독립성과 순수성에 대한 논의 등은 『베히』의 사상적 형성에 보다 직접적인 영향을 미친 요인들이다. 이처럼 『베히』의 사상적 경향과 인식적 태도는 이미 러시아 내에 깊은 뿌리를 가지고 있었다. 하지만 애초에 보수적이고 친정부적이며 친교회적인 성향을 가지고 있던 지식인이 아니라, 나름대로 개혁적이며 혁명적인 성향을 보였던 지식인들의 입을 통해 나온 것이라는 점에서 『베히』는 한편으로는 더욱 타당한 것으로 여겨지고, 다른 한편에서는 더욱 적대적인 것으로 여겨지는 비극적 운명을 피하기 힘들었다고 말할 수 있다.

진보적·혁명적 지식인들이 『베히』에 대해 본능적인 거부감을 표명하고 있지만, 기실 앞서 우리가 살펴본 건신주의와 같은 경향은 민중의 종교적 지향과 사회주의를 결합하고자 한다는 점에서 일정 부분 『베히』의 입장들과 공명하고 있는 것이기도 하다. 이러한 사실은 20세기 초 러시아 지식인 사회에서 좌우를 막론하고 개인과 집단, 인간과 사회 환경 사이의 상호관계에 대해 새롭게 고민하고 있었다는 점을 확인해 준다. 또한 그것은 혁명과정과 이론에서 도덕성과 윤리성, 미학성의 문제들이 첨예한 쟁점으로 새롭게 부각되고 있었다는 점도 분명하게 말해 준다.

보다 내밀한 개인의 세계로

20세기 초 러시아 지성계는 인간에 대한 또 다른 이해 방법을 향해 깊고 다양한 길을 모색한다. 그것은 무엇보다 집단으로 용해된 개인이 아니라, 그 무엇으로도 환원될 수 없는 개인을 상정하고 그 개인의 불가해한 심연으로 항해해 간다. 『베히』는 바로 그런 경향의 극적 표현으로서 러시아 지성계의 '향방표지'인 셈이다.

보그다노프와 고리키는 이러한 시대적 고민을 집단적 인간, 혹은 신으로서의 민중으로 담아내고자 했다. 하지만 과연 그런 거대하고 위대한 인간은 어디에 있는가. 그러한 인간은 『베히』의 비판으로부터 비켜서 있을 수 있는가. 어쩌면 그 인간은 '나도 너도 저들'도 아니고 추상적인 이데올로기에 불과하며, 오히려 '나와 너와 저들'을 억압하고 군림하는 폭력적 존재인 것은 아닐까. '나와 너와 저들'은 실상 루카 노인의 다정한 위로의 거짓말에서라도 구원을 찾아야 하는 지극히 개별적이고 연약한 존재인 것은 아닐까. 아니 '나와 너와 저들'은 오히려 제각각 혼융할 수 없는 유니크한 존재이며, 그러한 존재로서만 진정한 개인으로서의 인간일 수 있고, 그러한 개인들의 결합 상태를 통해서만 진정으로 자유로운 새 세계가 만들어지는 것은 아닐까. 체홉이 주목하는 인간들, 거대 서사의 틀에 휩쓸려 들어가지 않고 매 순간 자신의 추억과 자신의 충동에 따라 새로운 상태로 이전해 가는 작은 주인공들, 그리고 부닌이 그려 내는 인간들, "완전히 금빛이던, 마르고 성글어진 동산 … 단풍 가로길, 낙엽의 여린 향내, 그리고 늦사과와 꿀과 선선한 가을의 향내"를 기억하고 그로써 내밀하게 존재하는 주인공들, 이들이야말로 진정한 인간이며 이들 속에 진리와 미와 선이 깃드는 것은 아닐까.

이와 같은 고민은 20세기 초 문학의 향방에도 작지 않은 변화를 불러온다. 1905년 혁명의 패배가 가져온 침체의 분위기 속에서 보그다노프나 고리키와는 전혀 다른 방향으로 인간과 문화를 탐구하는 경향이 강화된다. 안드레이 벨르이는 이런 점에서 주목할 만하다.

벨르이는 1909년 「의미의 표상화Эмблематик смысла」에서 상징주의 미학의 의미를 다시 돌아보며 그 정당성을 되묻는다. 무엇보다 우선 벨르이는 현실과 세계에 대한 정교한 과학적 지식이라는 것의 한계를 지적한다. 세계에 대해 일정하게 정확한 지식을 제공해 준다고 우리가 믿고 있는 과학은, 혹은 과학적 세계관이란 가능하지 않다. 과학이 제공하는 지식이라는 것은 지식의 대상을 제한함으로써만 가능한 지식이기 때문이다. 그것은 오직 특정한 영역에서 특정한 조건에서만 합당한 지식일 뿐이지 결코 보편적으로 올바른 지식은 아니다. 기껏해야 그것은 보편적 방법으로 나아가는 하나의 관점일 뿐이다. 과학의 부분적 논리와 지식은 그 각각이 독자적 영역에서만 가능한 것이기 때문에 전체를 아우르는 보편적 지식, '총체적 세계관'을 도입하는 근거가 될 수 없다. "방법 중의 하나에 지나지 않는 과학의 논리에 굴복한다면, 우리는 불가피하게 어떤 지식 대상에 대해 편협한 시각을 가질 수밖에 없다. 과학적 세계관은 수많은 방법론적 모색에서 나오는 결과들을 연결함으로써 가능하고, 그럼으로써 우리는 개념들의 깊은 의미를 가진, 정말 진실에 부합하는 '샐러드 венегрет'와 같은 종합적 보편적 세계관을 얻을 수 있다."[176]

이런 관점에서 벨르이는 기존의 과학적(혹은 실증적) 인식 방법과 창작 방법을 거부한다.

> 인식은 죽은 인식이다. 창조는 죽은 창조이다. 전 우주는 우리가 미라로 묻혀 있는 무덤이다. 바로 그래서 경계 너머로의 인식의 편에서 창조로, 창조의 편에서 종교로 모든 출구는 허구적 출구이다. 우리의 열망은 속임수에 기초한 마술을 보여 주는 것이다. 자신을 정당화하여 살아 있는 열망으로 보이기 위해서이다. 그럼에도 불구하고 그 열망은 죽은 것이다.[177]

176 Белый А. Сиволизм как миропонимание, М., 1994, p. 28.
177 위의 책, p. 43.

벨르이는 이렇게 현실 세계에 대한 과학적·합리적 인식과 그 가능성을 부정한다. 만일 보그다노프가 인간의 이성적 인식의 가능성과 그에 기초한 불변의 사회 발전 법칙을 굳게 믿고 있다면, 벨르이는 지식의 최종적 결론은 '모든 비지식을 계통화систематика'하는 것일 뿐이라고 말한다. 다시 말해 이성과 과학에 의해 주어지는 제한된 지식은 결코 총체적 지식이 아니며, 진정한 지식은 수없이 분화된 영역 사이의 지식체계들을 가로지르며, 지식이 아닌 것으로 배제된 것들마저 종합적으로 계통화시켜 받아들일 때 가능하다. 그러므로 지식의 다양한 영역으로 넘나들기, 그 다양한 영역들을 이해하고 '인식과 창조'의 다양한 영역들의 경계와 사이를 수용하는 능력이 인간의 인식적 총체성을 보장한다는 것이다. 따라서 벨르이에게 세계의 총체성의 획득은 자신의 전 존재로 이 총체성을 수용하는 능력에 있다. 이런 점에서 벨르이가 과학이나 현실 인식을 불가지론적으로 불신하는 것은 아니다. 그것은 인간에 대해 표상, 그리고 세계에 대한 평가를 달리하는 서로 다른 과학적·인문학적 접근이라고 말해야 옳을 것이다.

벨르이는 보그다노프와 달리 인간의 인식과정이 그렇게 순조롭고 조화롭게 이루어지는 것이 아니라고 판단한다. "삶의 단일체는 우리가 삶 속으로 침하하는 과정에 있다. 즉 우리가 인식과 창조의 구역을 가로지르는 정도에 따라서만 우리 삶의 말해지지 않은 깊이가 소리와 색과 형상으로 가득 찬다."[178] 다시 말해 삶에 대한 단일한 이해의 가능성은 우리의 과학적 지식의 경계를 넘어 말해지지 않은 것까지, 즉 소리와 색과 형상으로 가득한 세계까지 포함할 수 있을 때 가

178 위의 책, p. 46

능해진다. 상징주의자에게 삶의 과정은 인간을 배제하고는 표상되지 않으며, 인간은 삶을 소리와 냄새, 형상과 개념들로 인식하는 방법을 취함으로써 보다 총체적인 삶을 담아낼 수 있다. 바로 이것이 벨르이가 이해하는 삶의 건설이다. 벨르이에게는 예술이야말로, 예술창조야말로 진정한 삶의 단일체를 건설해 낼 수 있는 방편인 것이다.

현실의 과학적 인식이라는 제한된 지식을 바탕으로 만들어지는 예술이란 창조 주체인 인간의 무한한 총체성을 사회학적 원인들로 단순화하는 것에 불과하다. 그런 단순화는 인류 문화를 막다른 골목에 처하게 만들고 진정한 창조자인 인간을 배제하고 만다. "그리하여 창조자는 제로에 가까워지고 … 제품은 그걸 만든 자를 먹어 삼킨다."[179] 창조의 과정에서 인간을 배제하는 것, 산물로서의 결과와 궁극적 목적에 대한 과도한 강조는 창조의 과정, 인간의 과정 자체를 경시하는 것이다.

벨르이 세계관에서 중요한 것은 보그다노프가 말하는 목적과 그 성취가 아니다. 그에게 중요한 것은 삶의 과정 자체, 그 자신을 충족시키는 삶의 과정 자체이고 그것은 그에게 동시에 수단이고 목적이다.

> 형상을 체험의 리듬과 결합하는 것은 오직 그것을 결합하는 영혼 속에서만 가능하다. 이 결합의 형식이 창조적 개성이고 창조의 형식이 살아 있는 삶이다. 개인이 무의식적인 것[삶의 리듬]과 공허한 것[형식, 형상]으로 전락하는 것을 보면서 니체는 우리에게 새로운 결합을 호소하고 있다. 류적 속성의 무인칭적 본질과 싸우고, 문화적 인간의 죽은 얼굴과 싸우도록 우리에게 호소하는 것이다. 니체는 영웅이 되라고 호소하고 있다.[180]

---

179 위의 책, p. 170.
180 위의 책, p. 149.

이런 논리에서 벨르이는 니체의 영웅 개념을 개인의 무한한 창조 과정으로 이해한다. "가치들의 창조는 형상들의 창조이다. 그리고 만일 창조의 형상이 인간이고, 그 공식이 삶이라면, 우리는 삶에서 형상을 창조하고 영웅의 유사물을 창조해야만 한다. 이를 위해 개인이 필요하다."[181] 예술은 현실 인식과 그 결과로 출발하는 것이 아니라, 가치의 창조로부터 시작한다. 예술에서 가치의 창조는 당연히 형상들을 창조하는 것이다. 그리고 그렇게 창조된 형상이 바로 인간이자 인간의 삶을 구성한다. 동어반복의 순환처럼 보이지만 여기서 벨르이가 강조하는 것은 예술이 인간에 대한 인식 결과를 반영하는 것이 아니라 예술 속에서 다시 태어나는 하나의 새로운 가치라는 점이다. 바로 그렇게 새로운 가치로 예술 속에서 태어난 인간이야말로 진정한 개인이며 막다른 골목에 처한 인류 문화에서 영혼의 방주를 건설해 내는, 즉 삶을 건설해 내는 자이다.

사실 자신의 논리 구성에서 니체에 주목하고 니체의 논리를 활용한다는 점에서는 보그다노프도 마찬가지이다. 하지만 동일한 사상에 기초하여 서로 다른 결론으로 나아가고 있다는 점은 흥미롭다. 보그다노프가 완전히 실용적이고 직선적으로 니체의 공리를 활용하여 권위적 세계를 구축하고자 한다면, 벨르이는 니체의 생각에서 인간의 다면성과 유연성의 논거들을 찾고 있고, 미래의 것, 즉 창조된 삶을 자기화하는 능력을 보고 있다. 다시 말해 벨르이에게 있어 개인은 내적으로 보다 자유롭고 무한한 창조능력을 지니고 있고 현실의 협소한 지식 체계 너머, 그 사이를 가로지르며 새로운 삶을 총체

181 위의 책, p. 151.

적으로, 혹은 단일하게 창조해 내는 과정에서 핵심적인 역할을 수행하는 주체인 것이다.

벨르이가 말하는 창조적 주체는 그 창조성에 있어 보그다노프의 집단적 주체와 유사하다. 다만 보그다노프의 창조성이 집단적 주체에 의한 집단의 행복에 초점을 두고 있다면, 벨르이의 창조성은 개인의 창조적 자유와 삶 자체의 창조에 무게중심을 좀 더 두고 있다. 새로운 인간, 새로운 삶의 창조라는 문제를 서로 다르게 해결하고 있는 것이다. 인간에 대한 서로 다른 이 두 개념은 당연히 현실의 인식이나 예술의 창작 방향에서도 커다란 차이를 낳는다.

벨르이의 장편소설 『페테르부르그 Петербург』는 벨르이의 위와 같은 인간관이 잘 드러나는 아주 혁신적인 상징주의 소설로 꼽힌다. 이 작품에 나타나는 개인과 사회, 혹은 사회적 사건들은 집단적 인간이나 집단적 이상과는 전혀 다른 시각에서 그려지고 있다. 그러나 그만큼 이 작품은 다층적이고 다면적인 서사구조와 신화적 모티프와 상징으로 가득하여 매우 난해하고 일의적 해석을 거부한다. 그야말로 "고전적 소설 산문에서 만들어진 지위와 연관들보다"는 "서정시에 고유한 모티프 구조의 의미론적 하중"에 기초하여 "상징적 깊이, 다층성, 다의미성"[182]이 구현되고 있는 작품인 것이다.

『페테르부르그』는 1905년 제1차 러시아 혁명 기간 동안의 혼란한 사회상을 배경으로 아폴론 아블레우초프라는 한 원로원 의원과 그의 아들 니콜라이 사이의 반목과 부친 살해 음모를 다루고 있다. 그러나 이들 간에 벌어지는 사건 자체는 매우 우연적이고 상징적으로

---

182 Силард Л. "К вопросу об иерархии семантических структур в романе 20 века", Hungaro-Slavica. Budapest, 1983, pp. 297, 312-313.

묘사되고 있을 뿐만 아니라 소설 속에서 의미 있는 서사구조를 형성하는 것도 아니다. 아들은 아버지에 대한 개인적 불만과 원한을 가지고 있었는데, 보수적인 상원의원을 살해하려는 혁명적 테러집단과 우연히 연계되어 아버지 살해에 나선다. 그리고 그 과정에서 그가 연모하던 유부녀 소피야를 만나고 혁명집단의 지도자들과 권력기관의 프락치 등 여러 인물들과 '우연히', '예기치 않게' 엮여 든다. 물론 아버지를 살해하고자 최종적으로 시한폭탄을 서재에 설치하지만 그것은 또 우연한 사건으로 인해 실현되지 못한다. 사실 이 작품에 대해 이런저런 이야기들을 더 보탤 수 있지만, 그런다고 해도 이 작품을 제대로 소개했다고 말하기는 어렵다. 소설은 사건과 이야기 전개 자체보다는 그 사이사이에 상징적이고 운율적인 문체로 제시되는 주인공들의 말과 의식, 페테르부르그라는 도시에 대한 묘사, 도시 주민들의 삶과 행태 등이 더욱 중요한 의미를 띠고 있기 때문이다. 동양과 서양에 대한 대비적 사고, 도시 페테르부르그에 대한 신화시학적 묘사, 소리와 운율과 같은 음악적 요소들의 전면적 의미화, 다양한 문화기호들의 대비적·대립적 배치 등이 이 소설이 지닌 의미의 자장을 대신하는 것이다.

이러한 다층적이고 다의미적인 소설세계 중에서도 무엇보다 먼저 개인의 의미와 관련하여 주목할 것은 등장인물들의 성격화이다. 이 작품의 인물들은 모두 기형적이고 불완전하다. 모두들 제각각 사회적 지위나 상황에 걸맞지 않고 어긋나 있는 인물들이다. 이를테면 국가 지도자급에 해당하는 아폴론은 아내가 이탈리아 가수와 스페인으로 도망쳤고, 성격이 비정상적인 아들을 두고 있다. 그는 망상과 환각에 빠져 자신이 속해 있고 움직이고 있는 기계와도 같은 관료주의의 작동 방식에 어울리지 못한다. 그는 페테르부르그의 정신적·도덕적 몰락을 상징하는데, 자신의 그림자와 싸우고 또 스스로 그림자로 변모하는 저주받은 운명이다. 아들 니콜라이는 아버지를 살해하려는 폭력집단의 사주를 받아들이지만 그 이유는 전혀 다른 데에 있다. 소피야라는 유부녀를 사랑하지만 거부당하고 그로 인한 분노를 다시 아버지에 대한 분노로 연결시킨 것이다. 그는 변장을 하고 나타나 소란을 피우기도 한다. 테러집단의 지도자들이 보여주는 행동도 이해하기가 쉽지 않다. 그중 한 명은 정부의 프락치로 이중간첩이기도 하다. 또한 니콜라이에게 폭탄을 전달하도록 지시를 받은 두드킨은 꾸러미와 편지를 부주의하게 소피야의 손에 넘기고 만다. 일을 잘못하여 의심을 사게 된 두드킨은 환각 속에서 청동의 기사표트르 대제 동상의 사주를 받아 혁명지도자를 살해한다. 폭탄을 손에 넣은 니콜라이는 아버지의 서재에 시한폭탄을 가져다 놓지만 다시 우연히 폭탄의 위치가 바뀌면서 아버지는 죽음을 면한다. 아폴론은 시골 영지로 물러나 자서전을 집필하고 아들은 외국으로 도피하여 이집트에서 미라 연구에 골몰한다. 에필로그에서는 부모의 죽음과 니콜라이의 귀국과 신비주의에 빠진 모습이 전해진다.

이상은 필자가 소설의 이야기를 잘못 옮기거나 불충분하게 요약한 것이 아니다. 소설의 서사 자체가 이렇게 불완전하고 단속적이며 인물들 자체가 환각과 현실을 오가고 있기 때문에 소설의 이야기 구조는 아무리 해도 이런 식의 설명을 크게 넘어서기 어려운 것이다. 그러나 인물들이 모두 병적이며 불완전하고, 자기의 처지와 상황에 조응하지 못하는 행동을 보여 주고 있다는 점, 의도와 행동이 불일치하고, 그 행동이나 심리가 명료하게 이해되지 않는다는 점 등은 위의 설명으로도 충분히 드러난다. 이 모든 사건이 사회적 격변인 혁명과정 속에서 일어나고 있다는 점도 특기할 만하다. 하지만 도시 전체를 휩쓸고 국가를 뒤흔드는 사건이 이 소설 속 인물들의 삶과 성격에 별달리 영향을 주는 것 같지는 않다.

『페테르부르크』의 이런 특성들은 어떻게 설명될 수 있을까. 많은 연구자들이 이 작품에서 정교한 신화체계나 상징체계를 다면적으로 연구하고 있다.[183] 그러나 우리가 여기서 주목하고 싶은 것은 바로 환경에 의한 인물의 성격화, 논리적이고 필연적인 성격화와 서사구조 구축과 같은 고전적 소설 문법이 철저히 파괴되고 있다는 점이다. 또한 "상징은 영혼의 음악을 일깨우고 … 음악은 하나의 창문으로, 그것을 통해 영원성의 매혹적인 흐름이 우리에게 들어오고 마술을 흩뿌린다."[184]는 벨르이 자신의 말처럼 소설의 모든 묘사와 서사는 고도의 상징체계와 음악성의 마술적인 결합으로 이루어진 듯하다. 아마도 혁명과 혁명과정, 그리고 혁명적 주체는 이렇게 혼란스러운 개인들, 그 내면과 성격을 결코 일의적으로 규정하거나 묘사할 수 없는 존재라는 점을 이 소설이 웅변하고 있는 것은 아닐까. 논리적 체계로 구축된 집단적 이상의 구현자가 아니라 심리나 행동 동기를 제대로 파악하기 힘든 모순적 인간들의 모습이 이 인물들로 표상되고 있는 것 아닐까. 물론 많은 연구자들은 상징체계와 신화적 요소들을 정교하게 재해석하여 벨르이의 인간관이 지향하는 보다 전일적인 형상을 구성하고자 노력하기도 한다. 그것은 앞서 살펴본 바와 같이

183 김희숙, 「러시아 상징주의 모델의 발전과 안드레이 벨르이의 소설 「빼쩨르부르그」」(『러시아연구』 제1권, 1992), 이현숙, 「러시아 상징주의자들의 페테르부르그 연구」(『러시아어문학연구논집』 제15집, 2004), 김연경, 「도스토예프스키 신화화와 벨르이의 『페테르부르크』」(『러시아어문학연구논집』 제35집, 2010) 등을 참조.

184 Белый А. Арабески, М., 1911. p. 258.

종교적·신화적 요소들로 새롭게 태어난 창조적 삶일 수도 있을 것이다. 그러나 이를 그리 쉽게 단언하기 어려울 것 같다. 다만 이 작품에서 우리가 분명하게 확인할 수 있는 것은 벨르이가 바라보는 역사와 사회, 인간의 모습이 실증주의나 집단주의적 인신과 같은 투명하고 이상적인 세계에 있지 않다는 점이다.

전위적 미학의 반윤리

전통적 리얼리즘 문학이 과도한 윤리적 지향을 앞세우고 있다고 수없이 비판을 받았지만 세계문학사에 리얼리즘 미학의 정상을 보여 주었던 것은 분명하다. 다른 한편 리얼리즘 미학의 실증주의와 과중한 이념적·윤리적 요구에 반발한 19세기 말 상징주의 시문학운동은 언어 자체의 상징적 의미와 기능에 집중하여 미학의 현대적 발전에 기여하고자 했다. 그러나 상징주의 역시 직접적인 정치적·혁명적 사회 윤리를 거부했다 하더라도 나름대로 인간과 세계에 대한 새로운 윤리적 태도를 지향한 것은 사실이다. 서로 다른 기초에 근거하여 각자 예술의 미학성과 윤리성을 모색해 나갔던 것이다. 비록 논쟁 과정에서 그들이 각각 윤리성과 미학성을 대립적으로 지향하는 것처럼 보이는 효과가 있었다 하더라도 그들 각각의 예술 속에서 윤리와 미학의 상호 완전한 배제는 가능한 것이 아니었다. 심지어 지극히 순수한 예술을 지향했던 경향에서도 윤리성 자체가 완전히 배제되어 있을 수는 없다. 현실의 윤리 자체를 부정하는 데카당한 예술에서도 바로 그 부정이라는 태도가 역으로 나름의 윤리성을 보여 주는 것이라고 말할 수 있다. 그러나 1910년대 상징주의의 다채롭고 눈부신 무대가 막을 내리기 시작하면서 윤리와 미학이라는 긴장된 상호성 자체를 해체하는, 예술적 가치 그 자체에 보다 전념하는 새로운 경향들이, 보다 현대적인 문학 실험들이 제기되기 시작한다. 제1차 러시아 혁명의 패배와 좌절, 그리고 정치적 반동기를 넘어서며 다소간의 사회적 안정을 되찾은 러시아의 1910년대 초를 장식한 아크메이즘과 미래파의 시끌벅적한 소동이 바로 그것이다.

아크메이즘Акмеизм은 1911년 구밀료프Н. Гумилёв와 고로제츠키С. Городецкий의 주도로 시인조합Цех поэтов이라는 동인이 결성되고 1913년『아폴론Аполлон』이라는 잡지를 통해 이론적 강령이 발표됨으로써 탄생하였다. 그리고 안나 아흐마토바Анна Ахматова와 만델쉬탐О. Мандельштам 등과 같은 빼어난 시인들이 동참함으로써 아크메이즘은 잠시나마 당대 문학운동의 중심으로 떠올랐다. 그리스어의 어원에 따르면 '아크메'는 '꽃피는 시기', '무언가의 정점' 등을 뜻한다. 이들은 언어가 사물의 단순한 기호가 아니라 사물의 가장 본질적인 정수를 담아내는 것이라고 주장하면서 아크메이즘이라는 명칭을 얻게 된 것이다. 그들은 "아담이 창조의 새벽에 세계를 보았던 대로 세계를 신선하고 선입관 없는 눈으로 보기를 원했다."[185] 우리가 장미에 매혹되고 싶은 것은 장미가 순결의 상징이기 때문이 아니라 그 자체로 아름답기 때문이라는 것이다.

구밀료프는 강령을 담은 논문「상징주의의 유산과 아크메이즘Наследие символизма и акмеизм」에서 상징주의 운동의 "선조들의 명성은 감사한 일이고 그들이 아무리 덕성 있는 아버지라 할지라도"[186] 이제 종결되

185 미르스끼 D. 저/이항재 역,『러시아문학사』, 써네스트, 2008, 611쪽.

186 Гумилёв Н. Шестое чувство: Стихотворения, статьи, СПб., 2006, p. 335.

었다고 확신한다. 그는 이제 상징주의에서와 같은 언어의 불안정성을 거부하고 보다 안정된 언어를 찾아야 한다고 주장했다. 시의 형상들은 온전하게 "지상의 무게"을 가져야 하고 삶의 묘사는 "신이든 악덕이든 죽음이든 불멸이든 비록 그 모든 것을 알고 있다고 해도, 조금치도 그 자체에 의혹을 남기지 않는 것"[187]이 되어야 한다. 만델쉬탐 역시 「아크메이즘의 아침 Утро акмеизма」에서 "원래의 그 모습으로서의 언어" 예술, "시에서의 실재"를 추구할 것을 요구하며, "아크메이스트에게 언어의 의식적 의미, 즉 로고스는 상징주의자에게 음악처럼 그렇게 멋진 형식"[188]이라고 선언했다. 이처럼 아크메이즘은 지상의 공간을 묘사하고 그 물질적 미의 현현을 사랑하며 언어가 삶 그 자체의 본질을 담아내는 것이기를 희망했다.

비록 상징주의만큼 정치한 이론으로 발전해 간 것은 아니지만 아크메이즘은 상징주의의 형이상학적이고 다의미적인 형상이 아니라 세계 자체의 구체적 미의 본질을 언어 속에 명징하게 담아내기 위해 노력하면서 세계의 형식과 질료적 무게, 그리고 구체적 형상의 언어적 획득이라는 놀라운 효과를 달성하였다. 이들의 시어는 명료한 색채와 치밀한 회화적 이미지, 함축적인 간결한 표현과 형식을 지향하고, 일상의 세밀한 감성을 담아냈다. 그러나 아크메이즘에 가담한 시인들이 시 작품을 통해 아크메이즘의 강령을 온전히 실현한 것으로 보이지는 않는다. 구밀료프나 아흐마토바, 만델쉬탐 등 빼어난 시인들이 이전과는 다른 독창성을 선보이고 각자의 시세계를 열어갔지만 그 결과가 온전히 아크메이즘의 결과라고 말하기는 힘들다.

---

187 위의 책, pp. 337, 339.

188 Мандельштам О. Избранное, М., 1990, pp. 18–19.

이런 점에서 아크메이즘을 상징주의에 견줄 만한 하나의 문학조류라고 말하기 힘들지도 모른다. 다만 이들이 지향한 형식적 원칙, 즉 언어의 세밀하고 명료한 조탁과 일상적 사물과 감성의 표현은 각 시인들의 시세계를 형성하는 주요한 토대가 되었다는 점은 의심의 여지가 없을 것이다. 또한 그러한 시어의 조탁이 러시아어의 시적 활용의 새로운 현대적 경지를 열어 가는 데 큰 기여를 한 것도 분명해 보인다. 이런 점을 아크메이즘의 성과라고 한다면 바로 그 점에 이 문학운동의 한계도 존재한다. 즉 하나의 문학운동이 되기에는 그 세계관적 토대가 미처 온전한 형태로 제시되지 못했다는 점이다. 일정한 예술미학적 성취를 거두고 있으나, 예술의 윤리성이라든가 미학성에 대한 고뇌, 혹은 그 긴장된 상관성 등과 같은 상징주의의 고뇌가 아크메이즘에겐 전혀 문제의 대상이 되지 않거나 가볍게 잊혔던 것이다. 물론 그것이 그들의 윤리성을 반영하는 것이라고 말한다면, 이들은 1910년대 상대적으로 보다 확장되고 보다 안정화된 러시아 사회상황에서 보다 개인적인 일상과 감성을 중시하고 있을 뿐이라는 평가를 반박하기 힘들 것이다.

명료하고 단순한 언어로 아주 구체적 사물과 일상에서 깊은 서정적 울림을 담아낸 안나 아흐마토바는 아크메이즘을 시적으로 완벽하게 드러낸 것으로 평가받는다. 1912년 출간된 첫 시집 『저녁 Вечер』은 "정점에 달한 인간관계의 극적 역동성이 철저히 간결하고 단순하고 대화적인 언어로 전달되고 있다. 톨스토이의 산문에서처럼 그것은 마치 몸짓 하나, 혹은 어떤 사물 하나로 주인공들의 감정에 대해 말하고 있다."[189] 이렇게 보면 아크메이즘이 먼저 강령으로 선포되었다기보다는 아흐마토바의 초기 시에 대한 해석이 아크메이즘을 낳았다고 말해도 과언이 아닐 정도이다.

지금도 러시아인들에게 각별하게 사랑받는 시인 가운데 한 사람으로 주저 없이 손꼽히는 아흐마토바의 서정시에서는 아주 쉽고 일상적인 러시아 단어들과 러시아인의 깊은 서정성이 절묘하게 결합되어 있다. 물론 아흐마토바가 아크메이즘에 평생 묶여 있었던 것은 아니다. 두 번째 시집 『묵주Чётки』로 아흐마토바는 최고 시인의 반열에 오른다. 이 시집에서 그녀는 사랑과 이별, 고독의 감정을 너무나 여린 의미망으로 포착해 내는 시적 통찰력을 보여 준다. 「페테르부르그 시」를 보자.

한결같은 심장의 고동,
기나긴 세월 내겐 무엇인가!
갈레르나 거리의 아치 아래
언제나 드리워진 우리들의 그림자.

눈꺼풀을 내리깔고 보니
우리는 하나,
당신이 들고 있는
영원히 펼쳐지지 않을 내 부채.
축복받은 이 기적의 순간에
우리는 나란히 서 있다.
장밋빛 달이 여름 공원 위로
떠오르는 그 순간에.

---

189 Хейт А. Анна Ахматова. Поэтическое странствие, М., 1991, p. 38.

창가의 지겨운 기다림도
지루한 만남도
이제는 필요없다.
사랑은 완전히 충족되었다.

당신도 자유롭고 나도 자유롭다.
내일은 어제보다 나을 거야-
검은 네바 강 위로
표트르 대제가 차가운 미소를 짓는다.[190]

페테르부르크의 도시 이미지와 주저하는 사랑의 순간, 하지만 사랑하는 그 모든 것을 다시 털어버려야 하는 자유의 순간, 그 순간의 정서가 서로 방향을 달리하면서도 절묘하게 한순간에 만나고 있는 것만 같다. 쥐르문스키 В. Жирмунский 는 "상징주의 시대의 언어예술을 수용하면서 아흐마토바는 그것을 새로운 체험들로, 완전히 실재적인, 구체적인, 단순한 지상의 체험들로 표현해 낼 수 있었다."[191] 고 말한다. 이후 아흐마토바는 전쟁과 혁명 등 잔혹한 세월을 견디면서 역사성과 기억의 서사를 담은 시를 창작하지만 그 내면의 기본적 원리는 바로 아크메이즘이었다고 평가된다.

아크메이즘의 이런 조용하면서도 서정적인 언어에 비한다면 거의 동시대에 발생한 미래파 Футуризм 는 그보다 훨씬 요란법석하고 열정적인 주장으로 가득하다. 마야콥스키, 부를류크 Д. Бурлюк , 크류쵸느이흐 А. Кручёных 등은 1912년『사회적 취향에 따귀를』이라는 문집을 통해 미래

190 안나 아흐마토바 저/조주관 역,『자살하고픈 슬픔』, 열린책들, 1996, 44-45쪽.
191 Жирмунский В.М. Творчество Анны Ахматовой, Л., 1973, p. 36.

파의 강령을 선언한다.

> 과거는 좁다. 아카데미와 푸시킨은 상형문자보다도 이해하기 어렵다. 푸시킨과 도스토옙스키, 톨스토이, 기타 등등을 현대라는 기선에서 내던져라./ 첫사랑을 잊지 않는 자는 마지막 사랑을 알지 못하리라.[192]

푸시킨과 톨스토이를 현대라는 기선에서 내던지고 사회적 취향 따위에겐 따귀를 올려붙이라는 과격하고 선동적인 슬로건을 내건 미래파는 시작부터 매우 거칠게 모든 전통을 부정하고 파괴하는 일에 앞장섰다. 이들은 러시아어 철자법을 거부하고 구두점을 파괴하며 일반적인 말의 통사론적 와해를 주도하며 구두점 원칙을 지키지도 않았다. 그들은 전통적인, 그리고 일반적인 예술기법을 조롱하고 패러디하며, 무모하게 아르테미스 신전을 불태운 헤로스트라토스 같은 기행을 일삼았다. 마야콥스키는 기이한 옷차림을 하고 전국을 돌며 기행을 일삼으며 일약 가장 주목받는 화제의 시인이 되었다. 그는 그러한 혁신적인 시와 행동으로 부르주아화되어 가는 당대 러시아의 문화예술에 충격을 주고 혁명을 불러일으킬 수 있다고 생각했다.

후에 아방가르드적인 실험 예술로 평가되었을지언정 당대에 많은 예술가들과 일반인들은 이들이 불러일으킨 소동에 눈살을 찌푸리고 반발했다. 그러나 이런 미래파적인 움직임이 이들의 선언으로부터 시작된 것만은 아니었다. 이미 19세기 말과 20세기 초부터 음악과 회화 등에서는 혁신적이고 낯선 기법들이 활발하게 등장하고 있었다.

---

192 Соколов А.Г., Михайлова М.В. Русская литературная критика конца 19 – начала 20 века. Хрестоматия. М., 1982, p. 347.

그리고 넓게 보면 상징주의 역시 전통에 대한 부정에서 출발하고 있었다. 실제로 마야콥스키는 후기 상징주의의 혁신적 실험에서 많은 것을 배워오기도 했다. 물론 상징주의에 대한 평가의 입장에서 본 것이지만 클링O. Клинг은 "흘렙니코프, 마야콥스키 등에게서 잠재적 상징주의"[193]를 느낄 수 있다고까지 말한다. 마야콥스키 자신도 「나 자신Я сам」에서 상징주의 시인인 벨르이와 발몬트의 작품에서 "형식의 참신성을 배우고", "스스로도 그렇게 멋지게, 물론 그와는 다른 작품을 써보려고도 했다"[194]고 밝히고 있다. 하지만 그렇다고 해서 미래파를 상징주의의 계승이라는 관점에서 보는 것은 타당하지 않을 것이다. 무엇보다 적극적으로 상징주의를 비판하고 당대의 모든 문학을 소시민적으로 매도하며 전적으로 새로운 예술 세계를 지향했다는 점에서 미래파는 과거의 종합이라기보다는 미래의 출발점이라고 보는 편이 더 옳을 것이다.

볼셰비키 당원으로 활동하기도 했던 마야콥스키는 거리에서 읽혀지기 위한 시를 지향했다. 기존의 시작법을 따르지 않고 거친 리듬과 소리, 은유와 과장을 통해 수용자의 의식에 직접적이고 즉각적인 효과를 불러일으키고자 했던 것이다. 이런 이유로 미르스키는 그의 시가 "연설조이고 수사적이며, 야외연설자의 시"[195]라고 말한다. 마야콥스키는 자신의 이런 혁신적인 시를 혁명으로 이해하면서 적극적으로 정치적 혁명을 수용하였고, 1917년 혁명 이후에도 『레프Леф』를 통해 미래파적 강령에 근거하여 전위적인 창작활동을 지속적으로 전

193 Клинг О.А. Влияние символизма на постсиволическую поэзию в России 1910-х годов: проблемы поэтики, Автореф. дир. доктора фил. наук, М., 1996, p. 1.

194 Маяковский В.В. Собр. соч., В 6 т., Т. 1, М., 1973, p. 10.

195 미르스끼 D. 앞의 책, 628쪽.

개하기도 한다.

미래파는 흘렙니코프(В. Хлебников) 와 크루쵸느이흐의 손을 통해 그 언어 파괴적 실험을 강화해 나갔다. 이들은 소위 자움(Заум)의 언어, 즉 일반적인 문법으로는 전혀 알아들을 수 없는 무의미한 소리의 나열을 통해 우스꽝스러우면서 나름대로 무언가 말을 하고 있는 듯이 들리는 소리체계를 구축한다고 주장했다. 사실 과연 그 말이 무엇을 뜻하는지는 명확하게 이해하기 힘들다. 그러나 말레비치의 사각형처럼 그들의 언어는 전통의 언어가 말하지 못하는 무언가 다른 세계를 지향하고자 한다는 사실만큼은 극적으로 과시하고 있는 것이 분명하다.

과연 이러한 미래파가 러시아 문화예술계의 미학성과 윤리성에 어떤 효과를 가져왔는지 한마디로 말하기는 어렵다. 소련 문학계에서 말해 왔듯 모더니즘, 즉 부르주아의 파편화된 세계관의 표현이었는지, 아니면 오늘날 새롭게 평가되듯 러시아문학예술의 현대성을 선취하고 있는 것인지 쉽게 단정하기 힘든 것이다. 그러나 마야콥스키의 창작세계에서 나타나듯이 미래파가 도시적 정서와 현대의 기계화된 문명과 주로 연결되고 있다는 점은 분명하다. 그들이 생각하는 "새로운 삶을 살아가는 새로운 사람"[196]이 당시 도시 거주자와 혁명적 대학생들, 혹은 사회체제에 불만인 노동자와 빈민들의 정서와 분위기를 일정 부분 수용하고 있다는 점도 부정하기 힘들다.

미래파는 러시아문학에 아주 다양한 결과를 남기고 있다. 특히 현대의 다양한 문학적 실험들이 러시아 미래파 문학에서 많은 시사를 받고 있다는 점만 하더라도 그 의의를 인정해야 할 것이다. 물론 부

196 Соколов А.Г., Михайлова М.В. 앞의 책, p. 351.

정적인 점도 없지 않다. 대중 속에 일으킨 관심과 소용돌이 자체로 그 예술성이 언제나 확인되는 것은 아니며, 늘 새로운 것을 추구하는 경향에 부합한다고 해서 진정으로 새로워지거나 새로운 것을 창조할 수 있는 것도 아니다. 오히려 대중의 파괴적 힘과 새것 콤플렉스 속에서 예술은 종종 막다른 골목에 이르기도 한다. 이들의 예술관이 지속되지 못하고 주도자들이 대체로 비극적인 운명을 맞이하고 있다는 점에서 간접적으로나마 막다른 골목에서 몸부림치며 괴로워하는 현대예술의 운명을 엿본다면 지나친 말일 것인가. 물론 혁명이라는 격랑 속에서 이들이 추구한 예술이 보다 자유롭게 개화할 수 있는 기회가 박탈된 것도 분명하기 때문에 그런 판단은 과연 너무 지나친 것이겠다. 그렇다면 다만 한 가지, 아직도, 지금까지도 인류는 그러한 예술을 전적으로 수용할 준비가 되지 않았다는 점, 그럼에도 불구하고 현대예술은 거듭 그와 같은 다양한 실험으로 나아가고 있다는 점, 따라서 굳이 혁명적 억압 상황이 아니라도 그러한 실험들은 늘 비극적으로 끝나고 있다는 점은 현상적인 관찰만으로도 분명히 확인된다.

문학과 예술의 미학적 실험이 윤리성과의 일정한 긴장의 끈을 완전히 단절하는 경우, 그러한 시도들은 시인이나 작가의 몸속에 분열의 자상을 크게 남기기 마련이다. 미래파를 비롯한 초극단적인 시도들은 강령으로는 낡은 세계를 부정하고 새로운 세계를 지향하지만 형식으로는 오직 극단적인 형식실험 자체로 치달아 새로운 세계에 대한 '몽고반점'조차 잃어버리게 된 것 아닐까. 연을 높이 띄워 날렸지만 그 끈이 끊어져 버린 것 같이 ….

러시아 테마와 러시아성

러시아 테마

변혁기 러시아, 20세기 초 러시아에 대한 문화적 자의식의 고양은 또 하나의 주목할 만한 문화현상이다. 자신들의 문화적 정체성에 대한 새로운 관심과 창조적 열망은 근대 문화의 성립과정에서 어느 문화권에서나 보편적으로 발생하는 현상이라고 말할 수 있다. 따라서 그러한 열망은 근대의 다양한 미학적 모색과 윤리적 경향이 대표적으로 집약되어 나타나는 매우 보편적인 문화적 저장소와 같은 역할을 한다. 민족문화의 독자성과 우수성에 대한 관심과 자긍심이 이 현상을 추동하고 이끌어 가는 기본 동력이라는 것은 당연하다. 물론 여기에는 1910년대의 세계화 과정, 그리고 국가와 민족의식에 대한 차별화된 인식, 새로운 대중적 정체성을 갈구하는 문화의식 등이 매개되어 있다.

러시아적인 것에 대한 관심, 즉 무엇이 러시아 문화의 고유한 특성인가에 대한 관심의 폭발은 1910년대 '러시아 테마Русская тема'라고 부를 수 있는 대대적인 문화 현상으로 나타난다. 다른 문화권과 구별되는 독자적인 러시아성Русскость이 부각되면서 건축이나 회화, 민속품이나 의상 등 일상 문화에서 고급 예술문화에 이르기까지 러시아를 대표할 수 있는, 혹은 러시아를 가리킬 수 있는 기호로서 러시아 문화가 일약 대중적인 관심의 대상으로 떠올랐고, 나아가 세계적인 주목의 대상이 되기도 했던 것이다.

화려한 색상의 지붕형 이층 건물이라든가, 나선형 탑, 창틀 조각 등 고대 러시아 건축술의 특징적 요소들이 이미 1900년대 초 건축에 나타나기 시작했다. 현재 모스크바의 트레티야콥스키 미술관의 파사드라든가, 생물학 박물관 건물은 바로 그와 같은 새로운 건축술의 대표적인 유산이다. 새롭게 건축된 사원들에서도 고대 건축기법이 복고적으로 활발하게 이용되었는데, 페테르부르그의 '피의 사원Спас на крови'이나 페테르고프의 '페트로파블롭스키 사원Петропавлоский собор во имя-Святых Апостолов Петра и Павла'이 대표적이다.

러시아 스타일은 일상에서도 크게 유행하였다. 1909년부터 유럽 각지를 돌며 개최된 '러시아 시즌Русские сезоны'은 선풍적인 인기를 끌었고, 굽이 높고 목이 긴 소위 '카자크' 부츠라든가, 러시아 전통문양이 그려진 숄, 알록달록한 색상의 목걸이나 장식, 그릇, 장식품, 보석함, 전구, 전통 황실 의상 등은 러시아적인 것에 대한 유럽인들의 호기심을 한껏 자극했다.

문학과 회화에서도 러시아 테마는 활발하게 나타났다. 이를테면 쿠스토디예프Б. Кустодиев는 몸집이 크고 둔중하면서도 거만한 러시아 상인들을 화려한 붉은 색감으로 그려 냈고, 러시아 농촌의 아름다운 풍경을 배경으로 러시아 농민의 건강함과 아름다움을 한껏 자랑했다. 그의 그림에는 오래된 건물과 새 건물이 함께 조화를 이루고 있고, 즐겁고 소란한 시장에서 축제와 같은 즐거움이 폭발하는 장면 등이 세밀하고 다채롭게 그려진다. 그의 색상과 형식은 전통적인 러시아 민중 회화의 형식을 새롭게 되살린 것으로 평가된다.

레리흐Н. Рерих에게 러시아성은 아주 초기 슬라브인들의 가부장적 전통과 연결되는 것으로 받아들여졌다. 「케르제네츠 대전투Сеча при Керженце」

는 몽골 침입으로 수장되어 사라진 전설 속의 키테즈 시를 그려 내고 있다. 여기서 레리흐는 붉은색과 초록색, 푸른색과 갈색의 대조를 즐기는 고대 러시아 회화의 색감과 양식을 재현해 낸다. 그는 또한 '러시아 시즌'에서 스트라빈스키의 「봄의 제전 Весна священная」, 발레나 보로딘의 오페라 「이고리 대공 Князь Игорь」의 무대를 고대 러시아 예술의 특징을 살려 만들어 내기도 했다. 「드네프르의 슬라브인들 Славяне на Днепре」, 「블라드미르의 진군 Поход Владимира」, 「이방의 손님들 Иноземные гости」 등은 고대적 기법과 현대적 기법을 결합하여 러시아 역사의 모티프들을 그린 그의 대표작들이다.

고대 러시아의 삶과 역사에 매료된 것은 네스테로프 Н. Нестеров 역시 마찬가지였다. 그는 러시아 정교의 정신을 러시아 자연을 배경으로 드러내고자 노력했다. 열정적이고 자유분방한 사람들이 아니라 수난과 고통 속에서도 일상의 삶으로부터 벗어나 겸손하게 자신을 성찰하고 신의 정신을 체화하고자 하는 인물들이 그의 화폭을 채우고 있다. 「살해된 황태자 드미트리 Дмитрий царевич убиенный」는 보리스 고두노프에 의해 무고하게 살해된 어린 황태자의 모습을 경건한 순교자처럼 그려 낸다. 「민중의 영혼 Душа народа」에는 한 농민 소년이 신과 진리를 찾아가는 군중들 앞에서 걷고 있는 모습이 그려져 있다.

그 밖에도 바스네초프 В. Васнецов 와 브루벨 М. Врубель 의 회화, 스트라빈스키의 발레, 렌툴로프 А. Лентулов 의 판화, 라흐마니노프 С. Рахманинов 의 음악 등 당대의 다양한 문화예술 분야에서 러시아적인 것, 즉 러시아 테마는 풍부하고 다양하게 활용되고 있다.

알렉산드르 블록은 연작시 「쿨리코프 들판에서 На поле Куликовом」에서 현대적 삶과 고대 역사의 만남을 '영원한 전투'라고 노래한다.

오, 나의 루시! 나의 아내! 그 오랜 여정은
　우리에게 아프리만큼 분명하다!
우리의 여정 – 고대 타타르의 화살은
　우리의 심장을 꿰뚫었다. …
그 끝남은 없다! 저 먼 길과 낭떠러지가 어른거리니 …
　멈춰라!
겁먹은 먹구름들은 흐르고, 또 흐르고 …
　피에 젖은 황혼이여!

О, Русь моя! Жена моя! До боли
　Нам ясен долгий путь!
Наш путь – стрелой татарской древней воли
　Пронзил нам грудь …
И нет конца! Мелькают версты, кручи …
　Останови!
Идут, идут испуганные тучи,
　Закат в крови![197]

블록은 고대 루시를 자신의 아내라고 부르며 그 역사의 고통스런 여정을 오늘로, 현재로 불러낸다. 타타르의 말발굽과 화살에 심장을 관통당한 러시아는 여전히 고통의 먼 길을 가고 있다. 시인은 그 고통의 러시아 역사에게 멈출 것을 명령하지만 겁에 질린 먹구름에 덮이고 피에 젖은 황혼이 내려앉는 러시아의 운명은 지금도 여전하다. 아마도 당시 러시아성에 대한 대중적 관심과 예술적 형상화와 결코 무관하지 않은, 러시아 운명에 대한 시인의 두렵고도 안타까운 예언

197 Блок А. Собр. соч., В 6 т., Т. 2, р. 85.

이 울리는 듯하다.

'러시아 시즌'은 유럽에서 커다란 성공을 거두었고 당시 제국주의의 환영에 사로잡히며 사회적 전망을 상실해 가던 유럽의 지식인들에게 특별한 볼거리를 제공하였을 뿐만 아니라 나름대로 일종의 새로운 지적 출구처럼 여겨지기도 했던 것 같다. 프랑스 아카데미 회원이었던 루이 질레 Louis Gillet 는 '러시아 시즌'의 발레를 보고 이렇게 감탄한다. "러시아! 이 기적과 같은 힘을 무엇으로 설명할 수 있을까? … 이제 내 모든 인생은 둘로, 러시아 발레를 본 이전과 그 이후로 나누어질 것이다. 우리의 모든 사상과 우리의 모든 표상들은 완전히 개조되었다."[198]

러시아적인 것, 러시아 테마는 20세기 초 화려하게 개화된 러시아 모더니즘과 더불어 유럽에 러시아 문화의 독자성과 우수성을 과시하기에 충분했고, 그 성공이 직·간접적으로 러시아 문화예술인들에게 어떤 감정을 불어넣었을지는 상상하기 어렵지 않다. 이런 분위기는 1910년대 정치적·경제적 안정을 찾아가는 러시아 사회에 문화적 활력을 더해 주었고, 1905년의 혁명과 패배, 그리고 그 뒤를 잇는 반동적 암흑기를 겪고 있던 러시아 지성계의 문화적 자존심을 달래 주는 데 일조하였다.

그러나 다른 한편 러시아적인 것, 러시아성, 러시아의 운명 등과 같은 러시아 테마는 마치 『베히』의 사상처럼 러시아의 사회적·경제적 개혁과 혁명이라는 문제를 고유한 민족주의적 선민의식과 정교적 순응주의로 대체하려는 경향과 쉽게 결합될 수 있는 것이기도 했

198 Лифарь С. Дягилев и с Дягилевым, М., 2005, р. 253.

다. 실제로 이렇게 형성된 문화적 분위기는 『베히』의 민족주의적 종교적 사상들과 더불어 제1차 세계대전 중 극우적인 사회 분위기 형성에 일조하게 된다. 하지만 러시아 테마 자체에 문제가 있다고 말할 수는 없을 것이다. 사실 모든 문화는 자기 전통과 역사의 진화적 발전에 기초하며 그에 대해 어느 정도 배타적 관심과 애정을 지니기 마련이다. 보다 보편적인 세계적 기준이 있을 수 있다 해도, 각 민족의 고유한 문화 자체는 그 자체로서 높은 가치를 지니고 있는 것은 분명하다. 다만 특정한 사회적·역사적 상황에서 그러한 문화적 자의식이 왜곡된 형태의 민족주의적 선민의식으로 전화되는 것이 문제이다. 실제로 1910년대에 있었던 러시아성과 러시아의 태생적·세계사적 운명에 대한 형이상학적 논쟁은 극우적 민족주의와 보편적 세계주의의 극단적인 대립으로 전화되면서 이 시대 미학과 윤리의 새로운 국면을, 어쩌면 이 시대에 있을 수 있는 형이상학적 논쟁의 마지막 장을 열고 있다.

민족 정체성 논쟁[199]

러시아의 근대화 과정에서 러시아가 유럽인가, 아시아인가, 혹은 유럽과 아시아의 독특한 결합으로서의 유라시아라고 할 수 있는가 등과 같은 러시아의 정체성에 대한 심각하고도 격렬한 논쟁이 자주

199 이 장과 다음 장의 주요 내용은 논문 「막심 고리키와 오리엔탈리즘」(『러시아어문학연구논집』 제40집, 2012), 「막심 고리키의 「두 영혼」의 모순성과 합리적 이해」(『러시아어문학연구논집』 제38집, 2011)의 일부를 이 책의 논지에 맞춰 수정·축약하였다.

벌어졌다. 이런 논쟁은 사회주의 소련시대를 거쳐 오늘날에도 여전히 잦아들지 않고 있다. 이미 근대국가 이전부터 러시아 정교의 수립과 제3 로마설 등과 같은 논리 속에 러시아와 서유럽의 차별성에 대한 인식적 전통이 존재해 왔던 것은 사실이지만 러시아의 정체성에 대한 본격적인 대립적 이해는 18세기 초 표트르 1세의 정책으로부터 촉발되었다고 말할 수 있다. 이후 러시아의 미래를 서유럽으로의 문화적·정치적 통합 속에서 찾으려는 서구주의와 러시아의 독자적 정체성과 선민성을 강조하는 슬라브주의가 대립적 이데올로기로 러시아 지성사 속에 뿌리 깊게 자리 잡으면서 다양한 역사적 상황 속에서 다소간 강약을 달리하며 지속적으로 변주된다.[200]

러시아뿐만 아니라 세계 그 어느 곳에서도 이와 유사한 문화적 정체성 논쟁은 빈번히 발생한다. 이런 논쟁들은 논리성이나 객관성의 문제에서 일종의 신념의 문제로 전화되면서 당대의 이데올로기 투쟁과 깊게 연루되기 일쑤이다. 민족성이나 민족의 정체성이라는 개념 자체가 이미 근대국가 이데올로기와 깊이 연관되어 있는 일종의 근대 신화 중 하나라는 점에서 그에 대한 어떤 논의도 이데올로기의 자장으로부터 자유로울 수는 없다. 이런 점에서 위와 같은 사상들을 그 주장하는 논리 자체로 이해한다는 것은 그 이데올로기적 성격까지 수용한다는 것을 의미한다. 따라서 그 논리가 놓인 사회적·정치적 맥락을 고려하는 것은 어쩌면 그 논리체계 자체보다도 더 중요한 것이라고 말할 수 있다. 1910년대 러시아를 휩쓴 러시아의 운명

200 19세기 서구주의와 슬라브주의와 관련된 주요 저작은 다닐렙스키(Н.Я. Данилевский)의 『Россия и Европа』와 레온티예프의 『Восток, Россия и славянство』를 꼽을 수 있다. 19세기의 '위대한 10년'의 열정적인 이론적 대립에 대해서는 남석주의 「슬라브애호주의의 사상적 기원」(『러시아 연구』 제12권 제1호, 2002)을 참조.

에 대한 논쟁은 무엇보다 바로 이와 같은 사회적·정치적 맥락 속에서 읽혀질 필요가 있다.

20세기 초 민족주의적 경향과 신슬라브주의 운동은 러일전쟁의 패배, 1905년 제1차 러시아 혁명과 정치적 혼란, 제국주의 열강과의 경쟁 심화 등과 같은 사회적·정치적 배경 속에서 강화된다. 특히 전제정부는 제1차 세계대전에 참전하면서 전 국가적 동원체제를 구축하기 위해 '전제주의-정교-민중'이라는 고전적인 관제 이데올로기를 부활시키기 위해 노력했고, 그것은 '위대한 러시아Великая Россия'라는 슬로건으로 집약되기 시작했다. '위대한 러시아'론은 1907년 5월 10일 당시 수상이었던 스톨리핀П. Столипин이 사회변화를 꾀하려는 혁명가들을 비난하면서 "그들에게는 위대한 격변이 필요하겠지만 우리에겐 위대한 러시아가 필요하다"라고 말한 것으로부터 유래한다.[201] 이 이념은 세계사 속에서 러시아의 사명과 역할을 내세웠던 스트루베의 『위대한 러시아』라는 세 권의 저작을 통해 1910년대에 하나의 이데올로기로 널리 유포되기 시작한다. 반면 정부의 개혁정책과 경제발전 전략, 그와 아울러 강력한 통제정책은 러시아 사회민주당을 비롯한 혁명진영의 토대를 현저하게 약화시켜 놓은 상태였다. 이러한 사상적 분위기 속에서 러시아 지식인들은 제1차 혁명기에 고조되었던 개혁적 열정과 분위기를 잃어버리고 『베히』와 같은 무비판적인 체제 옹호와 다양한 반동적 이념들을 기웃거리고 있었다. 그 가운데 특히 러시아의 역사적 운명에 대한 종교적 민족주의는 전쟁으로 촉발된 애국적 시류를 타고 당시 가장 인기 있는 대중적 주제로 떠올

201 Спиридонова Л. М. Горький: диалог с историей, М., Наследие, Наука, 1994, p. 45.

랐다. 스트루베와 이즈고예프, 에른В. Эрн, 뱌체슬라브 이바노프, 트루베츠코이Е. Трубецкой, 베르쟈예프, 로자노프 등 『베히』를 주도했던 지식인들이 이제 『러시아 사상Русская мысль』 지를 통해 '위대한 러시아'와 '성스러운 루시', '동양으로부터의 빛' 등과 같은 종교적 민족주의 이념을 다양하게 전파해 나갔다. 이들의 논리는 대체로 종교적 휴머니즘과 제3 로마설에 기초한 러시아 정교의 메시아주의, 슬라브 민족주의 등으로 요약된다. 기본적으로 이들이 러시아의 세계사적 사명과 역할이라는 명분하에 러시아의 전쟁 참여를 광적으로 지지하거나 동조하고 나선 것은 당연했다.

1905년 제1차 러시아 혁명 이후 망명 중이었던 고리키가 1913년 말에 러시아로 귀국할 수 있었던 것도 전쟁을 앞둔 정부가 국민통합 정책의 일환으로 실시한 사면 덕분이었다. 귀국한 고리키의 눈에 비친 러시아 지식인 사회의 보수화는 도저히 묵과하기 힘든 것이었다. 러시아 사회민주당의 혁명 이념에 공감할 뿐만 아니라 문화 계몽운동의 필요성을 절감하고 있던 고리키에게 러시아 민족의 '위대한 사명' 운운하는 논리는 러시아 민중의 지적 상태를 더욱 타락시키는 음울한 '동양 정신'의 강화로 보일 수밖에 없었다. 무엇보다도 러시아 민중의 합리주의적 이성과 민주주의적 투쟁이 요구되는 시점에 러시아 민족의 종교적·초월적 정신을 강조하면서 러시아의 고유한 선민적 운명을 주장하는 것은 세계의 보편적 사회발전으로부터 러시아를 격리시키고자 하는 반동적 논리에 불과했던 것이다. 고리키는 1915년 12월 『연대기Летопись』 지에 「두 영혼Две души」이라는 글을 발표하면서 이런 분위기에 대한 분노와 저항을 표명하고자 했다. "파국이, 세계가 아직 결코 체험하지 못했던 그런 파국이, 고대 동양의 그 생명을 다한, 그리고 이성과 의지를 억압하는 환영이라는 음울한 유산, 다시 말하면 삶에 대한 절망적 태도라는 토양에서 불가피하게 발생하는 미신과 같은 신비주의, 페시미즘, 아나키즘으로부터 개인을 해방시키기 위해 노력했고 지금도 노력하고 있는 그런 정신적 에너지를 가지고 있던 유럽 종족의 삶을 뒤흔들고 파괴하고 있다."[202] 문화의 파멸과 이성의 상실, 바로 이것이 제1차 세계대전에 휘말려 든 당시 유럽과 러시아에 대해 고리키가 느낀 위기의식이었던 것이다.

「두 영혼」은 주장의 극단성과 논쟁적 첨예함, 당대 지식인 사회와의 연관성, 사회적·정치적 맥락 등에 있어 슬라브주의와 서구주의의 대립이 어떻게 당대의 문제들과 상호 교직하면서 전개되는지 그 양상을 잘 보여 주고 있다. 고리키는 인류의 지적 경향을 동양과 서양으로 양분하고 동양을 '비이성적 신비주의에 기초한 음울한 노예적 사상의 진원지'로, 서양을 '이성과 행위에 기초한 창조적 인류 문화의 진원지'로 규정한다. 동양은 "지성이나 이성보다는 감정이나 정서의 단초가 우세한 지역으로 탐구보다 사변을, 과학적 가설보다 형이상학적 독단을 선호"하며 동양인은 "자기 환상의 노예이고 종복"이다. 그에 반해 서양인은 "자기 사상의 주인이자 영도자"[203] 로서 자연의 힘을 탐구하고 지배하며 독단과 미신, 편견 등을 이성적으로 극복해 나간 문명의 역사를 가지고 있다. 이러한 정신문화의 차이는 이성에 입각한 인간의 주체적 행동과 관련하여 상반된 결과를 낳는다. 고리키는 노자의 '무위자연' 사상을 대표적인 예로 들면서 동양의 금욕주의와 현실 부정, 신비적 종교주의를 부정적 가치로 규정하

202 Горький М. PRO ET CONTRA, p. 95.
203 위와 같음.

는 반면, 서양의 이성적 행동과 과학적 사고, 노동을 통한 자유와 평등의 추구 등을 긍정적 가치로 평가한다.

고리키에게 동서양의 정신문화는 고립적으로 각각 존재하는 것은 아니다. 동양의 부정적 경향은 서양에서도 다양하게 변주된다. 예를 들어 서양의 낭만주의는 18세기 계몽주의가 구축한 이성과 계몽이라는 가치를 개인의 과도한 자의성과 몽상으로 대체해 버린다. 낭만주의는 개인의 자유와 의지를 과도하게 높게 평가함으로써 개인과 세계의 불일치를 초래하고, 결과적으로 개인을 절망적인 상태로 인식한다. 낭만주의는 그 출구를 동양정신에서, 즉 동양의 종교성과 환상성에서 찾고자 한다. 고리키는 낭만주의를 질병으로 부른 괴테와 정치적 반동으로 보는 요한 쉐르의 견해를 인용하며 동양과 낭만주의의 친연성을 폭로한다. 개인의 절대 자유를 옹호한 슐레겔이 메테르니히 반동 정권에 봉사했던 것은 낭만주의의 반동성을 증명하는 중요한 사례로 적시된다. 물론 실러와 바이런, 위고와 같은 사회적 낭만주의는 그런 부정적 낭만주의와 구별되는 긍정적 사례로서 고리키에게 예외로 여겨진다. 19세기 초 나폴레옹의 전제주의와 그 뒤를 잇는 신성동맹의 반동 역시 서유럽 역사에서 이성을 억압하고 민중의 해방을 두려워하는 동양의 영향과 관련된다.

아울러 고리키가 보건대 러시아인에게는 동양의 영혼과 더불어 슬라브인의 영혼이 병존한다.

> 우리 러시아인들에게는 두 개의 영혼이 존재한다. 하나는 몽골 유목민, 몽상가, 신비주의자, 게으름뱅이로부터 온 영혼이다. 그는 '운명은 모든 인생사의 심판관', '그대는 지상에 군림하지만 운명은 네 위에 군

림한다.', '운명에 거스르지 말라'고 확신하는 영혼이다. 반면 이 무력한 영혼과 나란히 슬라브인의 영혼이 살고 있다. 그는 아름답고 선명하게 피어오를 수 있지만 오래 타오르지 못하고 쉬 꺼져버린다.

…

러시아인의 잔혹한 기질과 광신적 행동, 신비주의적-아나키즘적 분파와 자학파, 무승종도파бегунство, 순례교도의 횡행은 동양의 영향에서 비롯된 것으로 전체적으로 러시아 문화의 '삶으로부터의 도주'를 증폭하고 있다. 동양은 다른 어느 나라보다 강력하게 러시아에 영향을 미치고 있다.

…

노예들에 대한 잔혹함과 군주 앞에서 노예처럼 비굴해짐 등은 우리 귀족의 속성인바, 그것은 동양으로부터 온 것이다. 그것은 우리의 모든 계층들에게 전형적인 '오블로모프주의'라고 불리는 것과 같다. 무수한 '잉여적 사람들', 온갖 방랑자, 떠돌이, 연미복을 입은 오네긴들, 누더기를 걸친 오네긴들, 지위 상승 욕구에 얽매이는 사람들 등등, 이런 것은 러시아 생태의 가장 큰 특징이 되는 현상 중의 하나로서 역시 동양에서 온 것이고 삶으로부터, 일과 사람들로부터 도주하는 것과 하나도 다를 바가 없다.[204]

이와 같은 동-서 대립의 논리는 러시아 지성사의 전통적인 서구주의와 슬라브주의의 대립을 반복하고 있는, 그것도 아주 거칠고 단순하게 변주하고 있는 것으로 특별히 새로울 것도 없고, 크게 놀랄 만한 일도 아니다. 「두 영혼」에 나타난 고리키의 논리는 그 거칠고 단순한 이분법만 제외한다면 내용적으로 이미 전통적인 서구주의와 슬라브주의의 논리를 답습하는 것이다. 그러나 이런 논리는 그 진리성

204 위의 책, pp. 103, 104, 106.

여부를 떠나 우선 동양의 독자에게 다소 섬뜩한 것이 아닐 수 없다. 알다시피 사회주의 문학의 전범으로 널리 이름을 알린 고리키에게서 동양에 대한 모욕적인 편견을 발견한다는 것은 결코 유쾌할 수가 없는 일이기 때문이다. 물론 이것은 유럽 문화 속에 광범위하게 유포된 동양에 대한 무지와 편견의 자연스러운 수용, 즉 서양의 오리엔탈리즘의 영향이라고 볼 수도 있다.[205] 하지만 그런 피할 수 없는 문화적 영향이야 그렇다 하더라도 고리키는 왜 이렇게 무지할 정도로 극단적인 대비를 감행하면서 공개적으로 이런 글을 발표한 것일까?

사실 고리키의 정치평론이나 문화시평은 그 체계성이나 문체에서 매우 거칠고 단순하며 과장되어 있다는 평가가 일반적이다.[206] 정론에 드러나는 고리키와 예술작품을 통해 드러나는 작가로서의 고리키가 매우 상이하다는 것이다. 이런 점을 고려하면 오늘날 고리키의 「두 영혼」에서 주목할 것은 그 내적·논리적 체계 자체보다 그 발화의 맥락일 것이다. 즉 동양과 서양을 대립시키고 있는 논리적 근거나 타당성 여부보다 왜, 어떤 문맥에서 이런 발언을 하지 않을 수 없었는가에 더욱 주목할 필요가 있다.

「두 영혼」은 발표되자마자 당연히 예민한 비판적 반응을 불러일으킨다. "대체 그런 생각을 어디서 가져온 것인지 이해하기조차 힘들다"며 친구였던 안드레예프조차 "러시아 민중에 대해서라면 뭐든지

---

205 그와 같은 편견이 서양에서 역사적으로 얼마나 뿌리가 깊은지, 심지어 빅토르 위고와 단테, 칼 마르크스에 이르기까지 얼마나 광범위하게 영향을 미치고 있는지에 대해서는 에드워드 사이드의 『오리엔탈리즘』(사이드, 에드워드 저/박홍규 역, 교보문고, 1991, pp. 13-15.)을 참조.

206 Быков Д. "Был ли Горький?", М., АСТРЕЛЬ, 2009, p. 208. 이 책은 고리키에 대한 매우 시사적이면서 최신의 연구성과를 반영하는 대중적인 저서이다. 브이코프는 이 책에서 고리키의 실제 내면과 신화화된 모습을 아주 적절하게 대비하여 분석한다. 그는 고리키의 정치평론들이 "아주 경직되고 인간미가 결여되어 있으며 억지로 쥐어짠 열정 같다"고 진단한다.

헐뜯으려고 하고 원한에 사로잡혀 너무나 어리석은 중상모략을"[207] 하고 있다고 비난한다. 그러나 이런 즉각적인 반발과는 달리 고리키의 정신세계에 대한 전반적인 이해를 토대로 한 비판은 세계관과 정치적 입장이 고리키와 정반대였던 메레쥐콥스키와 베르쟈예프로부터 나온다.

『베히』의 주요 이론가이자 종교철학가였던 베르쟈예프는 이미 「러시아의 영혼Душа России」1911년과 일련의 논문을 통해 러시아와 유럽의 종교적 결합을 통한 러시아 민족의 세계화를 주장하고 있었다. 그가 보기에 러시아의 자연과 민중은 여성적 순종성이라는 특징을 가지고 있어 서양 부르주아처럼 국가 권력을 탐하지도 않으며 무정부주의적으로 살아가기를 좋아한다. 그러나 반면 러시아 민중은 세계사에서 유례가 없을 정도의 강력한 국가를 지지하며 그를 위해 온 힘을 바쳐 왔다. 국가적 규모에서는 매우 남성적 용기를 표현하고 있었던 셈이다. 또한 러시아 민중은 전통적으로 공격적 민족주의와는 거리가 멀지만 서구화 과정에서는 극단적인 민족주의의 양상을 보여 준다. 베르쟈예프는 러시아가 이렇게 수수께끼 같은 모순성을 가지고 있는 것이 "여성성과 남성성"[208]의 엇갈린 결합 때문이라고 본다. 러시아의 여성성은 늘 수동적으로 신랑을 기다리기만 하고, 남성성은 늘 외부로부터, 서유럽으로부터만 주입되었다는 것이다. 베르쟈예프는 이러한 엇갈린 결합으로부터 벗어나 새로운 러시아를 만들어 갈 용감하고 새로운 남성성이 러시아 자체에 존재하고 있음

207 Русская литературная ребежа веков (1890-е - начало 1920-х годов), Кн. 1, М., ИМЛИ РАН, 2000, p. 534.

208 Бердяев Н.А. Судьба России, Самосознание. Ростов н/Д., Феникс, 1997, p. 20.

을 각성해야 한다고 주장한다. 그리고 "현재의 세계 전쟁이 러시아를 이 출구 없는 원환으로부터 끌어내 그 남성적 정신을 일깨우고 세계에 러시아의 남성적 면모를 보여 줄 것이며 유럽적 동양과 유럽적 서양의 정당한 내적 관계를 확립하도록 할 것"[209]이라고 확신한다.

> 전쟁이라는 위대한 풍파가 동양과 서양의 위대한 결합으로 나아가야만 한다. 러시아의 창조적 영혼은 마침내 세계적 영혼의 음악회에서 열강의 자리를 차지하게 될 것이다. … 1914년의 전쟁은 러시아를 세계적 삶의 격동 속으로 더 깊고 더 힘 있게 이끌어 갈 것이다.[210]

베르쟈예프의 이런 논리는 러시아 슬라브 민족주의와 국가주의, 그리고 종교의 교묘하고도 노골적인 결합이다. 베르쟈예프가 고리키의 '유치한 서구주의'를 비판하며 러시아의 종교성(동양성을 반영하는), 러시아 민족의 선민성, 기독교 문명의 우월성을 주장하는 것은 결국 전쟁의 동원체제를 옹호하고 독려함으로써 전제정권의 당면한 목적에 부응하는 것이 아닐 수 없다. 러시아의 대표적 지성이라고 말할 수 있는 베르쟈예프조차 추상적인 민족 우월주의와 종교적 구원주의를 통해 전시 애국주의를 노골적으로 부추기고 있는 것이다. 이런 점에서 베르쟈예프는 고리키가 「두 영혼」에서 왜 그렇게 강력하게 러시아의 민족성과 민족주의, 동양성을 비난하고 나설 수밖에 없었는지를 반증하고 있다.

이런 입장을 가진 베르쟈예프는 「아시아적 영혼과 유럽적 영혼

209 위의 책, p. 21.
210 위의 책, p. 9.

Азиатская и европейская душа」1915년에서 고리키의 동양과 서양 양분법은 슬라브주의와 서구주의라는 러시아의 오래된 대립적 전통을 아주 조악한 형태로 보여 주는 것일 뿐 결코 새로울 것이 없다고 비판한다. 고리키가 동양의 고대문화와 현대의 다양한 변화 양상을 구분하지 못하고 서양에 대해서는 아주 초보적인 이해에 머물러 있다는 것이다. 그가 보기에 러시아를 부정하고 동양을 부정하고 서양을 절대화하는 것, 즉 극단적인 서구주의 그 자체가 바로 "아주 러시아적인, 동양적이고 아시아적인 현상"[211]이다. "고리키는 전형적인 러시아 지식인으로서 유럽 과학을 지나치게 러시아적으로 수용하고 그에 대해 서양적으로가 아니라 동양적으로 경배를 올린다. 그러나 그 과학을 창조한 자들은 결코 그렇게 경배하는 법이 없다."[212] 다시 말해 동양은 인류 문화의 정신적·종교적 보고인바, 유럽인들은 그것을 소중히 수용하여 자기화하는 데 반해 아시아적 러시아 지식인들은 왜곡된 서구주의에 입각하여 동양을 극단적으로 부정하기에 급급하다. 베르쟈예프는 러시아의 민족적 독자성은 서양에 대한 우상 숭배적 태도를 버리고 문화적 자기가치를 이해하고 발전시킴으로써 현현될 것이며 당연히 그것은 유럽의 창조적 능동성에 의존함으로써 가능하다고 주장한다.

> 우리는 이미 우리 존재의 성장기에 들어섰다. 유치한 서구주의와 유치한 슬라브 애호주의를 넘어서 보다 성숙한 민족적 자의식으로 넘어가야만 할 때인 것이다. 위대한 세계적 사건들이 우리를 세계적 수준으로, 세계적 전망으로 이끌어 가고 있다. 세계 전쟁의 대격변이 유럽을

211 위의 책, p. 55.
212 위의 책, p. 57.

그 폐쇄적 경계 너머로 이끌어 가고 유럽 내부의 본질적 모순들을 파헤치고 서구주의의 우상을 전복시키고 있다. 러시아가 세계적 발전에 참여하는 것은 러시아의 폐쇄적·지방적 존재 방식의 종말을, 그 슬라브 애호주의의 자기만족과 서구주의적 노예성의 종말을 의미하는 것이다. 그러나 고리키는 낡은 의식에 머무르며 목하 세계에서 이루어지고 있는 것으로부터 아무것도 배우지 못하고 그저 동양과 서양이라는 낡은 대립 속에 머물러 있다.[213]

고리키를 불온시하던 정부와 관변 언론의 공격은 차치하더라도 베르자예프와 같은 대표적인 종교적 지식인마저 고리키의 「두 영혼」에 대해 민감하게 반응하며 비판적 자세를 취했던 것은 앞서 말한 바와 같이 「두 영혼」의 논리와 철학체계 자체의 문제 때문이었다기보다는, 그 결론적 입장, 즉 제1차 세계대전에의 참여와 맹목적 애국주의에 대한 입장 차이 때문이었다고 말할 수 있다. 이러한 입장은 고리키가 「두 영혼」을 통해 왜 그렇게까지 러시아의 나태함과 페시미즘, '아시아적 무위'를 극단적으로 격렬하게 비판하지 않을 수 없었는지 그 사회적·정치적 맥락을 반증하고 있다. 동양과 서양에 대한 극단적 대립이라는 이분법에 대해서는 그 편협함을 누구라도 쉽게 지적할 수 있을 것이지만, "우리는 역사가 정직하고 이성적인 러시아인들에게 그들이 자조적이고 전면적으로 탐구하고 두려움 없이 비판하기를 준엄하게 요구하고 있다"[214]거나, "신비주의와 낭만주의적 환상으로의 전환은 … 신생의 민주주의를 거부하고 파탄내고 무력화하려는 것이며, … 현실에 대한 수동적 태도, 이성과 탐구와 과학의

213 위의 책, p. 59.
214 Горький М. PRO ET CONTRA, p. 105.

힘에 대한 의혹을 증폭시키며, 민주주의에서 강력하고 아름다운 개인을 양육해 낼 수 있는 새로운 집단주의 심리의 성장을 지체시키고자 한다"[215]는 고리키의 비판과 호소가 러시아의 당대 정치 상황에서 무엇을 염두에 두고 무엇을 촉구하고 있는지에 대해 그 의도와 정당성을 부인하기는 어려울 것이다.

메레쥐콥스키는 베르쟈예프와는 조금 다른 논지를 보여 준다. 「성루시가 아니다Не святая русь」1916년에서 그는 세계 문명의 역사를 동양과 서양으로 대립시키는 고리키의 '철학적 무지함'과 '어린아이 같은 조악한 단순함'을 지적한 후, 그러나 그것은 전쟁이라는 세계 문명의 파국을 앞에 두고 러시아를 구하고자 하는 고리키의 충정에서 비롯된 것이라고 십분 이해를 표한다. 그러나 그는 러시아의 동양성, 아시아성에 대한 고리키의 인식에 대해서는 전혀 공감하지 못한다. 그는 종교는 물론이고 모든 과학적 체계조차 동양에서 태어나 서양에서 성숙한 것으로, 종교적인 면에서도 서양이 오히려 더 종교적이라고 말한다. 또한 종교가 위험한 것이라 하더라도 종교 없이 존재할 수는 없을 것이라면서 동양의 종교성에 대한 고리키의 비판을 반박한다. 고리키가 두려워하고 있는 전쟁의 파국은 동양이 아니라 서양이, 즉 '종교 없는 과학', '사악하고 아둔한 이성'이 저지르고 있는 '끔찍하고 혐오스러운 것'이다.[216]

메레쥐콥스키는 오히려 고리키 자신에게 '두 영혼'이 존재하고 있음을, 즉 동양적 정신과 서양적 정신이 모순적으로 결합되어 있음을 날카롭게 지적한다. 고리키는 「두 영혼」에서 종교성과 동양적 정

---

215 위의 책, p. 106.

216 Мережковский Д.С. "Не святая Русь", Горький М. PRO ET CONTRA, p. 854.

신, 러시아적 영혼에 대해 매우 부정적으로 말하고 있지만, 정작 그의 작품 세계에서는 러시아적 영혼과 동양적 영혼을 놀랄 만큼 빼어나게 그려 내고 있다는 것이다. 이를테면 메레쥐콥스키는 자전적 삼부작 중 『어린시절Детство』에서 언제나 참고 인내하며 세상을 신의 축복으로 여기고 자연과 인생을 낙천적으로 바라보는 외할머니는 종교적인 동양적 형상으로, 잔혹하고 폭력적이며 가부장적 권위를 지키려는 외할아버지는 서양적 형상으로 분석하면서 이 두 형상이 고리키 의식 속에 모순적으로 혼재하고 있다고 말한다.

> 외할머니는 러시아를 가리키지만 그렇다고 모든 러시아를 가리키는 것은 아니다. 러시아에는 '두 영혼'이 존재하기 때문이다. … 러시아의 한 영혼은 외할머니이고 다른 또 한 영혼은 외할아버지이다. … 외할머니는 지극히 아름답지만 외할아버지는 불구이다. 외할머니에게 선량한 신, '모든 살아 있는 것의 너무나 다정한 친구'가 있지만 외할아버지에게는 신이 없고 악마가 있을 뿐이다. … 하지만 고리키는 외할머니에게 전적인 진실이 있는 것은 아니라는 사실, 외할아버지에게도 나름의 진실, 그 영원한, '끔찍하게도 진실인, 끔찍하게도 러시아적인' 진실이 있다는 것을 알고 있다. … 외할머니는 러시아를 측량하기 어려운 것으로 만들고 외할아버지는 러시아를 측량 가능한 것으로 만들어 어쩌면 그 무시무시한 주먹 속에 움켜쥐고 있다고 말할 수 있다. 그러나 외할아버지가 없는 러시아는 밀가루 반죽이 발효되듯 부풀어 올라 터져버릴지도 모른다. … 외할머니가 러시아, 동양을 향한 구 러시아라면 외할아버지는 러시아, 서양을 향한 새로운 러시아이다.[217]

217 위의 책, pp. 850-851.

메레쥐콥스키는 운율적일 정도로 멋지게, 그러나 고리키 못지않은 극단적인 이분법으로 외할아버지와 외할머니를 서양과 동양의 형상으로 대비하고 있다. 그리고 고리키가 「두 영혼」에서는 바로 그 외할머니를 잊어버리고 외할아버지의 영혼에 극단적으로 경도되어 있다고 말한다. 파국적 전쟁을 앞에 두고 어떻게든 러시아의 미래를 지켜야 한다는 의도가 그를 극단적인 이분법에 빠지게 만들었다는 것이다. 그러나 그는 고리키가 아무도 보지 못한 러시아의 외할아버지적 영혼을 냉엄하게 바라보고 있다는 점을 높이 평가하며, 고리키에게서 러시아의 미래를 볼 수 있다는 뜻밖의 예언적 결론으로 다가간다.

> 외할머니의 진실이 '성 루시'로서, 쉽게 이해할 수 있고 밝은 빛이 흘러나오는 진실이라면, 외할아버지의 진실은 성스럽지 않은 루시이고 그것을 쉽게 이해하기는 힘들다. 그것은 야수의 면모를 뚫고 희미하게 그 빛을 드러내고 있기 때문이다. 톨스토이도 도스토옙스키도 일방적으로, 그 바깥으로부터 보았기 때문에 그것을 이해하지는 못했다. 고리키는 그것을 바로 그 내부로부터 볼 수 있었기 때문에 그것을 이해할 수 있었던 것이다.[218]

메레쥐콥스키의 견해는 다소 극적인 반전을 이루고 있다. 러시아에는 동양적 영혼과 서양적 영혼이 혼재해 있고 그 어느 한쪽만으로는 러시아의 구원을 얻을 수 없다. 그리고 고리키에게도 러시아와 마찬가지로 두 영혼이 살고 있다. 비록 「두 영혼」에서 러시아의 동양성을 제거하고 서양성을 획득하는 것만이 러시아의 미래를 보장한

---

218 위의 책, p. 851.

다고 주장을 하지만 기실 그것은 『어린시절』의 외할아버지의 영혼에 대한 놀라운 이해를 담아내고 있는 것이다. 메레쥐콥스키는 이렇게 고리키의 실제 영혼을 모순적으로 이해함으로써 고리키가 톨스토이와 도스토옙스키보다 뛰어나게 러시아를 이해하고 있다고 단정한다. 러시아와 러시아인에 대해 저주와도 같은 비난을 퍼부은 고리키가 오히려 러시아에 대해 빼어나게 이해하고 있다고 역설적으로 해명하면서 고리키야말로 러시아의 미래라고 상찬하는 것이다.

> 톨스토이와 도스토옙스키를 따르자면 '온순'смирение, '인내'терпение, '무위'неделание가 러시아적인 것이 되지만, 고리키를 따르자면 격정возмущение, 봉기восстание, 행동делание이 '끔찍하게도 진실인, 끔찍하게도 러시아적인 것'이 된다. 만일 러시아가 어딘가에서 왔을 뿐만 아니라 어딘가로 가야만 한다면 그 경우 고리키가 톨스토이와 도스토옙스키보다 더 옳다. 이 점에서 러시아는 '성스러운'보다 더 성스러운, 죄 많은 러시아이다. 성스러운 러시아보다 죄 많은 러시아를 사랑하기 위해 더 큰 사랑이 필요한 것 아닐까? 죄 많은 러시아를 믿기 위해 더 큰 믿음이 필요한 것 아닐까? 바로 그런 사랑과 그런 믿음을 고리키는 가지고 있다. … 그렇다. 성스러운, 온순한, 노예적인 러시아가 아니라 죄 많은, 봉기하는, 해방되어 가는 러시아를 고리키는 믿고 있다. 그는 '성 루시'란 없다는 것을 알고 있다. 그러나 성스러운 러시아가 도래하리라는 것을 믿고 있다. 바로 이런 믿음을 가지고 그는 '신이 없는' 신의 일을 행하고 있다. 그런 점에서 그는 톨스토이와 도스토옙스키보다 우리에게 더 가깝다. 이제 우리는 톨스토이와 도스토옙스키가 아니라 고리키와 함께 있다.[219]

고리키가 '두 영혼'을 가지고 있으며 그 두 영혼 중 때로 하나의 영

219 위의 책, pp. 854-856.

혼이 극단적으로 드러나지만 궁극적으로 고리키에게는 두 영혼이 모순적으로 공존한다는 점, 따라서 러시아가 새로운 미래의 러시아로 나아가기 위해서는 도스토옙스키도 아니고 톨스토이도 아닌 고리키의 길을 따라가야 할 것이라는 메레쥐콥스키의 주장은 여러모로 흥미로우면서도 다소 의외의 논지가 아닐 수 없다. 이는 러시아의 종교적 구원을 주장하던, 문학적 이력에서도 고리키와 거의 상반된 길을 걸어왔던 사람의 글이라고는 쉽게 수긍이 가지 않기 때문이다. 아마도 메레쥐콥스키는 논리체계 자체를 세세히 분석할 가치는 없지만 고리키를 어떻게든 자신의 이념적 자장 안으로 끌어들이고 싶었던 모양이다. 고리키의 외할머니와 외할아버지에 대한 형상 대비는 문학적으로 상당히 시사적인 측면을 가지고 있지만 과연 그렇게 단순한 이분법을 적용할 수 있는지, 고리키가 메레쥐콥스키의 희망처럼 종교적 구원을 위한 새로운 러시아를 위해 그와 함께 나아가는 것인지에 대해서는 의문을 갖지 않을 수 없다.

전쟁이 몰고 온 애국주의적 경향과 새로운 러시아, 위대한 러시아론으로 촉발된 러시아 운명에 대한 논쟁은 고리키의 「두 영혼」을 기점으로 서로 다른 사상적 경향을 뚜렷하게 드러냈다. 그러나 앞서 보았듯이 이러한 논쟁에는 사회적·정치적 맥락의 단순화하기 힘든 고유한 내적·정신적 전통이 개재되어 있다. 특히 러시아의 운명에 대한 종교적·민족주의적 사고는 정치적으로 '위대한 러시아론'을 지원하는 결과로 이어졌지만, 사상적으로는 러시아 민족의 유라시아적 본질을 탐구하고 적극적으로 그 이념적 외연을 확대하여 유라시아주의라는 폭넓은, 그리고 다양한 스펙트럼을 가진, 그리고 러시아 지성계에 지속적인 영향을 미친 하나의 커다란 사상적 경향을 형성하고 있는 것도 분명한 사실이다.

이를테면 트루베츠코이와 러시아의 정체성을 유럽과 아시아의 결합으로 보고자 하는 유라시아주의는 이후 1920년대 러시아 망명 지식인들 사이에서 크게 유행하기 시작한다. 망명하여 불가리아의 소피아에 머물던 트루베츠코이의 『유럽과 인류』1920년, 그리고 트루베츠코이를 중심으로 한 사비츠키П.Н. Савицкий, 숩친스키П.П. Сувчинский, 플로롭스키Г.В. Флоровский 등의 공동 논문집 『동양으로의 출구Исход к Востоку』1921년가 그 기폭제였다. 이들은 러시아의 정체성과 사상의 새로운 기초를 찾겠다고 했지만 사실 이들의 견해는 이미 러시아 지성사에서, 특히 19세기 말과 20세기 초에 전개된 다양한 슬라브주의를 계승·조합하는 것이었다.[220] 심지어 러시아 혁명기에도 이바노프-라줌니크Иванов-Разумник, 벨르이 등과 같은 일부 문학예술인들이 중심이 된 『스키타이Скифы』 그룹의 활동, 망명한 지식인 그룹에서 전개된 유라시아 운동이 소련 체제의 지식인들에게 일정한 영향을 미치기도 하고 스탈린 체제의 사회주의 민족주의화에 부분적으로 기여하기도 한다. 소련 몰락 이후 국가적·사회문화적 위기 속에서 소위 '대지주의자Почвенники'를 둘러싸고 벌어진 논쟁도 전통적인 슬라브주의와 서구주의의 대립의 변종에 다름 아니다.[221] 문화적 정체성과 관련하여 동양과 서양, 유라시아성의 문제는 지속적으로 문화와 예술, 사회, 정치 영역에서 여전히 중요한 지적 모티프로 작동하면서 미학과 윤리의 한 축을 담당하고 있는 것이다.

---

220 Кожинов В.В. "О "Евразийской" концепции русского пути", Евразийская идея и современность, М., Российского унив. дружбы народов, 2002, pp. 194-195.

221 현대 러시아 사회에서의 슬라브주의와 서구주의의 전개양상은 『Евразийская идея и современность』 및 오원교의 「신 유라시아주의-세계화 시대의 러시아적 대안 문화론」(『슬라브학보』 제20권 1호, 2005)과 「포스트-소련시대의 유라시아주의와 동양」(『러시아연구』 제19권 제1호, 2009)을 참조하라.

러시아의 '두 영혼'

「두 영혼」이라는 논문은 러시아성을 종교적·민족주의적 이데올로기로 주창하는 경향들을 격렬하게 반박하려다 보니 앞뒤가 맞지 않는 상당히 거친 논리를 구사하고 있다. 그러나 이러한 논리구조는 문학가 고리키에게서 일관되게 확인할 수 있는 것은 아니다. 러시아의 동양적 운명과 서양적 운명을 대비하고, 서양적 운명, 즉 이성과 과학의 문명을 수용해야 한다는 논리, 이를 위해 러시아의 동양적 성격을 과도하게 비난하고 단순화하는 논리는 고리키의 문학세계에서는 전혀 다른 양상으로 나타나곤 하는 것이다.

추콥스키는 러시아에 두 영혼이 있다면, 고리키에게도 두 영혼이 존재한다고 말한다. 그는 사상가로서의 고리키와 예술가로서의 고리키 사이에 분명한 차이가 있다고 전제하고 진정한 고리키의 모습은 예술작품에서 찾아야 한다고 말한다. 고리키가 어떤 과학적·논리적 이념하에 창작을 할 때에도 그의 예술가적 본능은 그에 쉽사리 부응하지 못한다는 것이다.

> 그의 창작은 본능적이다. 그의 힘은 형상들의 풍부한 다색성에 있다. … 자신의 시적 힘을 순수하게 논리적인 정리들에 귀속시키려는 고집이 그의 전 생애에서 너무나 강력하게 나타나고 있다. 다르게 말하자면 그는 창조하기를 원하지 않았다. 그에게 늘 필요했던 것은 이런 저런 정리들에 대한 전시적 삽화였다. 중요한 것은 공식 정리였고 형상들은 순전히 보조적 역할이다. 그러나 예술적 형상들은 항상 그런 보조적 역할에 결코 순응하지 않는다. 때로 그것들은 새처럼 온갖 강제적 정리들로부터 뛰쳐나가고 그가 사상가로서 말하는 것과 예술가로

서 말하는 것은 제각각이었다. 그에게 창작은 의식과의 그런 불화 속에 있었다.[222]

창작과 의식의 이런 불화를 추콥스키는 고리키의 여러 작품들에 대한 분석을 통해 증명한다. 그의 분석에 따르면 고리키의 작품 세계의 진정한 주인공은, 다른 많은 비평가들이 분석하는 바와 같이, 고리키의 작가 이념이 아니라 '알록달록한 형상'пёстрые образы, 즉 작가의 이념체계에 수렴되지 않는 다양한 인물이다.

추콥스키가 말하는 '알록달록함'의 문제는 문학작품에서 어떤 이념을 제기하는 고리키의 시선에도 나타난다고 말할 수 있을 것이다. 고리키의 이념은 늘 "의문문의 형식으로, 추정의 형식으로"[223] 존재하고 있는 것이다.[224] 초기 단편「거짓말하는 검은방울새와 진실을 사랑하는 딱따구리О Чиже, который лгал, и о Дятле - любителе истины」에서 동족을 어둠에서 구하고자 용기와 신념을 불어넣는 검은방울새와 그 말이 진실인지 아닌지를 냉정하게 분별해야 한다고 주장하는 딱따구리의 대립, 희곡『밑바닥』에서 빈민 합숙소의 몰락한 사람들에게 위로와 희망을 불어넣으려는 떠돌이 순례자 루카 노인과 오직 진실만이 사람을 치유할 수 있고, 위로의 거짓말은 노예의 논리일 뿐이라고 주장하는 사친의 대립 등

---

222 Чуковский К. Две души М. Горького, М., Русский путь, 2010, pp. 64-65.

223 고리키는 장편소설『클림 삼긴의 생애』에서 가정교사 토밀린의 입을 통해 유용한 생각이란 의문문의 형식으로 제기되는 것이라고 말한 바 있다. 이 구절은 주인공 클림의 머리에 오랫동안 반복되며 떠오른다.(Горький М. ПСС, Т. 21, p. 62)

224 정치평론의 언어에서뿐만 아니라 문학예술작품에서도 이념의 언어가 매우 통일적인 형식으로 존재한다고 보는 견해도 있다. 특히 도스토옙스키의 대화적 이념의 언어와 달리 20세기 초 새로운 리얼리즘은 작가의 이념과 작품의 이념의 통일을 새로운 특징으로 구축하며, 그것은 개인의 적극적·능동적 역할 증대, 시간의 순환적 움직임에 대한 불만, 역사와 개인의 운명의 교직, 대중의 역사적 역할 증대 등에 부응하는 새로운 소설 언어로서 막심 고리키 문학 언어의 특징이라는 것이다.(Богданова О.А. "Идеологическое слово в прозе Ф.М. Достоевского и А.М. Горького", Русская литература конца 19 - начала 20 века в зеркале современной науки,М., ИМЛИ РАН, 2008, p. 38.)

에서 고리키의 시선은 어느 하나의 이념적 결론에 닿아 있지 않다. 심지어 가장 뚜렷하게(이 점에서 고리키 창작에서 가장 예외적이기도 한) 이념적 확신을 담은 『어머니』에서조차 주인공 펠레게야 닐로브나의 종교성은 사회주의 정신과 긴밀하게 결합되어 있고 이념과 삶의 차이와 갈등이 적지 않게 작품에 그려지고 있다.

「두 영혼」을 집필할 무렵의 작품들에서도 그런 경향은 변하지 않는다. 오히려 그런 경향은 예술적 깊이를 심화시키는 중요한 동력으로 작용한다. 자전적 삼부작에서도 그런 경향은 잘 나타난다. 작가 자신은 “비열하고 혐오스러웠던 러시아의 야만적인 삶을 회상하면서 … 진실을 뿌리까지 꼭 알아내야만 하고 … (그것을) 우리의 고통스럽고 치욕스러운 삶에서 뿌리째 뽑아내야만 한다”(GO 7, 193) 고 직접적으로 자기 작품의 집필 목적을 선언하지만 작품 전체에 걸쳐 그려지는 것은 러시아의 자연과 러시아 사람들의 매혹적인 모습이다. 외할아버지의 잔혹한 매질과 엄격한 훈육, 외삼촌들의 이유를 알 수 없는 분노와 주먹다짐, 폭음, 아무런 희망 없는 무력한 일상 등은 러시아의 태생적인 수동성과 운명주의를 증명하는 것이지만, 다른 한편 따뜻하면서도 낙천적인 삶을 긍정하는 외할머니 아쿨리나 이바노브나, 친절하게 어린 고리키를 보살펴 주며 달관한 듯한 ‘하로쉐예 젤로’ 스무르니 등의 형상은 잊을 수 없는 또 다른 러시아인의 형상이다. 바로 이런 긍정적이고 아름다운 형상들은 메레쥐콥스키가 주장하듯이 반드시 동양과 서양의 대립으로만 수렴되지 않는, 그리고 작가 자신의 러시아적 삶의 비판과도 조응하지 않는 인간 삶의 다양한 양상에 대한 작가의 시선을 말해 주는 것이다. 이러한 경향은 『러시아 이야기 Русские сказки』나 『러시아 순례 По Руси』, 『오쿠로프 도시 Городок

Окуров』, 『마트베이 코제먀킨의 생애Жизнь Матвея Кожемякина』 등에서도 다양하게 확인된다. 작가는 러시아 사회의 후진성과 야만성, 무지함과 나태함을 폭로하겠다는 창작 의도를 거듭 표출하지만 그 결과는 "드디어 이제 고리키가 루시를 사랑하기 시작했다"[225]는 반응을 불러일으키곤 했던 것이다.

그런데 주목할 것은 추콥스키가 알록달록한 형상을 통해 고리키의 동양적 정신세계를 포착하고 있다는 점이다.

> 그의 창작의 모든 근원은 아시아이다. 그에게 뛰어난 모든 것은 아시아로부터 오는 것이다. 뒤죽박죽의 시장판의 알록달록한 형상들, 그것은 비잔틴 모자이크와 부하라 국 양탄자의 알록달록함이다. 우쉬쿠이니크적 기질[226], 몽상적이고 스키타이적 젊은 시절, 우울한 우수의 경향(그것은 느닷없이 발작적인 유쾌함으로 전환되기도 한다.), 동정심에 무한한 희열을 느끼기, 노래, 재담에 넘치는 볼가 유역의 화려한 언어 등 매혹적인 모든 것은 그가 그렇게 시기심에 차서 우리와 그 자신을 몰아넣으려는 냉정한 일상의 서양과는 이질적인 것이다. 이것은 무엇을 말하는가? 유럽에 대한 그의 사랑조차 바로 의심할 나위 없이 아시아인의 사랑이다. 그는 아시아인의 종교적·비교秘敎주의적 사랑, 유럽인 그 누구도 좋아하지 않는 그런 사랑을 좋아하고 있다.[227]

추콥스키가 다소 비약적으로 이런 결론을 내린 것은 1920년대에 열병처럼 번져 갔던 유라시아성의 영향이 없지 않았을 것이다.[228] 그

---

225 Чуковский К. 앞의 책, p. 70.

226 강에서 약탈을 일삼던 고대 노브고로드 사람.

227 Чуковский К. 앞의 책, p. 71.

228 추콥스키의 이 책은 그 시사성과 독창성에도 불구하고 이런 이유로, 즉 고리키의 작품 세계를 서양과 동양의 두 영혼으로 구분하고 그 유라시아성을 제시한다는 점에서 소련 기간 동안 거의 반합법적 상태에 놓여 있었다. 재발간된 한 판본(M., Русский Путь, 2010)에 실린 이바노바(Е.В. Иванова)의 해설 논문 제목도 「막심

러나 고리키의 모순된 경향에 대한 분석은 나름대로 의미가 있지만 그것이 동양성과 서양성의 결합으로서 유라시아성으로 나아간다고 본다면, 이 또한 메레쥐콥스키와 베르쟈예프와 마찬가지로 자신의 논리를 위해 고리키를 편의적으로 요약하는 것이라는 비판으로부터 자유로울 수 없다.

고리키의 정치평론에 나타난 사상이 예술적 세계관과 급격한 차이를 보인다고 해도 고리키 자신의 것이 아닌 것은 분명 아니다. 이미 1905년 제1차 러시아 혁명 이후 지식인 사회의 변화와 러시아 민족주의의 부활을 지켜보면서 고리키는 다양한 경로를 통해 이 위험성을 지적하고 있다. 그는 1905년에서 1910년 사이에 민중 출신 작가들의 수많은 원고를 읽고 검토한 뒤에 집필한 「독학 작가들에 대하여 О писателях-самоучках」 1911년에서 운명주의와 신비주의를 러시아 민족의 질병이라고 규정하고 그것은 몽골의 피가 섞였기 때문이라고 말한다.(GO 24, 126) 물론 뒤이어 러시아 민중이 그와 같은 운명주의와 신비주의를 극복할 수 있는 많은 능력을 가지고 있다고 부언하지만 러시아 민족의 특징에 대한 이러한 부정적 묘사는 「두 영혼」의 논리를 예비하고 있는 것임에 틀림없다. 또한 「두 영혼」에서 강조되는 이성이라든가 적극적 행동주의에 대한 강조도 여러 논문과 편지에 반복하여 등장한다. 도스토옙스키가 러시아 영혼의 병리적 현상을 잔혹할 정도로 치밀하게 그려 내는 위대한 작가임에 틀림없고 그것을 읽는 독자들은 자신들의 병리성을 인식하고 교정해 갈 것이지만, 도스토옙스키 작품을 무대에서 공연하는 것은 무대극의 특성상 그런

고리키의 유라시아적 영혼(Евразийская душа Максима Горького)」이다.

인식과 교정의 여지를 주기보다는 부정적인 영향을 미칠 것이라고 반대하면서 고리키는 「카라마조프주의에 대하여О карамазовщине」1913년에서 이렇게 말한다. “우리 앞에는 사회-정치적 의미에서뿐만 아니라 심리적 의미까지 아우르는 내적인 재구조화라는 거대한 과업이 놓여 있다. 우리는 혼란한 과거로부터 이어받은 모든 것을 면밀하게 재검토해야 한다. 가치 있고 유용한 것을 골라내고 무가치하고 해로운 것은 내던져버려, 역사의 폐물로 만들어야 할 것이다. 다른 누구보다 바로 우리에게는 정신적 건강, 활기, 이성과 의지를 통한 창조적 힘에 대한 믿음이 필요하다.”(GO 24, 149) 정신적 건강과 이성을 지속적으로 강조하는 고리키의 논리는 「두 영혼」에서 슬라브주의자들의 전쟁 참여와 선동에 대항하여 동양과 서양의 이분법에 기초한 단순하고 극단적인 서구주의자의 구호로 전이되고 있는 것이다.

「두 영혼」의 논리는 이후의 『시의에 맞지 않는 생각들Несвоевременные мысли』1917~1918년과 「러시아 농민에 대하여О русском крестьянстве」1922년 등에서도 반복되지만 이제 동양과 서양의 대립이라는 도식은 농촌과 도시, 민중과 지식인 등의 범주로 확대된다. 즉 전쟁이라는 파국적 상황 앞에서 러시아의 독자성과 동양성(서유럽과의 차별성)을 주장함으로써 애국주의와 민족주의를 부추기는 경향에 적극적으로 대응하기 위해 「두 영혼」에서 동양성의 극단적 부정과 서양성의 극단적 긍정이라는 도식을 끌어들이고 있다면, 시월 혁명 뒤 러시아의 내적 문제가 극단적인 대립으로 치달을 때에는 민중과 지식인, 농촌과 도시와 같은 문제가 다시 극단적 도식으로 고리키의 시야에 떠올랐던 것이다.[229]

229 Примочкина Н.Н. “Антиномия ⟨восток-запад⟩ в мировозрении и творчестве Горького”, Концепция мира и человека в творчестве М.Горького, М., ИМЛИ РАН, 2009, pp. 62-63.

러시아 민중의 무지와 폭력성에 대한 비판 의식은 여전하지만 그러나 이때 이제 무엇보다도 비판의 초점은 혁명 지도부를 향하고 있다. 그에 반해 지식과 이성, 과학의 부흥, 건강한 노동이야말로 가장 절실한 과제라는 「두 영혼」의 기본 이념은 여전히 강조되고 있다. 수동성, 나태, 무정부성, 무지 등과 같은 단어들이 러시아와 러시아 민중의 상태를 지칭하고 있지만 새로운 러시아를 위해 과학과 이성과 지식이 요구된다는 점이 훨씬 강렬하게 고리키의 의식을 지배하고 있고 이는 정치를 넘어 문화예술 지식인과 과학자의 보호 육성 및 문화계몽 작업의 필요성을 주장하는 것으로 집약된다.

이처럼 고리키는 자신이 평생 동조하고 지원한 것임에 틀림없는 혁명이 진행되는 과정을 지켜보면서 어찌 보면 레닌과 볼셰비키로서는 결코 인내하기 힘들 정도의 가혹한 비판을 서슴지 않는데, 그 비판의 근거가 되는 것은 「두 영혼」의 핵심을 가로지르는 이성과 과학, 건강한 노동과 문화 등과 같은 개념들이다.

고리키의 「두 영혼」의 극단성과 편협한 동양관은 시대상황의 변화에 따라 이렇게 강조점을 달리하며 나타난다. 동양성과 러시아성에 대한 비판은 유지되지만 그 극단적 편견들은 일정 정도 축소되는 것이다. 그러나 다른 한편 서양의 나치즘과 파시즘의 대두, 극단적 민족주의와 제국주의화를 지켜보면서, 그리고 동양에서의 민족해방운동의 전개와 근대적 문명국가로의 성장 등에 관한 지식을 축적하면서 고리키의 동양관 자체에도 변화가 발생한다. 무지하고 야만적이며 종교적 맹신주의와 수동주의의 원천이라는 동양에 대한 인상이 불가피하게 수정을 요구받게 된 것이다.

프리모츠키나Н.Н. Примочкина는 과연 고리키가 이제까지 어떤 동양을,

동양의 어떤 측면을 과장해서 부정하였던가, 그리고 그 인상들은 어떻게 변모하는가에 주목한다. 그는 고리키에게 수용되는 동양이 세 가지 의미로, 즉 지정학적 의미와 역사 문화적 의미, 인종심리학적 의미로 분류될 수 있다고 말한다.[230] 지정학적 의미에서 고리키는 동양을 후진적인 민족으로, 러시아에 해롭고 치명적인 영향을 미치는 지역으로 이해하고 유럽의 사회민주 혁명운동에 전적인 기대를 걸었다. 하지만 동양이 새로운 혁명운동의 진원지로 성장하고 오히려 유럽이 보수·반동화되는 모습을 목도하면서 후기의 고리키는 이런 편견을 수정한다. 역사적·문화적인 영역에서도 마찬가지다. 서양의 인문주의와 문화적 가치들을 높이 평가하던 고리키는 후기에 접어들면서 타락한 서양 문화와 부르주아 사회의 예술문화를 비판하는 모습을 보여 준다. 그리고 동서의 인종심리학적 측면을 강조하던 입장도 변화하고 그에 따라 러시아 민중에 대한 평가도 변모한다. 러시아 민중과 동양성을 등치하여 비판하고 그런 비판의식을 농촌과 도시, 민중과 지식인의 대립구도로 전환시켰던 그는 말년에 이르면 농촌의 사회적 개혁과 농민의 사회주의화를 높이 평가하는 반면, 맹목적으로 사랑을 보냈던 지식인 계층에 대해서는 깊은 환멸을 표출한다.[231] 프리모츠키나는 이런 결론에 입각하여 고리키의 철학적·정치적 경로를 동양에서 서양으로, 해가 움직이는 방향을 따라 달려간다고 말한다. 그러나 "계속해서 서쪽으로 걸어가면 불가피하게 동양에 닿게 되리라는 점은 누구나 알 수 있다. 고리키도 바로 그러했다고 말할 수 있다. 그는 고집스럽게 서양을 향해 나아갔지만 결국 삶의

230 위의 책, p. 77.
231 위의 책, pp. 77-78.

말년에 동양에 도달하고 있었던 것이다."[232]

기존 연구를 종합하는 프리모츠키나의 '시적' 결론은 그러나 왠지 메레쥐콥스키나 추콥스키의 결론을 연상시킨다. 고리키의 변화된 동양관, 그 먼 여행 끝에 도달한 동양에 대한 긍정 역시, 거꾸로 보면 서양을 맹신했던 때와 방향을 달리했을 뿐 그 편협함과 일방성을 완전히 벗어난 것은 아니다. 그렇다면, 물론 자신의 생을 마감했지만 고리키가 다시 어떤 상황에서라면 근본적인 사상의 변화 없이 다시 또 서양을 향해 나아갔을 것 아니냐는 반론에 쉽게 답하지 못할 것이다. 이러한 견해는 오리엔탈리즘 연구가 "동양과 서양이라는 관념을 같이 소멸시키는 것"을 지향한다는 사이드의 기대와 문제의식에는 미치지 못하는 것이다.[233]

고리키의 동양적 세계관과 서양적 세계관에 대해 「두 영혼」에 표명된 바와 같은 극단적인 대립을 그대로 수용하기란 불가능하다. 그러나 「두 영혼」의 극단적 서구주의에 반하여 고리키의 동양성의 여러 측면을 부각시킴으로써(메레쥐콥스키와 베르쟈예프, 추콥스키 등과 같이) 고리키의 모순된 두 영혼을 지적하고 다시 그것을 유라시아성이라는 하나의 영혼으로 수렴시키려는 시도 또한 일면적임을 부인하기 어렵다. 고리키의 동-서 대립 이념이 사실은 동양과 서양 자체에 대한 인식에 기초하고 있다기보다는 대립적 언술에 기인하는 것이며, 그 대립은 시대적 문맥에 따라 변화한다는 프리모츠키나의 분석은 훨씬 경청할 가치가 있다. 그러나 고리키가 지극히 서양을 향해 나아간 결과 급기야 다시 동양을 만나게 되었다는 그의 결

232 위의 책, p. 78.
233 사이드, 에드워드, 앞의 책, p. 58.

론은 다소 작위적이고 변호론적이다. 이런 상황에서 고리키의 현대적 평가와 관련하여 새로운 관점을 제기하는 켈드이쉬의 견해가 전혀 참조가 되지 않고 있다는 점은 다소 의아하기까지 하다. 고리키에 대한 오랜 연구를 바탕으로, 그리고 1990년대라는 새로운 역사적 상황에 처하여 그는 고리키의 문학세계, 혹은 영혼을 다음과 같이 세 가지 단초로 고찰할 것을 제안한 바 있다.

> 최초의 단초는 인간으로부터 소외된 삶의 현상에 대한 비극적인 체험과 관련된다. 두 번째 단초는 첫 번째 것에 대립되는 것이지만 몹시 유기적인 것이다. 그것은 존재, 타고난 힘들의 자연발생적인 놀이, 그런 것들에 가깝게 끌리는 것 등과 같은, 본능 깊은 곳으로부터 자라나는 즐거운 감촉이다. … 좀 더 나중에는 세 번째 것인 신화창조적 단초가 형성된다. 그것은 이미 이데올로기의 다른 척도, 일정한 이데올로기적 개념에 의존하는 이성주의적 구조가 될 것이다.[234]

켈드이쉬는 고리키 영혼 속에 비극적 체험과 그에 근거한 비극적 세계인식, 그리고 그 반대의, 삶에 대한 억누를 수 없는 환희와 낙관, 그리고 지식과 이성에 기초하여 삶을 개조하고 이데올로기화하는 경향이 모순적으로 공존하고 있다고 말한다. 이런 단초들이 때때로 서로 교차하면서 나타나거나 혹은 한 작품에서 모순적으로 결합되어 나타난다는 것이다. 이에 따르면 「두 영혼」에서는 세 번째 단초, 즉 지식과 이성에 대한 무한한 신뢰를 바탕으로 삶을 개조하고 이상을 실현하고자 하는 신화창조의 단초가 압도적으로 나타난다.

---

234 Келдыш В.А. "О ценностных ориентирах в творчестве М. Горького", Известия Академий Наук, Серия литературы и языка, Т. 52, М., 1993, No. 4, p. 22.

물론 그것은 첫 번째 단초인 삶에 대한 비극적 인식, 러시아와 러시아인에 대한 절망적 태도에 기인하는 것이다. 다만 「두 영혼」에서는 두 번째 단초인 삶에 대한 긍정적이고 낙관적인 본능의 표출이 상대적으로 미약하다. 하지만 지식과 이성에 대한 고리키의 거의 맹목적일 정도의 지향은 체계적인 철학적 세계관이나 이데올로기에 의해 추동된다기보다는, 아무리 절망적인 상황에서도 희망을 향해 '행동'해야 한다는 고리키의 본능적 감각의 작동이라고 말할 수 있을 것이다. 지극히 극단적인 정치평론에서도 고리키 영혼의 세 가지 모순적인 단초들은 복잡하게 내면적으로 상호작용하고 있다.

물론 켈드이쉬가 말하는 세 단초를 기계적으로 찾아내는 것은 무리가 있지만 그것은 고리키 문학이 두 개나 하나가 아니라 매우 다양한 내적 모순성을 가지고 있다는 점, 심지어 이념의 언어조차 어느 하나의 이념의 지배가 아니라 대비적·모순적 제시를 지향하고 있다는 점을 효과적으로, 그리고 생산적으로 설명할 수 있게 해준다.

이런 점에서 고리키의 영혼은 '두 영혼'이며 '세 영혼'이라고 말할 수 있다. 그러나 그렇다면 이미 그것은 둘이냐 셋이냐의 문제가 아니라 역사적 시공간에서 복잡하게 작동하는 다원적 단초의 모순적 결합으로서의 한 영혼이라고 말해야 할 것이다.

19세기 말에서 20세기 초에 이르는 격동의 러시아 사회에서, 세계사적 격변의 소용돌이 속에서 고리키의 삶과 문학은 자기완결이라는 고요한 성채에 안주할 수 없었다. 그의 삶과 문학은 끊임없이 동요하고 모순적으로 갈라지는 고뇌와 모색의 과정이었던 것이다. 이런 점에서 자신을 이단자이자 모순적인 사람이라고 고백하는 고리키의 다음과 같은 말은 진정성 있는 울림을 준다.

> 나는 어디에서나 자신을 이단자라고 여긴다. 아마 내 정치적 견해에는 모순이 적지 않을 것이다. 그러나 나는 그 모순에 타협할 수도 없고 타협하고 싶은 생각도 없다. 왜냐하면 내 영혼의 조화를 위해, 내 자신의 평온과 안락을 위해, 이 살아 숨쉬는, 죄 많은, 불쌍한(죄송한 말이지만) 러시아인을 너무나도 열렬하고 고통스럽게 사랑하는 나의 이 영혼의 한 부분을 제거해 버릴 수는 없다고 느끼기 때문이다.[235]

고리키는 자신의 견해가 모순을 일으킬 수는 있지만 그것은 바로 러시아인에 대한 지극한 사랑 때문에 불가피한 것이라고 말한다. 그것은 「두 영혼」에 나타난 극단적인 동-서 대립의 논리에도 그대로 적용되는 것일 수 있다. 고리키에게는 동-서 대립의 논리 자체가 아니라 이 논리를 통해 러시아와 러시아인의 그 무엇을 비판하고 교정할 수 있는가가 더욱 중요했다.

비록 「두 영혼」의 논리가 베르쟈예프와 메레쥐콥스키의 비판처럼 철학적·문화학적으로 무지하고 단순한 것이지만 고리키에게 그것은 절박한 시대적 대응이었다. 따라서 동서 대립의 논리에 대한 비판은 비판대로 유효하겠지만 그것이 고리키 문학 전반을 설명하는 논리로 확대될 필요는 없을 것이다. 오히려 「두 영혼」을 둘러싼 논쟁 과정에서 밝혀진 바와 같이 고리키 문학세계의 다원적이며('알록달록하며') 모순적인 요소들에 대해, 그리고 그런 요소들이 출현할 수밖에 없었던 이유에 대해 숙고하는 것이 러시아성의 문제를 창조적으로 해소해 가는 사고과정에도 기여하는 바가 분명 작지 않을 것이다.

---

235 Горький М. Несвоевремнные мысли, М., Советский писатель, 1990, p. 206.

4

혁명 문학의 윤리와 미학, 그 분립과 지양

4

혁명 문학의 윤리와 미학, 그 분립과 지양[236]

1920년대 윤리와 미학의 역설

1920년대 러시아 혁명으로 태어난 '새로운' 문학은 여전히 은세기의 다원적 실험을 계속하고 있었다. 정치혁명의 성공에도 불구하고 문학 분야에서는 아직 일원적 이념과 방법이 수립되지 않았고, 다양한 문학적 방법들이 저마다의 방법으로 '문학의 혁명'을 지향하고 있었다. 외적·사회적 과제는 문학에 대한 특정한 윤리적 방향성의 강제로 이어지고, 독자적인 미학적 방법의 모색은 그런 방향성과 일정한 거리를 형성하는, 다시 말해 윤리와 미학의 엇갈림 속에서 혁명 초기의 혼란스러운, 혹은 다양한 모색이 전개되고 있었던 것이다.

이를테면 혁명으로 새롭게 성립된 혁명 정부의 일차적 관심은 문화적 교양이나 교육수준이 높지 않은 노동자와 농민 대중에게 혁명의 정당성과 과제를 이해시키기 위한 언어, 즉 쉽고 민중적인 단어와 문체를 모색하는 것이었다. 특별한 필요성 없이 무분별하게 외래어를 사용하는 언어 환경을 정화해야 한다는 레닌의「러시아어 정화

236 혁명 이후의 윤리와 미학에 대해서는 개략적인 방향과 전망만을 다룬다. 필자의 능력의 한계 때문이기도 하고, 어쩌면 새로운 책으로 다루어야 할 내용이기도 하기 때문이다. 여기서는『반성과 지향의 러시아 소설론』(한국학술정보, 2009)의 제3부에 실린「소설언어의 가치적 일원성과 다원성」,「텍스트의 상징화와 서사화」, 그리고 고리키에 대한「이념적 소통의 단절과 그 극복을 향한 성찰」에서 필요한 부분을 일부 수정·보완하여 활용하고 있음을 밝힌다.

에 대하여Об очистке русского языка」와 그에 근거하여 언론 출판 분야에서 언어 정화에 대한 다양한 논의[237]가 전개된 것은 혁명 정부의 문학적 관심이 어디에 있었는가를 잘 보여 준다. 그러나 민중에게 쉽게 이해될 수 있는 언어를 '정화'해 가는 문제는 다소 미묘한 모순적 상황에 직면한다. 민중에게 쉽게 다가가기 위해서는 민중의 언어 현실에 적응해야 할 것이지만, 민중이 현실적으로 사용하는 언어는 구어와 속어, 비문화어로서 표준적인 러시아 문어와는 일정한 거리가 있었기 때문이다. 다른 한편 혁명은 기존의 언어체계에 새로운 변형을 초래하지 않을 수 없었다. 정치적 슬로건과 강령과 관련된 새로운 언어가 많이 생겨났고 기존의 언어조차 새로운 환경에서 새로운 의미로 변형되고 굴절되기 시작했다. 새롭게 형성된 관용어와 신조어, 혁명 기구와 과제에 대한 약어, 그리고 그에 기초하여 생산된 텍스트가 안정된 사회적 의미를 미처 획득하지 못한 채 양적으로, 소외된 언어로 민중 대중에게 부과되었다. 대중은 자신의 언어로 혁명을 이해하기보다 미처 충분히 이해할 수 없는 용어와 표현, 관용구를 습득해야만 했다. 이런 상황은 민중으로 하여금 혁명적 현실 그 자체보다 언어 그 자체에 보다 예민한 주의를 기울여야만 하는 역설적 상황에 처하게 만들었다. 혁명은 한편으로는 쉽고 민중적인 언어를 수립해야 할 과제를 제기하면서 다른 한편으로는 새로운 언어를 끝없이 생산해 내는 다소간 모순적이고 역설적인 상황을 초래했던 것이다.

237 1920년대 러시아문학어의 발전과 그 논의에 대해서는 Грановская Л.М. Русский литературный язык в конце 19 и 20 вв.(М., Элпис, 2005)의 제2부 1장 "Полемика о путях развития русского литературного языка в 20 - 30-е XX века"에 자세하고 흥미롭게 연구되어 있다.

언어에 대한 예민한 관심 속에서 소설은 주인공과 사건, 서사와 같은 전통적인 소설 구성요소에 의존하기보다 언어 그 자체에 대한 소설화에 매달리는 경향을 보여 준다. 그것은 소설에서 언어적 가능성에 대한 탐구가 그만큼 중요한 역할을 하게 되었다는 것을 의미한다. 진실을 전달하는 매개로서의 언어가 소설적 묘사와 서사 전개의 중요한 대상이자 슈제트 구성의 핵심 요소가 된 것이다.[238] 혁명이란 현실 구조의 변화를 통해 인간 삶의 변화를 추구하는 것이라는 논리를 언어에 비유한다면, 인간 삶의 변화를 통해 언어의 변화를 추동하는 것이 자연스러운 이해방식일 터인데, 현실 삶의 변화보다도 언어의 변화가 더 중요한 관심의 대상으로 떠올랐다는 것은 분명 역설적 상황이 아닐 수 없다.

이 역설적 상황은 혁명이란 관점에서 역설적인 것이지, 소설의 발전과정에 비추어 본다면 자연스러운 일이다. 이미 은세기에 전통적 리얼리즘은 새로운 도전에 직면하여 새로운 언어적 변화를 모색하고 있었는데, 1920년대 소설언어는 이러한 변화의 흐름을 계승하고 있었던 셈이다. 19세기의 소설언어가 드라고미레츠카야의 말처럼 "저자의 정신성의 공기층воздушный слой"이었다면 20세기의 언어는 "선명하고 다종다색의 덮개처럼, 표현된 모든 것 위에 덮여" 있어 이제 소설 속 인물들은 이념적 인물이기 이전에 "언어적речевый"[239] 인물들이

238 보레프는 이러한 변화가 서술의 방법과 형식에 대한 서술학(нарратология)의 발전을 불러왔고 그러한 변화는 1960 ~ 1980년대 '저자의 죽음'이라는 허무주의적 주장으로 나아갔다고 말한다.(Борев Ю. "Литература и литературная теория XX в. Перспективы нового столетия", Теоретико-литературные итоги XX века. Литературное произведение и художественный процесс, М., Наука, 2003, p. 9.) 그러나 그러한 결과는 소설언어에 대한 관심과 소설언어의 대상화의 부정적 결과의 하나일 뿐이다.

239 Драгомирецкая Н.В. "Проза 1920 ~ 1930 годов: От эксперимент к классике слово как предмет и герой", Теоретико-литературные итоги xx века - Художественный текст и контекст культуры, Т.2, М., Наука, 2003, p. 221.

다. 19세기 소설언어가 국민문학으로서의 정체성을 확립해 가는 과정에서 그 이전 시대에 비해 새롭고 다양한 언어의 창출에 기여한 것은 물론이지만 "작품의 의미와 개념이 등장인물들의 다성적 목소리로 구성되었다 하더라도 궁극적으로 독백적"[240]이라는 보레프의 지적은 특히 20세기 소설언어와 비교하면 대체로 타당하다. 19세기의 소설언어가 저자의 언어로부터 주인공의 언어로, 그리고 서사 언어로 확대되면서 저자의 세계인식과 그 표현의 지극한 수단이었다면, 20세기의 소설언어는 그 자체가 묘사의 대상이자 주인공이 된 것이다. 이제 20세기의 저자는 모든 것을 보고 아는 전능한 자가 아니라 표현되어지는 것 자체에, 즉 그 대상 속에 내재하는 "배우의 얼굴"[241]을 하고 있다. 즉 이런 배우는 평소 자신의 언어를 그대로 간직하고 유지하는 것이 미덕이 아니라 그가 처한 극중 상황에 걸맞은 언어를 지닌 '언어적 인물'이어야만 한다. 따라서 새 시대의 소설언어는, 역시 드라고미레츠카야의 말에 따르면, "무엇보다도 언어적 측면들의 위계와 소외를 극복하는 것, 저자의 말(탐구하는)과 주인공의 말(탐구되는)을 새로운 다언어적 총체(말의 합금)로 결합하는 것, 문학의 언어(권위적, 특권적 언어)와 삶의, 평범한 사람들의 언어(지역의 말투, 방언), '자신의 말과 타자의 말', 현대의 말(이를테면 슬로건)과 고대의 말(잠언), 추상적 개념어와 구체적인 언어, 정신의 언어와 과학의 언어 등을 결합하는 것이었다. … 그리하여 단일하고 동질적인, 능동적이고 의식을 지닌, 그리고 스스로 변모하는 물질의 사회적 세

240 Борев Ю. 앞의 책, p. 9.
241 Борев Ю. 앞의 책, p. 10.

계구축의 상이 창조되었던 것이다."[242] 드라고미레츠카야의 말처럼 정말로 "단일하고 동질적인, 능동적이고 의식을 지닌 사회적 세계구축의 상"이 창조되었는지에 대해서는 판단을 유보한다고 해도 20세기 초 소설에서 언어의 기능과 역할, 지위, 과제가 이전 시대와 현격하게 바뀌었다는 지적과 '새로운 다언어적 총체'를 추구하였다는 설명은 이 시기 문학어의 상황을 적절하게 담아내는 것으로 보인다. 이런 맥락에서 1920년대 소설언어의 다소 모순적이고 역설적인 상황은 전혀 새롭고 낯선 풍경만은 아니었던 것이다.

혁명적 현실과 혁명의 필연성을 담아내야 한다고 믿었던 프롤레타리아 문학 진영이 소설언어의 실험에 대한 여러 경향들에 대해 비판적이었던 것은 어찌 보면 당연한 결과였다. 그러나 앞서 언급했다시피 이렇게 언어에 대한 예민한 관심 자체가 혁명적 상황과 결코 무관한 것이 아니었고 '우주적인 시'를 창조하겠다던 프롤레트쿨트 진영이나 쿠즈니차Кузница 진영 역시 방향과 정도가 다소간 달랐을 뿐 언어에 대해 예민한 반응을 보이고 있었다. 고르바초프가 "프롤레타리아 문학은 생생한 방언이나 은어 등의 아주 중요한 계기들을 부각시키면서 명료하고 쉽게 이해되며 일반적으로 받아들여지는 언어를 활용해야만 한다. 그것은 벨르이와 자먀친의 유산에 남아 있는 데카당한 요소들을 결정적으로 폐절하는 것이다. 다만 그들에게서 아주 얼마 되지 않는 기술적 기법들만을 남겨두고 말이다."[243]라고 말해야 했던 것은 20년대 소설언어가 처해 있던 역설적 상황과 그 속에서 '프롤레타리아 문학'의 곤혹스러운 처지를 분명하게 보여 준다. 한편

242 Драгомирецкая Н.В. 앞의 책, p. 223.
243 Горбачев Г. Два года литературной революции, Л., 1926, p. 21.

으로 언어에 대한 '데카당한' 태도를 비판하면서도 그들의 '기술적 기법'을 받아들여야 한다는 고르바초프의 말은 20년대 중반 『시월 Октябрь』 그룹과 『초소에서 На посту』 진영의 동반자 문학에 대한 격렬한 정치적 비판에 비하면 역설적이고 모순적인 상황에 대한 당혹스럽지만 매우 정직한 진술이었던 셈이다.

모색으로서의 사회주의 리얼리즘

혁명 이후 문학은 새로운 세계지각을 바탕으로 미학적 대안을 만들어 내야 할 필요성, 즉 개인과 역사, 인간과 역사적 시간, 혁명 등의 새로운 관계를 해석하고 전달해야 할 필요성에 직면해 있었다. 이를 위해 개인과 사회 환경의 상호관계를 새롭게 이해해야 했고, 그에 조응하는 미학적 혁신이 요구되었다. 하지만 이런 필요성과 시대적 요구가 가장 적합한 방법으로 해결될 수 있었던 것만은 아니다. 혁명으로 수립된 소련이라는 사회체제 속에서 미학적 모색과 윤리적 탐색이 더 이상 이전만큼 자유로울 수는 없었기 때문이다.

골룹코프 М. Голубков는 1920년대와 1930년대 문학의 발전을 일원론적 가치체계와 다원론적 가치체계의 갈등과정으로 이해하고 일원론적 가치체계의 승리와 전체주의적 문화체계의 성립으로 설명한다. 그는 소련의 전체주의적·일원론적 문화체계가 단순히 당이 내린 지시의 결과는 아니라고 말한다. 오히려 "사회주의 리얼리즘의 창작방법은 시대의 새로운 세계지각과 미학적 대안, 특히 표현주의, 인상주의, 자연주의 등과 상호작용할 수 있는 현실적인 가능성 등에 의해 생겨난 것"[244]이라고 본다. 1920년대에 국한하자면 나름대로 다양한 문학적 갈등이 다원적으로 존재하고 있었다는 골롭코프의 견해에 크게 반대할 사람은 없을 것이다. 그는 1934년에 공식적으로 선언된 사회주의 리얼리즘과 1920년대 다양한 시도와 모색으로서의 사회주의 리얼리즘을 구분할 것을 요구한다. 그에 따르면 1934년에 사회주의 리얼리즘이 처음으로 개념화되었지만 그것은 이후 전혀 다른 문학체계로 변질된다.[245] 즉 이미 30여 년에 걸쳐 존재해 오다가 1920년대 후반에서 1930년대 전반에 전성기를 맞이했던 사회주의 리얼리즘과 이후 소련 사회에서 규범화된 '반反 리얼리즘적 미학체계'로서의 사회주의 리얼리즘은 전혀 다르다는 것이다. 그럼에도 불구하고 "예나 지금이나 문학비평과 학계에서는 양자가 동일시되고 있"는 것이 "20세기 문학의 가장 큰 오해"[246]라는 골롭코프의 생각은 1920년대 문학에 대한 새로운 시야를 열어주는 바 작지 않다.

골롭코프가 사회주의 리얼리즘에 접근하는 방식의 새로움은 사회주의 리얼리즘을 일방적으로 비난하거나, 혹은 사회주의 리얼리즘의 가치적 일원론을 일방적으로 매도하지 않는다는 점에 있다. 그는 사회주의 리얼리즘이 19세기 리얼리즘의 일원론적 세계관을 계승하고 그것을 보다 극적으로 절대화·단순화한다고 판단한다. 즉 양자는 기본적으로 일원론적 세계관을, 즉 세계와 인간이 인과적 관계를

244 골롭코프 M. 저/서상범 역, 『러시아 현대문학과 잃어버린 대안』, PUFS, 2002, p. 107.

245 보리스 그로이스는 사회주의 리얼리즘을 포함하여 러시아 아방가르드 운동이 문학의 정치화를 지향하였지만, 실제로는 정치의 문학화가 전개되면서 이들이 정치적으로 배제되는 아이러니한 성격에 대해 잘 지적하고 있다(그로이스 Б. 『아방가르드와 현대성-러시아의 분열된 문화』, 문예마당, 1995).

246 골롭코프 M. 앞의 책, pp. 106-107.

가진 공통된 법칙을 지니고 있다고 전제한다. 그러나 전자가 현실의 가능한 다양한 측면을 폭넓게 담아내고자 했다면, 후자는 사회적 전제, 즉 "개인에게 항구적이고 보편적인 영향을 미치는 가장 보편적인 역사 법칙과 역사적 시간"[247]을 전제하고 있다. 그럼으로써 인간을 둘러싼 환경은 역사적·보편적 규모로 확장되고 그 환경의 작용은 "거의 숙명적인 성격을 띠고 있어서 주인공이 이 작용에서 도저히 벗어날 수 없으며, 역사의 외부에서 개별인으로 남아 있을 수 없게 되었다." 거대 환경이 인간에게 이러한 작용을 가할 뿐만 아니라 개별 인간의 존재 역시 역사적 상황과 민족의 역사적 운명 등에 직접적으로 작용하고 관계를 맺는다. 이제 "개별 인간의 삶과 민족의 역사적 운명은 원칙상 균등해졌고 동일한 규모로, 하나의 좌표상에 위치하는"[248] 것이다.

사회주의 리얼리즘 발전이 그 내적·미학적 기원을 통해 형성되었다는 말이 사회주의 리얼리즘의 역사적 정당성까지 보장하는 것은 아니다. 골롭코프는 리얼리즘과 사회주의 리얼리즘의 가치적 일원론의 필연적 귀결점에 대한 현대적 비판을 놓치고 있지 않다.

> (사회주의 리얼리즘은) 세계를 재창조하고 미적인 것을 보고 창조할 수 있는 능력을 지닌 강하고 조화로운 인간에 대한 희망, 시대와의 결투, 역사적 시간의 변형을 어깨에 짊어진 인간에 대한 희망을 담고 있는 문학이다. 그러나 이미 1930년대에 접어들면서 이러한 희망은 사회적인 문제든, 정치적인 문제든, 경제적 문제든, 심지어는 기술적인 문제든, 그 어떠한 문제라도 의지의 충동으로써 해결할 수 있다는 소박

247 위의 책, p. 109.
248 위의 책, p. 110.

한 믿음으로 변했다. 인간, 사회, 국가를 바꿀 수 있다고 하는 낭만적인 믿음이 생겨났고 또 견고해졌다. 이 낭만적인 믿음은 현실에 대한 주관론으로 변했다. 아주 훌륭한 계획이 있다면 존재마저도 개조할 수 있다는 이 낭만적인 믿음으로 인해 집단화가 정당화되고 모든 경제법칙이 도구화되는 결과가 초래되었다. 현실에 대한 의지적이며 낭만적인 태도는 개인(주인공, 작가, 인간 보편)에 대한 폭력으로 변했고, 결국에는 예정했던 것과는 정반대의 결과를 낳았다. 즉 인간 개성이 무시되고 인간 개인이 시대의 사회의식 속에서 재료나 역사의 연료로 바뀌며 인간은 톱니바퀴 속의 나사라는 개념이 만들어지게 된 것이다.[249]

골롭코프는 1934년 선언된 사회주의 리얼리즘과 그 이전, 미학의 내재적 논리를 갖춘 사회주의 리얼리즘을 분리하여 이해하면서도, 바로 후자의 내재적 논리 그 자체에, 다시 말하면 리얼리즘의 가치적 일원론에 이후 사회주의 리얼리즘의 변질될 수밖에 없었던 필연성의 단초가 함축되어 있다고 말한다. 이러한 논리는 근대성의 인간중심주의와 도구적 이성에 대한 프랑크푸르트학파의 비판 논리, 그리고 포스트모더니즘의 출발점과도 같은 근대성 비판 논리를 연상시킨다.

골롭코프의 견해에 따르면, 사회주의 리얼리즘은 그 미학적 원칙의 자연스러운 결과로서 중립적 문체화를 지향한다. 고리키를 비롯하여 1920년대 사회주의 리얼리즘 작가들은 개인과 역사의 직접적인 만남, 즉 성격과 상황의 새로운 유형을 형상화하고자 했고 "미래의 절대적 가치와 개인의 상대적 가치"[250]가 극적으로 결합되는 시공간을 창출해 냈다. 개인과 역사 사이의 커다란 공간은 매우 직접적

249 위의 책, p. 125.
250 위의 책, p. 132.

인 상호작용의 협소한 공간으로 축소되었고 개인의 성격을 구성하는 다양한 요소들이 무시되거나 단순화된다. 개인이 역사적 과제를 수행하는 데에 그 어떤 '개인적' 요소들이 개입되는 것도 절대적으로 극복되며, 역사의 주요한 전기들은 그대로 개인의 성격에 직접적으로 수용된다. 19세기 리얼리즘에서 개인의 성격을 형성하는 특수하고도 개별적인 요소들은 이제 단순하게 축약되고, 확고부동한 미래의 황금시대를 위해 역사의 한 가운데로 나아가는 영웅적 개인이 등장하게 된다. 이 영웅적 개인은 매우 개별적인 언어적 특성을 가지거나 자신의 신념이 흔들릴 수 있는 다양한 문화적 요소에 민감하기 어렵다. 그리고 이를 묘사하는 작가의 개인적 요소 역시 영웅적 주인공의 말이나 행위에 개입할 여지가 축소된다. 작품의 서술자 역시 개인과 역사의 필연적 전개과정에 개입할 여지가 없는 중립적 인물로서 자연스럽게 표준어를 지향하고 화자의 말은 독자적인 사회적 방향을 가지고 있지 않으며 그 자체가 묘사의 대상이 되지도 않는다. 이러한 중립적 문체에서는 '타자의 말'이 묘사되지도, 그 의미적 메타포적 공간의 확장도 이루어지지 않는다. 이 중립적 문체가 정치적 권위를 획득하여 규범적 문체로 지위를 확립하게 됨으로써 사회주의 리얼리즘은 지배적이고 배타적인 독백 형식으로 변질된다.

가치적 일원론의 극대화된 단순한 형식은 중립적 문체화를 초래했고, 그것이 사회적·정치적 규범화로 나아가게 되었다는 골룹코프의 견해에서 사회주의 리얼리즘이 표방했던 새로운 미학적 모색은 그 자체 내에 독백적·전체주의적 경향을 함축하고 있었다는 결론이 나온다. 그러나 여기서 우리는 그러한 전이가 필연적이었다는 판단에 대해서는 다소 유보해 둘 필요가 있다. 왜냐하면 가치적 일원론이 소설의 중립적 문체화를 지향했다는 점은 인정한다 하더라도, 그것이 반드시 권위주의적, 혹은 더 나아가 전체주의적 규범화로 나아가기 위해서는 일정한 조건이 필요하기 때문이다. 즉 중립적 문체의 전체주의적 규범화에는 가치적 일원론에 대한 '단순한', '극단적인' 이해, 그리고 그에 대한 정치권력 등과 같은 요소가 개입되어 있는 것이다. 다시 말해 가치적 일원론, 그 자체에 전적으로 전체주의적 혐의를 부여하는 것은 가치적 일원론이 지닌 또 다른 측면에 대한 '전체주의적' 방기가 될 수 있다. 따라서 단순하게 19세기 리얼리즘 문학, 그리고 새로운 미학적 과제에 대응하여 모색되었던 사회주의 리얼리즘 문학의 기본 원리를 가치적 일원론으로 매도하기 이전에, 오히려 가치적 일원론이 역사과정에서 왜, 무엇을 위해 필연적으로 생성되었는가, 그리고 그것이 변질될 위험은 무엇이며 그것을 극복할 대안은 없었는가라는 점에 좀 더 관심을 기울이는 것이 창조적인 접근이 될 수 있을 것이다.

1920년대에는 중립적 문체가 기껏해야 문체적 지배소 가운데 하나일 뿐, 아직 권위 있는 문체는 아니었다. 이 당시 중립적 문체는 장식적 문체와 스카즈를 포함한 일군의 새로운 담론들과 "똑같이 생산적으로 서로 작용하면서 소련 문학의 강력한 다음성적 문체적 구조"[251]를 만들어 내고 있었다.

1920년대의 다양한 문체적 특성 중 하나인 스카즈는 "이중 목소리 서술двухголосное-повествование"이다. 그것은 "저자와 화자를 상호관계시키고 입으로 발성된 독백, 연극무대에서 공감대를 지닌 청중을 전제하고 있는 사

251 위의 책, p. 150.

람, 민주적 환경과 직접 연관되거나 그런 환경을 지향하는 사람이 즉흥적으로 내뱉는 독백처럼 문체화된"[252] 서술 방식이다. 스카즈는 타자의 말에 관심을 가지고 그에 기초하려는 노력에서 발생하며, 텍스트 내에서 "또 다른 서술자의 견해를 가지고 말하고자 하는 현상" 중의 하나로서 '또 다른 서술자'란 물론 "단일한 개인이거나 광범위한 사회층들의 견해를 대변하는 자"[253]이다. 따라서 스카즈는 민족의 삶이나 민중의 현실적 다양성을 반영하는 한 형식이 될 수 있는 것이다.

스카즈는 단순히 소설의 서술 양식 중 하나가 아니라 일정한 세계관과 조응하는 형식으로 해석될 수 있다. 쥐르문스키나 코쥐노프 등의 문체론 연구는 문체를 예술적 과제의 일반적인 변화와 한 시대의 세계관과 연계시켜 해명하고자 한다[254]는 점에서 스카즈를 이해하는 올바른 관점을 제시해준다.

1920년대 산문의 또 하나의 유력한 문체였던 장식적 문체는 러시아 상징주의 미학의 강력한 영향하에 성립된 것으로 언어의 기호화와 모티프화를 통해 산문을 음악적으로 구조화하면서 기존의 세계인식을 새로운 표현과 묘사로 대체하고자 했다. 장식적 문체는 전통적인 사건과 인물, 서사에 의지하기보다 사물에 대한 새로운 표현, 격렬한 사회적 변화에 대한 순간적 포착 등을 자신의 미학적 과제로 삼았다. 이는 필연적으로 산문어를 시어에 근접시켜 갔고 다양한 환

---

252 Мущенко Е.Г., Скобелев В.П., Кройчик Л.Е. Поэтика сказа, Воронеж, Изд. Воронеж. Унив., 1978, p. 34.

253 위의 책, p. 8.

254 쥐르문스키는 문체가 "예술적 표현 수단과 기법들의 체계로서 그 발전은 일반적인 예술적 과제의 변화와 미적 취향 및 습관들의 변화, 그리고 무엇보다 시대의 세계감촉과 긴밀하게 연관된다."(Жирмунский В.М. Теория литературы. Поэтика. Стилистика, Л., 1977, p. 38.)고 말한다. 코쥐노프 역시 문체를 포함한 문학의 여러 형식들이 "내용적 형식"임을 분명히 하고 있다.(Кожинов В. В. Смена литературных стилей. На материале русской литературы 19-20 веков, М., 1974. p. 4.)

유와 은유에 의존하면서 산문언어에 강력한 실험적 성격을 부여하게 된다.[255]

이처럼 1920년대 문학의 다음성적 구조를 형성하고 있던 세 방향의 문체적 경향[256]은 중립적 문체의 권위적 규범화와 더불어 단일한 소련 문학이라는 일원론을 형성해 간다. 골룹코프는 장식적 문체나 스카즈와 관련된 새로운 담론들을 포함하여 1920년대의 다양한 문학적 모색(사회주의 리얼리즘을 제외한)을 종합하여 표현주의와 인상주의로 규정하고 이를 대안적 미학 체계로 이해한다.

표현주의와 인상주의적 경향들은 중립적 문체와는 달리 장식적 문체와 스카즈 등의 문체를 다양하게 활용하고 있다. 인상주의 산문의 본질은 "어떤 감각, 회상, 디테일 등으로 야기된 개인의 심리 상태와 인상이며, 또한 객관적, 실증주의적, 인과적 세계지각을 상상 속의 어떤 잠재의식적인 메커니즘에 기초한 인상으로 대체하는 것"[257]이다. 인상주의가 대체로 존재의 미세한 뉘앙스를 지각하고 드러내는 것을 과제로 삼고 있다면, 표현주의는 조건적이고 상징적이며 그로테스크한 형상을 통해 일정한 이념을 드러내는 것을 예술적 과제

---

255 장식체 문체에 대해서는 패트리샤 카든 저/문석우 역, 「장식체와 모더니즘」, 『문화와 아방가르드: 러시아 모더니즘 1900 ~ 1930』, 열린책들, 1997. Кожевникова Н.А. "Материалы и сообщения из наблюдений над некласси- ческой 〈Орнаментальной〉 прозы", Серия литературы и языка, Т. 35, No. 1, М., 1976. 등을 참조.

256 1920 ~ 1930년대 소설의 문체적 경향을 유형화시켜 이해하고자 하는 시도는 다양하게 제시되기도 한다. 이를테면 스코로스펠로바는 이 시기의 산문을 "민족적 · 역사적(영웅적)(национально-исторический (георический)), 생태학적(풍속 묘사적)(этологичесий (нраво-описатлельный)), 장편소설적 (романический)" 경향들로 구분하였고(Скороспелова Е. Русская советская проза 20-30 х годов : судьбы романа, М., 1985.), 벨라야는 다양한 문체적 경향을 소설 장르의 특수한 문체적 통일성 (особое жанровое единство)으로 이해하고자 하였다.(Белая Г. К. Проблеме романного мышление. Советский роман - новаторство, поэтика, типология, М., 1978.) 그러나 이들 모두 타자의 말이라는 소설언어의 특수성에 입각하여 다양한 문체들이 지닌 세계관적 차이와 대립에 대한 설명으로 나아가지는 않는다. 이런 점에서 골룹코프의 견해는 보다 새로운 진전을 보여 준다고 말할 수 있다.

257 골룹코프 M. 앞의 책, 161쪽.

로 삼는다. 그러나 인상주의와 표현주의의 이러한 차이에도 불구하고 이들은 사회주의 리얼리즘의 가치적 일원론에 대항하는 세계관적 입장, 즉 세계는 단일하지 않다는 입장을 공유하고 있다. 즉 중립적 문체를 지향하는 사회주의 리얼리즘 문학이 테제로 삼고 있는 인물성격과 상황을 부정하고 세계에 대한 주관적 감각과 주체적·개성적 표현을 담아내고자 한다는 점에서 근본적으로 일치한다.

그러나 이렇게 대립적인 세계관에도 불구하고 이들은 긴밀한 상호침투[258]를 통해 1920년대의 다음성적 '구조'를 형성하고 있다. 여전히 이들은 하나의 '구조' 속에서 상호작용하면서 문학예술의 새로운 모색을 공유하고 있는 것이다. 아직은 "죽음을 위한 투쟁"이 아니라 "생명을 위한 투쟁"[259]이었던 셈이다.

윤리와 미학의 새로운 경계를 향하여

혁명의 주체와 대상으로서의 개인

필자는 지금까지 은세기의 여러 국면을 살펴보면서 그때마다 막심 고리키의 문학활동과 작품세계를 지속적으로 추적하였다. 변혁

258 다원적 경향들은 각각의 문체적 특성을 보존하고 있으면서 동시에 다른 문체의 영향을 적극적으로 수용하고 있다. 이를테면 중립적 문체 지향의 중심적인 인물로 지적되는 막심 고리키의 경우, 1920년대의 단편소설들에서, 특히 『1922 ~ 1924년 단편집(Рассказы 1922 ~ 1924 годов)』에서 스카즈와 장식체적 문체를 다양하게 실험하고 있다. 또한 자먀친과 플라토노프의 표현주의적 경향에서도 중립적 문체의 특성이 드러나기도 한다.

259 골룹코프 M. 앞의 책, 229쪽.

기 문학의 윤리와 미학 수준을 가늠하는 지표와도 같은 작가이기 때문이다. 1917년 혁명과 그 이후의 문학과정에서도 마찬가지로 고리키는 혁명과 문학의 역동적 상호관계를 드러내는 가장 좋은 실례이자, 그 대립적 자장이 가장 극적으로 작동하는 무대이다. 고리키 문학은 그 시작부터 격렬한 논쟁을 촉발하면서 그 중심에 서 있었고, 혁명과정과 소련 시절, 그리고 소련의 몰락 이후까지도 마치 진자의 양쪽 끝을 오가듯 평가의 양극을 달리고 있다. 혁명과 어떤 관련 속에 존재하는가, 혁명에 대한 태도는 무엇인가가 고리키 문학과 그에 대한 평가의 가장 중요한 기준이었던 것이다. 이러한 상황에서 그의 문학이 항상 일정한 과장과 극단적 폄하로부터 자유로울 수 없었던 것은 당연했다. 혁명은 고리키에게 최고의 영예를 안겨 주었을 뿐만 아니라 최악의 불명예를 덧씌우기도 했다는 점에서 그는 혁명의 최대 수혜자이자 최대 수난자였던 셈이다.

여기서는 1917년 혁명에 임하는 '혁명작가' 고리키의 태도와 그 이후 혁명으로 초래된 인간과 삶의 새로운 면모를 탐구하는 '문학혁명가' 고리키의 모습을 통해 1920년대 문학의 중요한 양상 중 하나를 살펴보고자 한다. 이를 통해 우리는 한편으로 1920년대 새로운 문학의 이면을 살펴볼 수 있을 것이고, 다른 한편으로는 혁명이 가져온 문학의 새로운 가능성의 한 측면을 가늠해 볼 수 있을 것이다.

고리키는 10월 혁명 전후 직접 창간에 참여한 『신생활Новая жизнь』이라는 잡지에 그다음 해인 1917년 4월부터 잡지가 폐간된 1918년 7월까지 약 80여 편의 글을 발표하는데, 그중 57편을 「시의에 맞지 않는 생각들Несвоевременные мысли」이라는 칼럼으로 발표한 바 있다. 이 글들 중 일부는 『혁명과 문화. 1917년 논문들』이라는 제목으로 곧바로 독일에서 출판되었고, 다시 일부가 『시의에 맞지 않는 생각들. 혁명과 문화에 대한 촌평』이라는 제목으로 러시아에서 출판되었다.[260] 이후 고리키는 다시 두 책에 실린 글들을 합치고 누락되었던 글들을 첨가하여 『시의에 맞지 않는 생각들』이라는 최종본을 편집하지만 소련에서는 다시 출판되지 못한다. 작가의 마지막 구상에 따라 재구성된 판본은 1990년에야 비로소 출판될 수 있었다.[261]

이 칼럼에서 고리키는 볼셰비키의 폭력성과 잔인성에 대해 날카롭고 거침없이 비판을 퍼붓는다. 레닌과 트로츠키 등 볼셰비키 지도자들이 "권력이라는 독에 중독된 자들"이며, "도덕성이 부재하고 민중의 생명을 폭군처럼 무자비하게 다루는 냉혈한"이라고 독설을 퍼붓는가 하면, 이들에 부화뇌동하는 프롤레타리아트를 "몰상식한 주인의 선동을 받아 폭력과 테러를 사용하면서 계급적 특권의식을 부르짖는"[262] 자들이라고 냉혹하게 몰아붙인다. 또한 러시아 민족은 "기질적으로 아나키스트이고, 잔혹한 짐승과 같은 민족이며, 어둡고 사악한 노예의 피가 혈관을 타고 흐르는 민족"[263]이라는, 누구도 좋아할 수 없는 말들을 거침없이 쏟아 낸다. 그는 또한 "사회주의 속에서 나폴레옹이 되기를 꿈꾸는 레닌주의자들이 러시아를 붕괴시키기 위해 발버둥치고 있고", "러시아 민중은 피의 호수로 그 대가를 치르게 될"[264] 것이라고 경고한다. 이처럼 혁명과 혁명가들에 대한 격렬한 비

260 Горький М. Революция и культура. Статьи за 1917 год. Berlin, Изд. т-ва И.П. Ладыжникова, 1918., Горький М. Несвоевременные мысли. Заметки о революции и кулььуре, Петроград, Просветительское общество 'Культура и свобода', 1918.

261 이 판본의 발굴과 출판은 고리키 문헌 연구자인 И. Вейнверг에 의해서였다. 그는 고리키의 글들을 상세하게 분석하고 해제를 달아 『Несвоевремнные мысли』(М.: Советский писатель, 1990)를 출판함으로써 비로소 이 시기 고리키 연구의 객관적 기초를 구축했다.

262 Горький М. Несвоевремнные мысли, p. 149.

263 위의 책, p. 136.

264 위의 책, p. 151.

난, 프롤레타리아트와 농민에 대한 신랄한 비판으로 인해 소련에서 이 책은 고리키가 일시적 실수와 혼란 속에서 혁명 정부의 정책을 비난한 것[265]이라거나, 혁명과정을 좀 더 신중하고, 단계적으로 진행해야 한다고 주장한 것이라고[266] 언급될 수 있을 뿐이었다. 반면 서구에서 이 책은 혁명을 비판하는 고리키의 반혁명적 태도를 부각하기 위한 유력한 근거로 활용되기도 했다.[267]

그러나 이 모든 글들을 전체적으로 재구성하여 제시하고 싶어 했던 고리키의 문제의식 자체에 주목한다면, 이 책이 단순히 혁명과 혁명가들에 대한 비판이나 비방에 주안점을 두고 있는 것은 아님을 알 수 있다. 고리키가 이 책에서 역설하고 있는 것은 무엇보다 먼저 러시아인의 정신적 부활과 새로운 문화 건설이다.

> 무엇보다 먼저 단일한 정치 프로그램이나 정치 선전만으로 새로운 인간을 양육할 수 없고, 심화되는 적의와 증오가 사람들을 완전히 야만적이고 미개한 상태로 만든다는 사실, 이 나라의 부활을 위해 조속한 집중적 문화작업이 요구된다는 사실, 그것만이 우리를 내부와 외부의 적으로부터 해방시켜 줄 수 있다는 사실, 이런 사실을 느끼고 깨우친 모든 지식인을 아우르는 조직이 필요하다.[268]

고리키는 어떤 정치적 프로그램보다 문화의 보존과 발전, 민중의 정신적 부활을 위한 문화예술의 실천이 러시아의 당면 과제라고 확신하고 있었다. 그러나 혁명과정에서 적대적 대립과 폭력이 만연하

---

265 Овчаренко А. Публицистика М.Горького, М., Советский писатель, 2-е изд, 1966, p. 536.
266 Овчаренко, А. "Несвоевремнные мысли М. Горького", Литературная газета, 1988, 14 Сен., p. 5.
267 Резников Л. "О книге М. Горького 『Несвоевремнные мысли』", Нева, 1988, No. 1, p. 149.
268 Горький М. Несвоевремнные мысли, p. 258.

고 적대감과 증오심이 강화되어 가는 현실을 목도하면서 그는 초조와 불안을 떨쳐 내지 못한다. 그가 고대하고 예상했던 혁명이 오히려 러시아 문화의 토대를 파괴하고 민중들 사이에 야만적 본능을 조장하는 것이 아닐지 의혹을 떨쳐 낼 수 없었던 것이다. 혁명정권에 대한 비판도 문화와 교육사업을 등한시한다는 점, 궁전이나 귀족 저택 등에 있는 귀중한 문화유산과 예술품, 도서의 약탈과 파손을 방치하고 있다는 점, 민중을 정치적 목적에 따라 마구잡이로 동원한다는 점 등에 집중되어 있다.

『시의에 맞지 않은 생각들』을 보면 고리키는 혁명 패러다임의 '시의성'을 정확하게 인지하고 있었다. 그가 이해하고 있는 한, 혁명 패러다임 속에서는 권력 장악을 위한 정치적 목적과 그에 대한 저항이 양극을 형성하고 있다. 이 양극화된 대립은 혁명과정에서 무차별적으로 모든 것을 양극의 하나로 끌어들이기 위해 한껏 강력한 자장을 형성한다. 그러나 고리키는 그러한 대립적 양극화가 러시아 민중과 문화에 바람직한 것으로 생각하지 않았고, "문화 건설과 인민 교육을 위한 조직을 세우기 위해 온 나라의 모든 진보적 민주세력을 결합해야 한다."[269]고 생각했다. 이런 생각은 혁명 패러다임 속에서 그가 취할 수 있는 입지를 매우 협소하고 곤란하게 만들었다. 혁명 패러다임에 편승하는 가장 좋은 방법은 어느 쪽이든 하나의 극점으로 자신의 입장을 단순화하는 것이다. 그러나 문화 건설이나 교육을 중심으로 사고하는 고리키의 입장은 혁명정권 수립을 제일의 목적으로 하는 혁명진영에게는 다소 한가하고 거추장스러운 것이었고, 반혁명

---

269 Переписка М. Горького, В 2 т., Т. 2, М., 1986, p. 114.

진영에게는 일정하게 혁명을 수용하려는 입장으로 여겨졌다. 그들에게 고리키의 입장은 전혀 '시의에 맞지 않는 것'이었다. 고리키가 쓴 칼럼의 제목이 '시의에 맞지 않는 생각들'이라고 명명된 것은 바로 이런 점을 고리키가 충분히 의식하고 있었다는 것을 말해 준다.[270]

『시의에 맞지 않는 생각들』에는 러시아와 러시아 문화, 그리고 그 혁신에 대한 고리키의 생각들이 폭발적으로 터져 나오고 있다. 고리키를 혁명문학가로 이해하고 있던 사람에게 이 글은 고리키의 반혁명적 변신으로 보일 것이다. 그러나 앞서 살펴본 바와 같이 고리키는 혁명 패러다임 속에 있으면서도 항상 그 패러다임의 기계적 수용자가 되는 것이 아니라, 스스로의 사고와 판단을 통해 움직이고 활동하고자 했다. 고리키가 혁명 이전부터 볼셰비키 혁명가들과 긴밀히 교류했고, 볼셰비키 당의 유력한 재정적 후원자였다 하더라도 그것은 고리키가 볼셰비키의 혁명 정책 일반을 그대로 수용한다는 의미는 결코 아니었다. 고리키는 항상 문학과 예술의 영역에서 독자적인 행로를 걸었고, 특히 러시아의 문화적 개혁과 혁명에 대해서는 독특한 나름의 이론을 구축해 나갔다. 『시의에 맞지 않는 생각들』은 고리키의 이러한 태도들이 급박한 환경에서 보다 집중적으로 표출되면서 일종의 문화혁명 패러다임으로까지 결정結晶되고 있다는 것을 보여 주는 증거인 셈이다.

혁명 전후의 시기를 지나고 고리키는 해외에서 소련의 현실과 일정하게 거리를 두고 그 모든 혁명과정을 다시 성찰할 수 있는 시간

270 레닌은 고리키의 『어머니』에 대해 '매우 시의적절한 작품'이라는 유명한 평가를 남겼는데, 이 칼럼의 제목이 그에 대한 반박의 의미를 담고 있다고 말하는 것은 분명 과도한 해석일 수 있겠으나, 전혀 무관하다고 단정하는 것도 반드시 옳다고 말할 수는 없을 것이다.

을 가진다. 이 시기 고리키는 직접적인 정치적 발언이나 정치평론은 거의 쓰지 않고 그동안 미루어 왔던 작품 창작에 몰두한다. 고리키는 혁명 이후 문학작품에는 거의 손댈 틈이 없었다. 그가 러시아를 떠나기에 앞서 주위 문인들과 상의하는 자리에서 "작가가 글을 쓸 수 있는 곳으로 떠나세요. 이건 도망가는 것이 아니라 일로 돌아가는 겁니다."[271]라고 했던 쉬클롭스키의 말도 의례적 위로만은 아니었다. 실제로 해외로 나온 고리키는 곧바로 자전적 삼부작의 마지막 편『나의 대학Мои университеты』,『아르타모노프가의 사업Дело Артамоновых』, 단편「첫사랑에 대하여О первой любви」등을 집필하는 등 많은 작품을 발표한다.

특히 고리키의 마지막 단편집이라고 할 수 있는『1922~1924년 단편집Рассказы 1922~1924년』은 고리키의 '새로운 형식'과 '새로운 어조'[272]가 담긴 작품으로 주목할 만하다. 이 작품집은 9편의 단편으로 구성되어 있으며, 기존의 작품과는 전혀 다른 형식과 내용을 담고 있다. 그 중에서도「영웅Рассказ о герое」,「카라모라Карамора」,「특이함에 대하여Рассказ о необыкновенном」등은 직접적으로 혁명에 참여한 인물들의 서로 다른 내면을 통해 변혁기 러시아문학의 윤리와 미학에 대해 날카로운 문제의식을 제기한다.

이 세 작품은 긴밀하게 내적 주제를 공유하고 있으며 문제의식의 측면에서 유기적인 연관을 지니고 있다. 따라서 세 작품의 비교 연구는 개별적 연구의 한계를 벗어나 훨씬 종합적인 시야를 갖게 해줄 것이며, 특히 혁명 후 변모된 고리키의 예술적 내면세계를 이해하는 데에 중요한 역할을 할 것이다. 그러나 이 작품들을 통해 고리키의

271 Хейтсо Г. Максим Горький: Судьба писателя, М., Наследие, 1997, p. 198.
272 Архив М. Горького. М. Горький и советская печать, Т. 10 - Кн. 2, М., Наука, 1965, p. 351.

내면을 엿보기란 그리 쉽지가 않다. 이 작품들은 전혀 다른 동기로 혁명에 참여한 전혀 다른 이력의 주인공들에게 전적으로 '펜'을 넘겨줌으로써 작가의 평가적 입장을 거의 드러내지 않기 때문이다.[273] 특히 작가가 전적으로 이념적 공감을 보내지 않는 주인공에게 작품의 모든 시점을 넘겨주는 1인칭 등장인물 시점은 작가의 이념적 개입을 극히 제한하는 형식이고, 따라서 작가의 이념적 입장을 파악하기가 쉽지 않은 형식이었던 것이다.

세 작품의 주인공은 모두 훼손된 의식을 가지고 그 의식에 이념을 굴절시키는 인물들이다. 혁명을 앞둔 러시아 현실에서 훼손된 의식으로부터 자유로울 수 있는 사람은 없었을 것이다. 일그러지거나 훼손되었다는 말은 일그러지지 않거나 훼손되지 않은 의식이 존재한다는 것, 따라서 인간에 대한 어떤 고정된 원형의 상태를 전제하는 표현일 수 있다. 그러나 혁명 전 러시아에서 특히 자기 정체성이 흔들리고, 자기 정체성 자체를 문제로 의식하면서, 주변 세계와 혼란스러운 관계를 형성하고 있는 인물들의 의식을 지칭하기 위해, 원형으로서의 인간의식을 굳이 전제하지 않더라도 일단 이렇게 '일그러지거나 훼손된 의식'이라는 말을 사용하는 것이 불가능한 것은 아니다. 즉 여기서 이 말은 정체성 문제가 급격하게 제기되고 있는 시기에 그에 예민하게 반응하는 주인공들, 그 반응의 다양한 차이들, 그 각각의 한계와 혼란 등에 주목하기 위해 사용하는 표현이다.[274]

---

273 이 작품집의 거의 대부분의 단편들이 이전까지의 주석적인 고리키식 서사기법을 피하고 있다. 타게르는 1920년대의 이러한 특징을 "주인공의 개인적, 굴절적인 수용의 프리즘"이라고 명명하고 이는 1인칭 소설뿐만 아니라 여타 다른 형식의 단편들에서도 특징적으로 나타난다고 본다. Тагер Е. Творчество Горького Советской эпохи, М., 1964, p. 171.

274 고리키는 『어머니』에서 계급적 인간 유형을 창조함으로써 문제적 작가로 세계적 명성을 얻었지만, 사실 보다 복잡하고 모순적인 인간 유형에 대해 훨씬 큰 관심을 가지고 있었다고 말하는 편이 더 옳다. 한편 고리키는 1920년대에 세라피온 형제들이 사회적 존재보다 인간 그 자체에 대해, 즉 "계층과 당과 민족과 신앙을 벗

「영웅」의 주인공 마카로프는 창조적 개인의 영웅성을 신봉하며 집단으로서의 인간, 즉 민중의 몽매함을 두려워하여 민중혁명을 저지하면서 영웅들의 지도를 기다리는 인물이다. 그는 노박이라는 역사 선생을 스승으로 모시고 군주제를 옹호하는 비밀스러운 정치운동을 조종하는 '어른патрон'의 비서로 일한다. 여기서 흥미로운 것은 그의 사상체계 자체라기보다 그의 사상이 태어나고 발전되는 과정이다. 개인주의와 영웅주의에 기초하여 군주제를 옹호하고 사회주의 혁명을 저지하려는 사상체계 자체는 그 나름대로 일정한 역사적·이론적 근거를 가지고 있다. 그러나 소설은 이러한 사상 자체의 허구성이나 비역사성, 비민중성을 고발하고 폭로하기보다 마카로프라는 주인공이 이러한 사상에 자신의 정체성을 부여하는 방식 자체에 초점을 맞추고 있다.

마카로프는 어렸을 때부터 "사람들에 대한 두려움을 배우기 전에 바퀴벌레, 꿀벌, 쥐를 먼저 두려워했다. 그리고 좀 더 커서는 뇌우, 눈보라, 어둠의 공포가"(GO 17, 307) 그를 괴롭혔다. 자연에 대한 마카로프의 두려움은 인간에 대한 두려움으로 확대되었고, 학교에 다니면서 동년배 친구들과 어울리지 못하고 친구들과의 장난을 위험하게 여기도록 만들었다. 동시에 마카로프는 친구들로부터 소외된 것을 자신의 독립심의 징표라고 생각하는 뒤틀린 자긍심을 내면화해 간다. 그리고 "그것이 개인을 자유롭게 자라게 해주는 유일한 영역"(311)이라고 어렴풋하게 느끼고 있었다. 결국 이런 경향이 인간과 자연을 지배하는 강력한 영웅주의에 대한 노박의 가르침에 쉽게 이

어나 인간 그 자체가 어떻게 존재하는지"를 밝히기 위해 노력하는 점을 높이 평가한 바 있다. М. Горький и советские писатели, М., 1963, р. 563.

끌려 가도록 만들었다.

그러나 나름대로 일정한 역사적·사회적 근거 위에서 체계화된 노박의 영웅주의와 반反사회주의론, 혹은 반反민중론은 마카로프에게 단순화되어 수용된다. 노박의 사상이 삶과 현실로부터 고립되고 싶은 마카로프의 심리와 피상적으로 결합하는 것이다. 기실 마카로프는 영웅이나 민중에 아무런 관심조차 없다.

> 영웅과 민중들이 도대체 나와 무슨 관계가 있는가? 나는 그들과 만나지 않고 살아갈 수 있을 것이라 확신했다. 사실 이 도시에, 내 주변에 살고 있는 수만의 사람들은 칼라일의 철학을 알지 못했고, 필요로 하지도 않는다. 그들에겐 노박을 그렇게 바보같이 흥분시켰던 영웅과 영도자들과 사회주의 따위의 그 모든 것은 아무 필요가 없었다.(GO 17, 315)

마카로프가 개인주의적 영웅주의를 받아들인 것은 그 사상의 정의로움이나 타당함 때문이 아니라 그가 가진 자연과 인간에 대한 공포감과 소외감 때문이었다. 그가 대학에 진학하여 의학을 공부하다가 포기한 것도, 그리고 여성이 "남자들의 환심을 사려는 기생충적인 욕망을 가지고 있다"고 생각하게 된 것도 모두 현실로부터 도망치고 싶은 내적 기질과 욕망의 소산이었다. 마카로프는 스스로 현실과 삶으로부터 고립되고자 했고 그 고립 속에서 자신의 정체성을 찾지 못하다가 우연히 노박의 영웅주의 사상과 피상적으로 결합되었던 것이다. 그는 노박을 "그림자와도 같이 거의 육체가 없는 듯한" 사람으로 느낀다.

깡마르고 차가운 손을 바지 주머니 속에 집어넣고 있는 그의 태도는 내게 의미심장하고 상징적으로 여겨졌다. 나는 그런 그의 행동에서 삶에 대해 직접 손을 대고 싶어 하지 않는 결벽증 같은 것을 보았고, 그로 인해 삶에 대한 그의 정신적 영향력이 더욱 의미 깊게 느껴지는 것이었다.(GO 17, 332)

마카로프가 영웅주의적 이념을 수용하는 데에는 이렇게 상징적이며 결벽증 같은 요인이 적지 않은 힘으로 작용한다. 이런 모습은 어떤 한 개인이 어떤 사상으로 결합되는 과정의 우연성, 혹은 굴절성을 보여 준다. 그의 의식의 변화과정에는 역사적 판단이나 계급적 속성이 직접적으로 개재되지 않고 다만 자연을 두려워하던 우연한 습성과 남들로부터 고립되고자 하는 개인적 기질, 그리고 노박이라는 선생과의 우연한 만남과 사상적 왜곡이 작용하고 있을 뿐이다. 물론 마카로프의 이런 우연하고도 왜곡된 의식은 구 러시아 사회의 몰락이라는 사회적 배경과 무관한 것은 아니다. 하지만 작가는 이런 사회적 배경을 밝히거나 개인주의적 영웅주의의 계급적 성격을 폭로하는 것이 아니라 훼손된 개인의식이 우연하게 어떤 이념과 결탁하고 있는 과정을 보여 주고 있을 뿐이다.[275]

한 인간의 왜곡되고 훼손된 의식과 이념의 관계는 「카라모라」에서 더욱 극적으로 그려진다. 이 작품은 탁월한 혁명운동가였던 주인공 표트르 카라진이 혁명을 배신하고 기관의 앞잡이가 되었다가 혁

---

275 어떤 이념이 한 인간에게 결합되는 과정의 우연성, 굴절성에 주목한다면 이 주인공이 어떤 이념으로 결합하느냐는 문제는 그리 중요한 것이 아님에도 불구하고 소련 비평가들은 주인공이 어떤 이념을 지니고 있느냐에 커다란 관심을 가질 수밖에 없었다. 그에 따라 레즈네프는 이 작품이 "편협하고 가식적이고 허약하다"(Красная новь, No. 4, 1924, p. 312.)고 평가했고 보론스키는 이 작품의 토대에 세계에 대한 고리키의 비관적 관점이 놓여 있다고 평가할 수밖에 없었다. Воронский А. Литературно-критические статьи, M., 1963, p. 370.

명이 발발한 후 체포되어 사형 언도를 기다리면서 지나온 삶을 되돌아보는 독백적인 수기이다. 이 작품에서도 주목되는 것은 카라모라라고 불리는 혁명가 카라진의 이념체계나 혹은 변절의 근거 그 자체[276]가 아니다. 이념이나 혁명의 당위성, 그리고 그것을 수용하는 열정이나 양심 같은 것의 문제가 아니라 그것들이 주인공 '나'의 의식 속에서 어떻게 굴절되고 우연적으로 변형되는지가 소설의 보다 중요한 테마인 것이다.

카라모라는 "과감하고 능숙하게 거짓의 껍질을 찢어 뜯어내고 사람들의 외적 관계들을 물어뜯어 파헤쳐서, 사람이 사람을 속이는 수많은 기만행위들에 대해 가차 없는 진실을 폭로"(GO 17, 367)하는 유대인 레오폴드로부터 사회주의 사상을 접하게 된다. 그러나 "내 인생에 만족했고 부러울 것도 욕심도 없었으며, 수입도 그런대로 괜찮아서 내 인생의 길은 맑은 강물 같다고 생각"하던 카라모라에게 레오폴드는 "인생의 강물을 흐려" 놓고 "피부를 뚫고 소금을 뿌리"(GO 17, 368)는 인물이었다. 카라모라는 레오폴드의 사상이 자신에게는 전혀 불필요한 것이며 자신에겐 나름의 진실이 있다고 생각했지만 적극적으로 저항하지 못하고 레오폴드와 함께 혁명 활동에 뛰어든다. 그러나 그 목적은 "레오폴드를 혼란에 빠뜨려 어떻게든 친구들 눈앞에서 깎아 내리기 위한 것이었다. 그것은 그가 꼭 유대인이어서만은 아니었다. 그런 병약하고 작은 몸뚱어리에 진실이 살아서 타오르고 있다는 점을 인정하기 힘들었기 때문이다."(GO 17,

---

276 이런 관점에 대해서는 Секей Н. "Идейные истоки рассказа М. Горького「Карамора」", STUDIA SLAVICA Academiae Scientiarum Hungaricae, Budapest, 1967.을 참조. 이 논문은 고리키의 혁명 후 변화에 대해 잘 분석하면서도 주인공의 이념체계에 주목하여 이 작품을 고리키의 혼돈된 의식의 표현으로 보는 관점을 유지하고 있다.

368) 이런 카라모라에게 사회주의 이념이라든가, 인간에 대한 사랑이라든가 하는 '영혼'은 애초부터 존재할 수가 없는 것이었다.

> 나는 내 이성의 판단에 따라 사회주의 사상을 진리로 받아들였지만, 이 사상을 태어나게 만든 현실들은 내 감정을 움직이지 못했다. 사람들이 불평등하다는 사실은 나에겐 자연스럽고 당연한 것이었다. 나는 내 자신을 레오폴드보다 우월하고 내 친구들보다 더 똑똑하다고 생각했다. 어렸을 때부터 타인에게 명령하는 데 익숙했고 쉽게 복종하게 만들 수 있었던 나에게는 사회주의자에게 필수적인 것이 부족했다. 사람들에 대한 사랑, 그게 뭐야? 난 그런 게 뭔지 모른다. 간단하게 말하면 사회주의는 나와 맞지 않았다. 나보다 작은 건지, 큰 건지는 몰라도. 사회주의와는 전혀 상관없는 사회주의자들을 나는 많이 보았다. 그런 사람들은 마치 계산기와 같아서 무슨 수를 집어넣든지에 상관없이 항상 결과가 올바르게 나오면 된다. 거기에는 영혼은 없고 오직 형해화된 산술만이 있을 뿐이다.(GO 17, 368-369)

이렇게 질투심과 경쟁심에 기초한 카라모라에게 혁명운동은 '영혼'이 없는 '오직 형해화된 산술'이고 '사회적 기계공학'일 뿐이었다. 그래서 그는 더욱 빼어난 역량을 발휘할 수 있었는지도 모르겠다. 남에게 명령하는 일을 좋아하고 권력의 행사를 즐기면서 카라모라는 존경받는 원로 당원의 지위에까지 오를 수 있었다. 그러나 영혼 없는 상태는 그를 끝없이 무모한 도전과 위험으로 내몰았고, 그런 무모함 속에서 무영혼에 대한 알리바이를 찾게 만든다. 카라모라는 떠내려가는 얼음 위에 탄 사람을 목숨을 걸고 구해내는가 하면 감방에 갇힌 동료를 구해내 탈출하다가 총을 쏘아대며 쫓아오는 헌병의 총구 앞에 갑자기 멈춰 서서 오히려 상대가 기절초풍하게 만들기도 했다. 그의 영혼 없는 상태는 똑같이 영혼이 없는 헌병대 대령의 눈에 정확하게 파악된다.

> 대령은 아주 영리한 사람이었다. 그는 상대방의 심리를 잘 파악했고 내가 대적할 수 없는 말을 해 몹시 당황하게 만들기도 했다. 마지막 심문을 할 때 그는 코안경 유리를 통해 나를 살펴보면서 이렇게 말했다.
> "카라진, 내 생각에 자네는 장난삼아 그러는 거야. 아니면 실수로 자네 일도 아닌 걸 가지고 그러고 있거나."
> 이 말은 내 가슴에 비수처럼 꽂혔다. 나는 화를 버럭 내면서 험한 말을 쏟아냈지만 그가 내 말을 가로막았다.
> "아, 자네에게 모욕을 주려던 것은 아니었네. 다만 인간 대 인간으로 내 느낌을 말한 것뿐이야. 자넨 위험한 승부를 좋아하지. 내 보기에 자넨 혁명가가 될 만큼 독하지 않아. 미안하네만, 그러기엔 너무 영리해."
> 내 생각에 오시포프는 아주 괜찮은 사람이었다.(GO 17, 378)

카라모라의 무영혼 상태는 포포프라는 변절자의 정체를 파악하는 과정에서 더욱 분명하게 드러난다. 그는 변절자를 심문하는 과정에서 변절자의 활동과 이력을 들으며 분노와 적개심보다는 기이한 호기심과 흥미를 느끼는 자신을 목도한다.

> 그의 냉소주의에는 뭔가 순진한 구석이 있었고, 그 순진함이 무엇보다 더 나를 화나게 만들었다고 기억한다. 그것은 나를 화나게 했고 또 놀라게 했다. 나는 내 자신이 정말 이상한, 나 자신도 모르는 낯선 사람처럼 느껴졌다. 그러나 나는 예기치 않은 결정을 스스로 재촉하면서 갑자기 서두르기 시작했다.(GO 17, 385)

카라모라는 포포프에게 흥미와 호기심을 느끼는 자신에게 당황하여 갑자기 서둘러 그를 죽음으로 몰아넣는다. 그를 죽이고 난 후 그의 마음속에는 불안한 질문이 솟아오른다.

> 왜 나는 그렇게 갑자기 포포프를 목매단 걸까? 뭐가 두려워서 그렇게 서둘렀던 거지? 그가 겁났던 게 아니라 내 자신이 겁이 난 게 아닐까? 나에게 위험한 증인을 없앤 것만 같은 느낌이었다. 위험한, 그러나 배신자라서가 아니라 어떤 다른 측면에서 위험한 증인을 제거한 게 아닐까? (GO 17, 387)

헌병대 대령의 눈에 언뜻 드러났다가 이제는 스스로도 부정하기 힘들 만큼 분명해진 자신의 무영혼 상태가 카라모라에게 자각된다. 포포프를 살해한 혐의로 체포되어 보안지소장 시모노프의 권유에 따라 변절하는 것은 이제 자신에게 그리 놀라운 일이 아니다.

카라모라의 행동 변화에는 거의 아무런 도덕적 준거도 개입하지 않는다. 그가 혁명에 참여한 것도, 혁명을 배반한 것도 사회주의 이념과는 전혀 무관하다. 그는 분열된 상태 속에서 거듭 자신을 확인하려는 시도를 하고 있을 뿐이다.

「특이함에 대하여」는 혁명 후 고리키의 변화와 관련하여 훼손된 의식의 또 다른 유형을 보여 준다. 「영웅」이 반혁명 활동가의 내면을 다루고 있고, 「카라모라」가 혁명의 변절자에 대한 것이라면 이 작품은 시종일관 혁명에 전념했던 혁명가의 이야기로서 혁명과 개인의 상호관계에서 또 다른 삼각지점을 차지하고 있다.

주인공 야코프 즈이코프는 혁명운동에서 혁혁한 공을 세우고 지금은 네바 강변의 어느 저택에 앉아 인생을 회고한다. 그는 고아로 세상을 떠돌며 여러 시련을 겪다가 우연한 오해로 감옥에 투옥되는데, 거기서 그는 자신을 바보로 여기고 신경 쓰지 않는 사람들의 수많은 논쟁을 주의 깊게 듣는다. 사람들의 논쟁은 사회주의와 그 정신에 대한 것으로 보이지만, 그는 그들의 말을 자기 나름대로 받아들인다.

> 난 이 사람들이 마치 논쟁을 하는 것 같지만 똑같은 말을 한다는 걸 알게 됐죠. 세상의 모든 것은 다 똑같이 만들어야 한다, 특별한 것, 특이한 것은 없애버려야 하고 세상의 그 어떤 뛰어난 것도 용납해서는 안 된다. 그러면 모든 사람들이, 원하든 원하지 않든, 다 동등해질 것이고 모든 것은 단순하고 쉬워질 것이다, 뭐, 그런 거였죠. 이 세상 사람들을 다 평범한 사람들로 만들어 버리고, 사제나 상인, 관료, 지주 같은 모든 계층 구분을 금지하는 특별한 법을 만들어 없애버려야 한다는 거였죠. 그 누구도 다른 사람에게서 빵이든 일이든 양심이든 그 무엇도 사지 못하도록 말입니다.
> 노인네는 이렇게 주장했지요.
> "영혼을 북돋아야 해. 중요한 것은 영혼의 자유야. 그것이 없다면 인간이 아니야."
> 난 이런 생각들을 배고픈 자가 보드카를 들이켜듯 꿀꺽꿀꺽 삼켰지요. 정말 내 영혼이 환하게 열리는 것 같았어요. 난 이렇게 생각했지요.
> '주 예수시여, 사람들 속에 참으로 성스러운 단순함이 살아 있군요. 그런데도 사람들은 평생 괴로워하고 있으니!'
> 나는 이렇게 생각하면서 미소를 짓기까지 했어요. 그러자 도둑놈들은 날 더욱 비웃더군요.
> "저거 보라고, 야코프가 애인 생각을 하고 있나 봐!"(GO 17, 528)

즈이코프는 혁명사상을 일종의 단순함의 추구로 받아들이며 왜곡하고 있다. 계급을 타파하고 새로운 세상을 만들어야 한다는 주장을 특별한 것, 특이한 것을 제거하고 모든 것을 동등하게 만들자는 것으로 이해한다. 그러나 주변 사람들은 그가 '애인 생각'이나 한다고 놀린다. 이념과 개인의식, 그리고 주위 사람들과의 차이가 발생하는 것이다.

그러나 어쨌든 즈이코프는 이런 생각을 가지고 혁명 전 혼란한 러시아의 여러 지방을 떠돌아다닌다. 그러면서 삶을 단순화해야 한다는 사상을 더욱 강화해 간다. 지식과 지식인들이 세상을 분열시키고 온갖 특별한 것을 고안하고 그럼으로써 더욱 특별한 사람이 된다는 생각에 지식과 지식인에 대한 부정적인 생각도 커진다. 그러다가 그는 지방에서 러시아 혁명의 여파에 휩쓸려 우연스럽게 어느 마을 사람들을 혁명군으로 조직하여 적군에 맞서 전투를 벌인다. 그는 여전히 사회주의 혁명의 이념과 투쟁의 목적을 분명하게 체득한 것은 아니지만 자기 나름의 방식으로 혁명을 이해하고 열심히 전투에 참가한다. 많은 전투를 벌이다가 그는 병에 걸려 어느 마을에 혼자 남겨진다. 마을에서 겨울을 나고 겨우 몸을 회복했을 때 즈이코프는 마을 사람들 사이에 볼셰비키에 대한 비난과 욕설이 퍼져 가는 것을 목도한다. 어떤 늙은이가 마을을 휘젓고 다니면서 사람들에게 혁명에 대한 부정적인 생각을 지피고 있었던 것이다. 노인은 동네에서 떨어진 곳에 오두막집을 지어 은둔자처럼 살아가고 있었다.

> 아주 해로운 늙은이예요. … 전에는 양봉을 했었는데 지금은 숲속에 집을 짓고 나무에 조각을 하면서 은둔자로 살면서 성자인 체하지요. 혁명 초기부터 혁명에 대해 불만스러워 했어요. … 지금은 이 인근 지역에서 아주 유명해요. 멀리서, 백 킬로도 떨어진 곳에서도 사람들이 찾아오고 해요. 늙은이는 이런저런 충고도 해주고 모스크바는 도적들과 무신론자들이 지배하고 있다는 등 터무니없는 말들을 해대고 있죠. (GO 17, 554)

즈이코프는 이 해로운 늙은이가 마을에 반혁명적 분위기를 주도하고 있다고 판단하고 그를 제거해야 한다고 생각했다. 어두운 밤을 틈타 은둔자 노인의 집을 찾아간 그는 아무런 저항도 하지 않는 노인을 살해하고 도망친다.

「특이함에 대하여」의 즈이코프가 혁명적 투쟁에 나서고 마침내 은둔자 노인을 살해하는 과정은 진정한 사회주의 이념의 본질과는 거리가 먼 것이다.[277] 그러나 혁명의 격렬한 과정은 이념의 본질과는 무관하게 즈이코프의 훼손된 의식과 왜곡된 사상을 혁명으로 끌어들인다. 이는 하나의 이데올로기가 한 개인에게 수용되는 과정의 우연성, 굴절성을 잘 보여 준다.

고리키는 이 세 단편에서 혁명과 개인에 대해 무엇을 말하고 있는 것인가. 「영웅」의 마카로프가 반혁명적 개인주의를 풍자하기 위한 것이라든지, 「카라모라」의 주인공이 혁명 변절자들의 심리를 폭로하기 위한 인물이라든지, 「특이함에 대하여」의 즈이코프가 투철한 혁명가로서 혁명의 불가피성을 증명하고 있다고 결론을 내린다면 문제는 간단하다. 그러나 앞서 살펴보았듯이 세 주인공의 의식은 몹시 훼손되고 왜곡된 상태이며 그들이 받아들이는 이념들은 그런 훼손된 의식에 비친 일그러진 반영물들이다. 깨진 거울에 비쳐 파편화된 대상처럼 그들의 훼손된 의식은 이념을 올바르게 수용할 수 없다. 하지만 올바르지 않다 해도 세 작품에서 훼손된 의식들은 각각 어떤 형식으로든 불가피하게 혁명이라는 역사적 현실, 혹은 실재로

277 이 점은 많은 연구자들을 혼란스럽게 만든다. 특히 소련시대의 연구자들은 그나마 즈이코프를 긍정적 주인공의 계열로 만들고 싶었지만 사실 즈이코프가 사회주의를 긍정하는 주인공이라고 보기는 어렵다. 차라리 주인공의 혼돈스러움이 당시 고리키의 혼돈을 보여 주는 것이지만, 고리키는 곧 이런 혼돈으로부터 벗어났다는 식으로 문제를 푸는(Бялик Б. Судьба Максима Горького, М., 1973, p. 277.) 편이 정직했다.

서의 현실과 충돌하면서 변모한다. 그 변모는 훼손된 의식의 치유인가, 아니면 비극적 파멸일까.

개인주의적 영웅주의에 영혼을 의탁한 마카로프는 혁명을 두려워하고 집단으로서의 대중의 움직임에 혐오감을 느낀다. 그러나 그가 믿고 의탁했던 스승 노박과 '어른'은 혁명이 진전되어 가면서 마카로프의 기대와는 다른 모습을 보인다. '어른'은 더 이상 "사람들을 눈부시게 할 수 있는"(GO 17, 337) 사람이 아니었고 노박은 "존재감이 감지되지 않는 것"(GO 17, 337) 같았다. 사무실 창으로 내려다보이는 조그맣게 보이는 광장의 사람들, 저열하고 안개에 부은 듯이 보이던 사람들이 "이제는 더욱 빠르고 기민하게 움직이며"(GO 17, 336), 과감하게 정부를 비판하고 있었다. 여기서 그는 자신이 두려움을 벗어나고자 의탁한 영웅주의가 극단적인 절망의 표현이며 사실은 두려움에 질린 절망적 행동이라는 깨달음을 얻는다. 그런 점에서 어렸을 때부터 자연에 대한 두려움과 사람에 대한 두려움으로 자라난 그 자신이야말로 진정으로 "이 세상 폭군들의 영광을 퇴색시키고 손수건처럼 인간들을 세탁하고 다림질해버릴"(GO 17, 338) 수 있는 사람이라고 느낀다. 혁명적 소요가 진행되면서 그는 밤마다 가슴속에 절망의 힘이, 공포의 힘이 커지는 전율을 느낀다. 그는 자신의 그런 절망과 공포가 자신을 진실로 무시무시한 영웅으로 만들어 줄 것이라고 생각한다. 그러나 세상은 그의 기대와는 다르게 돌아가고 있었다.

혁명이 발발하자 노박과 '어른'은 마카로프보다 먼저 무너져 버린다. 혁명이라는 현실의 극적 변화 속에서, 대중의 힘찬 분출 앞에서 노박과 '어른'은 아무런 영웅적 행위도 하지 못하고 그저 일신의 안위를 두려워하는 범인의 모습을 보일 뿐이다. 그들을 따르던 '나' 마카로프는 그 추악한 모습을 보며 스승인 노박을 밀치고 "당신이 내 안의 공포를 죽여 버렸어. 내 안의 인간을 죽여 버린 거라고!"(GO 17, 339)라고 외친다. 공포심으로 우연히 결합된 영웅주의 사상이 무너지고, 영웅주의 사상이 무너지면서 자신의 공포심도 사라졌는데 그것을 자신 안의 인간이 죽은 것이라고 생각하며 마카로프는 여전히 왜곡되고 훼손된 의식에서 벗어나지 못한다. 혁명을 통해 치유되지 못하고 또다시 새롭게 왜곡된 그는 일 년 정도 감옥에 있다가 나와서 범죄를 적발하는 자리를 얻는다. 사람들을 많이 죽이기도 했다. 그는 자신이 범죄 단체의 조직원이면서 그들을 벌주는 형리이기도 했다. 그러나 그는 "무슨 상관인가"라고 차갑고 냉소적인 말로 자신의 이야기를 끝맺는다.

혁명적 현실에 직면하여 마카로프는 훼손된 의식과 영웅주의를 극복하는 것이 아니라 더욱 비극적인 파멸로 내달린다. 그 내면에 어떤 두려움도 없고, 어떤 가치관도 없는 냉소주의적 허무주의자의 모습으로 추락하는 것이다.

변절자 카라모라는 혁명을 통해 어떻게 변모하는가.

그는 혁명이 일어나자 반혁명분자로 체포되어 사형을 기다리면서 자신의 과오를 기록하라는 명을 받는다. 글을 쓰든 쓰지 않든 처형을 피할 수 없음을 잘 알고 있다. 그러나 그는 자신이 도대체 무엇이었는지 알고 싶어 글을 쓰기로 작정한다. 그는 훼손된 의식을 가지고 혁명을 왜곡하여 받아들였고 혁명과정에서 살인을 하고 변절자가 되었으며 혁명이 성공한 뒤 체포되어 자기 자신을 되돌아보고 있는 것이다. 그에게 혁명은 일종의 자기 실험이었고 반혁명 활동을 하는 것도 자기 실험의 일종이었다. 그러나 그런 과정에서 그는 어떤 결론도 얻지 못했고 여전히 자신이 무엇인지 확신하지 못한다.

> 나는 과거에 '영웅'이었고, 지금은 괴이한 질문에 짓눌려 그걸 풀어야 하는 사람일 뿐이다. '왜 비열한 짓을 하면서 나는 스스로에게 혐오감을 느끼지 않는가?'라는. 나는 이런 질문을 내 자신에게 수백 번도 넘게 던져 보았다.(GO 17, 396)

그는 영웅적인 혁명 활동에서도 영혼을 찾을 수가 없었고 비열한 배신 행위에서도 내부에서의 저항을, 양심의 고통을 느낄 수가 없었다. 이성적으로는 자신의 잘못을 인정하면서도 자기비판과 혐오, 후회의 감정은 없었던 것이다. 그는 오직 자신에 대한 호기심, '그래서 어떻게 될 것인가'라는 자기 실험에의 호기심을 느낄 수 있었을 뿐이다.[278]

고리키는 「카라모라」가 "죄를 저지르는 자신을 금지할 수 있는 힘이 자신 속에 들어 있는지를 알아보기 위해 변절하지만 그런 힘을 찾지 못한" 사람을 다루는 작품이라고 말한다. 이런 사람들은 "그들 내부의 모든 것이 불확실하고 모든 것이 불타고 떠돌고 감정의 총체성이 파괴되고, 그들의 사상이나 언어에서는 감정이 가스처럼 기화되어 버리는 그런 사람들"[279]로서 마치 자기 머리를 갈라서 그 속에 무엇이 들어 있는지를 알고 싶은 충동을 가지고 있는 사람들이다.

---

278 고리키는 혁명 후 공개된 구 정권의 문서를 통해 가깝게 알고 지내던 많은 혁명 동지들이 정권에 협조하면서 혁명을 배신하곤 했다는 사실을 접하고 경악을 금치 못했다고 한다. 『일기로부터의 단상(Из дневника)』의 「악몽(Кошмар)」에는 정보기관에 근무했던 한 처녀가 그를 찾아와 도움을 호소하는 장면이 들어 있다. 고리키는 이 여자의 너무나 뻔뻔스런 모습에서 오히려 어떻게 인간의 내면이 그렇게 될 수 있는가에 관심을 가진다. 「시련을 겪은 자들(Испытатели)」과 「형리(Палач)」에서도 호기심으로 사람을 죽인 자들에 대한 이야기가 나온다.

279 로맹 롤랑에게 보낸 1923년 9월 18일 자 편지. М. Горький и Р. Роллан. Переписка(1916 ~ 1936), М., 1995, pp. 65-66.

실제로 카라모라는 자신의 삶을 되돌아보며 자신 속에 서로 다른 자아가, 혁명가와 반혁명가가 공존한다는 사실을 고백하고 나아가 두 자아를 넘어 제3의 자아, 제4의 자아가 있다고 느낀다. 세 번째 자아는 내면에 존재하는 두 사람의 대립이 어디에서 오는 것인지 알고 싶어서 두 사람의 대립과 불화를 지켜보기만 하는 존재다. 바로 이 세 번째의 자아가 그로 하여금 글을 쓰게 만든다. 그러나 그 세 번째 자아에 대해 의심을 던지는 또 하나의 자아가 존재한다.

> 어떤 사람에게든 두 명의 자아가 있다. 한 사람은 단지 자신에 대해서만 알고 싶어 하고 다른 또 한 사람은 사람들에 대해 알고 싶어 한다. 그러나 내 안에는 네 명의 자아가 살고 있고 모두 사이가 좋지 않고 서로 다른 생각들을 한다. 하나가 무슨 생각을 하면 다른 내가 반대하고 세 번째의 나는 이렇게 묻는다. '아니 그런데 왜 그렇게 싸우는 거야? 네 말대로라면 뭐가 어떻게 되는데?'
> 하지만 유감스럽게도 또 하나의 나, 네 번째 자아가 세 번째 자아보다 더 깊이 숨어서 한동안 침묵하며 사나운 짐승처럼 감시하고 있다. 아마도 네 번째 자아는 평생 침묵을 지키며 모습을 드러내지 않은 채 냉담하게 이 혼란을 관찰하기만 할지도 모른다.(GO 17, 372)

이쯤이면 다섯 번째 자아, 아니 그 이상의 자아도 충분히 가능하다. 카라모라는 글을 쓰면서 수없이 분열하는 자아를 관찰하고 있다. 그러나 그것은 단순한 분열의 연속이 아니라 보다 냉철하게 진실에 다가가기 위한 허위와의 싸움이다. 그가 분석한 자아를 넘어선 또 다른 자아의 존재 가능성, '평생 침묵을 지키며 모습을 드러내지 않은 채 냉담하게 이 혼란을 관찰하기만' 할지도 모르는 네 번째의 '나'는 단순히 숫자로서의 네 번째가 아니라 거의 무한대에 가까운 자의식의 거듭된 자기분석을 의미한다. 이러한 거듭된 자기분석은 오늘날 주체의 거듭된 자기해체를 통해 근대적 인간의 권력화된 주체의식을 극복하고자 하는 해체주의적 전략을 연상시킨다.

거듭된 자기분석을 통해 단련된 카라모라는 자신이야말로 진실을 말해야 하는 존재라고 생각한다.

> 아무것도 없다. 모든 것은 꾸며졌다. 모든 것은 거짓이다. 그렇다면 나는 거짓을 폭로해야 할 사명이 있다. 나는 사람들에게 그걸 폭로해 줄 최초의 사람이다. 모두 기만당했다고, 인생이란 실제로는 적나라한 짐승들의 투쟁이며, 그걸 막을 이유도 없고, 더 중요한 것은 그 무엇으로도 막을 수 없다는 것을. 그래, 나는 사람에게는 자신 속에 들어 있는 비열함에 저항할 힘이 없으며, 그에 저항할 필요도 없다는 것을(비열함은 서로의 투쟁에서 당연한 효과적인 무기일 뿐이기 때문이다.) 최초로 밝혀낸 사람이다.(GO 17, 396-397)

거듭된 자기분석을 통해 냉정한 자기관찰에 도달한 그는 이제 자신이 세계를 냉정하게 바라볼 수 있다고 생각한다. 그는 허무주의적이고 냉소주의적인 태도로 급기야 세상 모든 것이 고안된 것이고 누군가의 욕망으로 일그러져 있으며 자신이 그것을 밝혀낼 최초의 사람이라고 생각한다. 안데르센의 우화 「벌거벗은 임금님」에서 진실을 말하는 어린아이의 역할을 자신이 해야 한다는 것이다.

이 모든 자기분석이 카라모라의 내면에 일어나는 단편적인 생각의 흐름으로 이어지기 때문에 그의 최종적인 판단은 쉽게 드러나지 않는다. 그러나 죽음을 두려워하지 않고 오직 자기 자신을 위해 글을 쓴다는 절체절명의 상황은 카라모라의 고백의 진실성을 높여 준다.

그는 혁명과 혁명과정을 통해 자기 내면의 가장 깊은 곳까지 들여다보고 또 그 너머에 뭔가가 있다고 느끼는 경지까지 나아간다. 훼손된 자아의 치유를 향한, 분열된 자아와 세계의 통합을 향한 지난한 몸부림을 보여 주는 것이다. 그의 치유는 혁명의 논리 중 하나, 즉 둘로 분리된 자아 중 어느 하나를 분명하게 선택함으로써 이루어질 수 있는 것이 아니다. 오히려 제1과 제2의 자아의 대립을 지켜보고 관찰하는 제3의 자아와 그런 제3의 자아를 또다시 냉엄하게 관찰하고 있을, 그러나 그 모습을 드러내지 않고 침묵하는 제4의 자아 사이의 원활한 소통만이 치유를 가능하게 해주는 것이라고 말할 수 있다.

「특이함에 대하여」는 혁명을 통한 개인의 변화에 있어 또 다른 측면을 보여 준다. 즈이코프는 앞서 마카로프와 카라모라와는 달리 어찌됐든 성공한 혁명의 주역이다. 그러나 이 주역의 모습은 제복과 훈장에 갇혀 결코 흥미로운 모습이 아니다.

> 네바 강변 대귀족의 저택들 중 한 집, 모로코 스타일의 알록달록하고 바닥은 진흙투성이인 데다 안락함이라고는 전혀 느껴지지 않는 냉기가 서린 방에 회색 군용 외투를 꼭 껴입은 한 사내가 앉아 있다. …
> 머리에는 은빛 나는 회색 머리털이 덥수룩했고 광대뼈와 턱까지 듬성듬성한 누런 구레나룻이 뒤덮고 있었다. 뭉툭한 코 밑에는 끝이 잘린 콧수염이 삐죽삐죽 곤두서 있어 닳은 칫솔을 연상시켰다.
> 커다란 입에 넓적한 이빨을 드러낸 이 사내의 얼굴은 흥미를 끌 것이 없었다. 별다른 색채가 없는 두 눈, 꼬치물고기처럼 두상이 뚜렷한 회색의 그런 얼굴은 러시아에서 흔히 볼 수 있는 평범한 얼굴이었다.(GO 17, 522)

혁명에 성공한 사람일지라도 이렇게 '안락함이라고는 전혀 느껴지지지 않는 냉기가 서린 방에 회색 군용 외투를 꼭 껴입은' 모습은 전혀 승리자의 그것이라고 말하기 어렵다. 사회주의에 대한 다소 왜곡된 생각을 가지고 '세상을 단순화하기 위해' 혁명 활동에 뛰어들어 단순화되어지지 않는 은둔자 노인을 살해한 즈이코프는 여전히 자기 확신을 가진 인물처럼 보이지만 '닳은 칫솔'을 연상시키고 '회색 군용 외투를 꼭 껴입은' 모습은 혁명을 통해 자유롭고 새로운 영혼에 도달했다는 인상과는 거리가 있다. 오히려 혁명에 짓눌리고 자신의 삶에 가위눌린 모습이라고 하는 편이 옳을 것이다.

> 아마도 이 특이한 방이 그에겐 좁게 느껴지는 것 같았다. 고개를 홱 돌리고 그 사내는 2분 정도 말없이 창밖을 내다보았다. 각진 창살 무늬로 잘게 나누어진 창을 통해 보이는 황량한 네바 강의 넓고 어둑한 긴 띠를 따라 그는 무언가를 찾고 있었다. 외투의 목 단추를 풀었다 다시 잠갔다 하면서 그는 자신의 피부에 달라붙은 어떤 무거운 것을 확 벗어 내던지고 싶은 것 같았다.(GO 17, 523)

꼭 껴입고 있던 외투의 목 단추를 풀었다가 다시 잠그는 행동, 자신의 피부에 달라붙은 어떤 무거운 것을 벗어던지려는 행동 등은 그저 단순한 묘사라기보다 이 혁명가의 평생에 걸친 이념에 반하는 그 무엇인가를 암시하고 있다[280]고 읽어도 크게 무리는 없을 것이다. 결국 즈이코프도 혁명을 통해 자신의 훼손된 의식의 치유로 나아가지는 못하는 셈이다. 그의 치유는 그의 훼손된 의식의 치유를 전제하지 않고서는 불가능하다.

---

280 Tarep E. 앞의 책, p. 197.

세 작품의 주인공 모두 훼손된 의식으로 혁명을 제각각 받아들이지만 혁명을 통해 훼손된 의식의 구원으로 나아가지 못한다. 마카로프는 개인주의적 영웅주의의 가장 타락한 형상으로 추락하고, 카라모라는 변절자가 되어 사형 언도를 기다리며, 즈이코프는 은둔자의 살해에 대한 기억으로 거의 굳어 버린 사람처럼 되어 버렸다. 그러나 이 세 인물의 의식과 변화과정을 더욱 분명하게 파악하기 위해서, 그리고 그들을 창조한 작가 이념에 접근하기 위해서는 그들과 다른 의식들, 작품에 존재하는 다른 인물들과의 대비적인 고찰이 필요하다.

혁명의 문학에서 문학의 혁명으로 ▪▪

이 세 작품의 서사구조를 볼 때 무엇보다 주목되는 것은 서사적 관점이다. 고리키는 이제까지 많은 작품들에서 견고한 작가적 시점을 구축해 왔다고 말할 수 있다. 그러나 앞에서 분석한 바와 같이 후기 단편들에서 고리키라는 작가의 이념적 시점을 구체적으로 확정하기는 쉽지 않다. 세 작품 모두 주인공의 독백으로 구성되어 있어 주인공 외부의 시점을 찾고 느끼기가 쉽지 않기 때문이다. 이를테면 「영웅」은 처음부터 '나'라는 주인공 마카로프의 시점으로 서술되기 시작한다. 이 작품은 처음부터 끝까지 1인칭 독백 소설의 시점을 유지함으로써 모든 서술과 가치평가는 1인칭 시점을 넘어서지 않는다. 「카라모라」 역시 주인공의 의식의 흐름에 대한 단편적인 기록으로 1인칭 시점에서 모든 내용이 서술된다. 「특이함에 대하여」는 주인공의 외모와 분위기를 묘사하면서 주인공을 작품에 "비스듬하게" 도입하는 "그림 장면"[281]을 가지고 있지만 이 부분을 제외하고 이후부터 완전히 1인칭 시점의 회고로 구성되어 있다.

세 작품 모두 매우 주관적인 관점이 개재될 수 있는 1인칭 시점을 택하고 있다는 것은 주인공의 내면에 초점을 맞추고 주인공의 자기 정당화에 많은 시선을 할애하고 있다는 것을 의미한다. 또한 그가 만나는 여러 다른 사람들과 사건들에 대해 그의 평가가 덧붙여진다는 것을 의미한다. 작품 속의 모든 것은 일단 그가 느끼고 본 것, 만나거나 들은 것이다. 그 외의 것, 일반적인 상황 설명이나 다른 사람의 생각과 느낌 등은 주인공의 프리즘을 통과하지 않고는 작품에 도입될 수 없다.

이런 형식적 장치는 작가의 이념적 시각조차 매우 간접화시켜서 그것을 파악하기 힘들게 만든다. 이 작품들이 발표되었을 때 소련 비평계에 대체로 부정적인 평가가 지배적이었던 점도 작가가 부정적 주인공에게 냉소나 풍자적 어조를 덧붙이지 않고 충분히 말할 권리를 주었다는 점에 기인한 바 크다. 개인주의적 영웅주의자 마카로프의 반혁명적 활동과 파멸은 언뜻 혁명 이념을 따라가지 못한 개인에 대한 풍자로 읽힐 법하지만 작품 전면에 개인주의나 사회주의 이념 일반에 대한 마카로프의 냉철한 비판이 동시에 담겨 있다는 점을 부인하기 어렵다. 또한 혁명가에서 반혁명선동가로 변신한 카라모라의 엄정하고도 철저한 자기분석 끝에 얻어진 '이념 비판론' 역시 카라모라를 단순한 변절자로 치부하기 어렵게 만든다. 그리고 이들보다는 일관되게 혁명의 입장에 서 있었던 즈이코프가 살인으로 자신

281 도입부가 마치 주인공의 초상화를 그리는 것처럼 제시된다는 의미이다. Tarep E. 앞의 책, p. 196.

의 혁명 활동의 절정을 표현하지만 그 동기, 그리고 그 후 현재의 모습은 독자의 공감과 동의를 얻기 힘들다.[282]

그렇다면 과연 이 작품에서 주인공의 내면적 시점 외에 다른 시점, 작가적 시점을 포함하여 작품 전체의 이념적 의미를 찾을 수 있는 다른 시점들은 존재하는가.

「영웅」의 마카로프는 영웅주의를 숭배하는 이념으로 경도되어 가지만 그가 개인적으로 겪은 영웅들은 영웅의 모습과는 다른 모습으로 그려진다. 학교에서 영웅 취급을 받는 귀족단장의 아들 볼로토프는 자신을 사회주의자라고 여기며 오만하고 불손하다. 아마도 그 시절 누구나 사회주의자연하는 문화적 유행의 여파일 것이다. 그는 또래 아이들의 우두머리 노릇을 하고 물에 빠진 어떤 아주머니를 구해내기도 하지만 그것은 '술에 취한 채'였다. 루도메토프라는 예심판사의 아들은 미남이고 힘이 세고 술도 잘 마셨다. 그 방탕함은 학생들 사이에 전설이었고 모두들 그를 두려워하면서도 선망의 시선을 거두지 못한다. 루도메토프는 나중에 마카로프와 함께 '어른'을 모시는 역할을 한다. 이념적으로 상이한 볼로토프와 루도메토프가 '영웅'으로 비쳐지는 모습은 동질적이며 또 동일하게 허구적이다. 진정한 헌신성을 가지지 않고 '술에 취해' 물에 빠진 여자를 구했다는 볼로토프의 영웅성이나 방탕함으로 전설이 된 '루도메토프의 '영웅성'은 비록 볼로토프가 사회주의자인 체하고 루도메토프가 '정치파에 적대적

282 물론 앞의 두 작품에 비해 「특이함에 대하여」는 긍정적인 평가를 받기도 했다. 이런 입장은 Панков В. 앞의 책, p. 68. 참조. 여기서 판코프는 즈이코프가 비록 명확한 이념적 입장을 가지고 혁명에 참여한 것은 아니지만 점차 혁명의 진실로, 볼셰비즘으로 성장해 가는 주인공이라고 말한다. 일단 반혁명가나 변절자를 다룬 두 작품에 비해 즈이코프가 명백히 반혁명적 입장에 서 있는 것은 아니라는 점은 맞다. 그러나 즈이코프의 이념의 구체적 내용이나 행위에 대한 분석이 아니라 볼셰비즘에 반대하는 적들과 투쟁하고 심지어 적들을 선동하는 은둔자를 살해하며, 러시아의 다양한 역사적 사건들과 그 속에서의 민중의 삶을 드러내고 있다는 외적 지표만을 가지고 이 작품의 의미를 논하는 것은 이 작품의 진정한 의미를 왜곡하는 것일 수 있다.

인 아카데미파의 우두머리'였고 나중에 전제정을 옹호하는 정치지도자의 비서노릇을 한다는 차이를 가지고 있지만 본질적으로는 하등 다를 것이 없다. 그들 모두 남들과 달라지고 싶어 하는, 남들을 지배하고 싶어 하는 권력의지의 서로 다른 표현이 아니라면 무엇인가. 이들은 모두 삶 자체의 진실을 두려워하고 삶으로부터 멀리 도망치려고 허우적거리는 인물들이다.

이념적으로 보다 견고한 영웅의 모습으로 그려지는 스승 노박과 '어른' 역시 삶과는 동떨어진, 삶으로부터 도망치는 사람들이다. 이들은 모두 혁명을 통해 여지없이 그 허구성이 폭로되고 만다. 이런 모습들은 분명 이 작품이 개인주의적 영웅주의에 대한 작가의 비판적 관점을 보여 주는 것이라고 판단할 수 있게 해준다.

이런 인물들에 비하면 외삼촌인 사제의 모습은 훨씬 안정적이다. 아버지가 일찍 죽은 마카로프에게 아버지와 같은 역할을 한 성직자 외삼촌은 성직자이지만 '커다란 덩치에 아주 잘 생기고 쾌활하며 뛰어난 기타리스트이자 다혈질 도박꾼'으로 전혀 성직자답지 않은 모습을 가지고 있다.

> 그는 언제나 아주 기꺼이 나랑 대화해 주었고, 그래서 나는 그의 유려한 말과 부드럽고 둥글둥글한 단어들, 그리고 세계를 지배하는 세 가지 힘, 즉 신과 자연과 인간의 이성에 대한 이야기를 듣는 것을 좋아했다. 하지만 나는 이 힘들의 비밀스러운 관계를 이해할 수 없었다. 그의 말을 들으면 들을수록 신은 이해할 수 없는 어둠 속으로 더 멀리 사라져 갔고, 자연은 점점 더 무서워졌고, 이성의 역할은 더욱더 불명확해졌다.(GO 17, 308-309)

세상의 모든 것을 신과 자연과 인간의 이성으로 연결시켜 안정적으로 설명하고 이해하는 외삼촌은 삶을 두려워하거나 삶에 사로잡히거나 삶 속에서 굳어진 사람은 아니다. 이런 특성은 타고난 생명력을 가림 없이 폭발시키는 주정뱅이 세탁부 모크레야도 가지고 있다. 그녀는 모순적인 삶의 생명력의 화신이다. '뚱뚱하고 시뻘건 얼굴, 냉소적인 시선', '노골적이며 번들번들한 눈매', '일할 때 지치는 법이 없고', '음탕함에 있어서도 지치는 법이 없으며', '저속하고 교활'하면서도 '달콤하리만치 다정한' 모크레야의 모습은 모순적인 삶 그 자체처럼 보인다. 이런 인물들은 삶에서 고통 받고 있지만 삶으로부터 도망치기보다 삶 속에서 웃고 울고 소리친다. 이들은 마카로프의 주변에서 삶 자체의 모습을 현현하고 있으며 삶에 대한 마카로프의 두려움과 대비적인 공간을 형성한다.

「영웅」이 마카로프의 독백으로 구성되어 있지만 이렇게 다른 인물들의 모습을 통해 마카로프의 내면은 상대화되고 객관화된다. 바로 이 지점에서 작가의 구성적 시점, 즉 직접적으로 표출되지는 않지만 작품을 구성하는 본질적 시점으로서의 작가적 시점을 감지할 수 있다. 마카로프의 주관적 시선과 그 시선이 상대화되고 객관화되는 경계 지점에서 작가의 이념적 관점이 간접적으로나마 실현되고 있는 것이다. 그러나 이 작품의 이런 작가적 관점은 단지 이 작품만으로서가 아니라 다른 두 작품과의 맥락 속에서 조명되어야 한다.

「카라모라」의 '다른 인물'들은 어떠한가.

카라모라의 가장 대립적인 인물은 카라모라 자신의 분신들이라고 말할 수 있다. 그의 내면에는 서로 대립하고 싸우는 두 명의 자아가 있고, 더 나아가 그 둘을 관찰하는 제3의 자아가 존재하며, 더더구나 영원히 침묵하는 보이지 않는 제4의 자아까지 존재한다. 네 명의 자아로 분열되는 것은 단순한 분열이 아니다. 두 자아가 싸우고 대립하고 그 싸움과 대립을 냉정하게 관찰하고 기록하는 제3의 자아, 그리고 그 제3의 자아를 또한 지켜보고 있을 알 수 없는 제4의 자아는 단순한 평면적 분열이 아니라 자기분석의 심화인 셈이다. 카라모라는 이 끝없는 자기분석의 의식 속에서 자신을 알고자 하지만 결코 제4의 자아는 알 수가 없다. 그를 둘러싼 현실의 알 수 없는 복잡함과 모순성 역시 그에게 완전히 이해되지 않는다. 그의 의식 속에서도, 현실 속에서도 그의 분열을 구원해 줄 사람이나 이념은 없다. 구원자의 모습은 다만 가위눌린 꿈속에 상징화될 뿐이다. 그는 꿈에서 하늘과 땅이 붙어 버린 경계선을 따라 돌며 어떻게든 이 공간을 벗어나려고 몸부림친다. 그러나 결코 그 공간을 벗어날 수 없고 오히려 하늘과 땅의 공간은 점점 좁아 들며 압박한다.

> 나는 지평선의 경계를 빠르게, 점점 빠르게 움직이면서 벌써 몇 번이나 공간을 벗어나려고 했다. 하지만 내가 무얼 찾고 있는지 알 수 없었고 멈출 수도 없었다. 견딜 수 없이 힘이 들었고 불안했다.
> 나는 지상에 수많은 사람들과 생명이 존재하고 있다는 것을 기억하고 있다. 그런데 그들 모두는 어디로 간 것일까? 저 확고부동한 침묵 속에서, 완벽한 무활성 속에서 원을 따라가는 나의 움직임은 더욱 빨라만 져서 이젠 제비처럼 날아오른다. 거울에 비친 내 모습도 나와 나란히 팔을 흔들며 날아간다. 내가 어디로 가든 어디를 돌아보든 그 모습뿐이다. 원구가 작아져 공간이 점점 좁아졌다. 하늘의 아치가 점점 낮게 내려왔고 나는 뛰어다니며 숨을 헐떡이고 소리를 지르고 ….
> 그 사람이 날 깨웠다. 공포에 떨던 나는 너무 기쁜 나머지 그의 손을 잡고 벌떡 일어나며 웃었다.(GO 17, 376)

'그 사람', '키 큰 사람', '본디오 빌라도 앞에서 못 박힌 사람에 대해 이야기하는 사람'이 날 깨우고 '나'는 '그 이상한 사람'의 손을 잡고 벌떡 일어나며 웃는다. 그러나 그것은 여전히 꿈이다. 진짜로 꿈에서 깬 그는 여전히 두려움에서 벗어나지 못한다. 카라모라는 꿈에서 구원을 갈구하지만 현실에서는 여전히 구원의 길이 존재하지 않는 것이다.

「카라모라」에서 다른 인물들은 카라모라의 여러 분신들과 대응하며 현실 세계의 모순성을 대변한다. 카라모라가 살해한 변절자 포포프는 이미 카라모라의 내부에 존재하는 카라모라 자신의 분신이었다. 따라서 포포프를 살해했다고 해서 카라모라 내면의 자아가 죽어버린 것은 아니다. 오히려 포포프를 살해하고 카라모라 자신이 포포프의 뒤를 이어 기관에 협조하는 배신자가 된다. 카라모라가 처음 체포되어 취조를 받을 때 '계급의 적들에 봉사하는 헌병 장교는 선량한 사람'이었고 이후 여러 번 감옥에 갔을 때에도 '증오심과 적대감을 불태우게 만드는 그런 장교는 한 명도 만나지' 못한다. 그들 모두 이미 카라모라의 내면에 존재하는 분신들이었던 것이다. 카라모라를 변절로 이끈 보안지소장 시모노프는 카라모라의 이러한 이중적 사고를 극적으로 보여 주고 설명해 주는 인물이다.

이렇게 자기 자신의 다양한 분신성과 사람들의 이중성을 체험한 카라모라는 새로운 통찰에 도달한다. 계급적 관점에서 사람들은 노동하는 자와 남의 노동에 기대어 살아가는 사람, 즉 프롤레타리아와 부르주아로 나뉘지만 그것은 외적인 구분이고 이러한 구분을 넘어 모든 계급의 사람들은 총체적인 사람과 분열된 사람으로 나눌 수 있다는 것이다. 총체적인 사람은 자기 방어를 위해 의식적으로 자기 내부에 존재하는 잉여의 것을 억압하고 제거함으로써 '총체성'을 획득한다. 따라서 총체성을 가진 혁명가에게는 "사람을 향한 동정심이나 서정시, 감상주의나 낭만주의"(GO 17, 379) 같은 것들이 전혀 쓸모가 없다.

> 혁명가에게 필요한 것은 단지 열광과 자신에 대한 믿음뿐이다. 내적 삶의 다양함에 대한 관심은 어떤 면에서 혁명가에게 해로운 것이다. 이 다양함 속에서는 길을 잃기 쉽다. 그것은 가시덤불 속에 갇힌 어린 아이와 같은 꼴이다.
> 분열된 사람의 삶은 조급하게 날아오르는 제비와 같다. 총체적인 사람이 더욱 유용하지만 나는 두 번째 유형에 가깝다. 혼란에 빠져 헤매는 사람이 더 흥미롭다.(GO 17, 379)

카라모라는 이제 자신의 분열성에 대한 긍정으로 나아가며 그것을 보편적인 인간 개념으로 확장한다. 혁명과 반혁명의 이념 이전에 보다 근본적인 인간적 본성에 대해 비판적 접근을 하고 있는 셈이다. '총체적 인간'과 '분열된 인간'이라는 카라모라의 구분은 현대적 관점에서 전체주의적 사고에 대한 근대 비판론과 해체주의적 사고라는 탈근대 논리를 연상시킨다. 인간에게 진실을 볼 수 있는 '영혼의 수정체'가 필요하지만 그것이 존재하지 않는다는 고통스러운 분석과 통찰은 혁명과 관련된 인간의 내면적 변화와 성찰의 일단을 보여 주는 것으로, 작가 고리키의 새로운 내면적 변화와 그 핵심을 시사하는 것임에 틀림없다.

작가의 내면의 변화를 보여 주는 또 다른 양상은 「특이함에 대하여」의 다른 인물들을 통해 추적해 볼 수 있다. 우선 의사 소모프는 즈이코프의 단순화 철학에 대해 지속적으로 대립한다. 즈이코프는 감옥에서 세상을 구원하기 위해서는 단순화가 필요하며, 모든 특별한 것을 제거해야 한다는 사상을 얻었다. 하지만 그를 받아 주고 돌봐 주며 친구처럼 많은 이야기를 해주던 의사 소모프는 웃으면서 정 반대의 말을 들려준다. 세상은 단순화에서 복잡화로 변해 왔고 그것은 불가피하다는 것이다. 의사 소모프는 단순하지 않은 삶의 모순성을 그대로 받아들이는 인물이다. 서로 다름을 인정하고 단순화할 수 없는 삶을 그 자체로 수용하는 것이다. 그는 지속적으로 즈이코프에게 "삶의 단순화는 이루었나?"(GO 17, 551), "자네는 나를 단순화해야 하지 않나?"(GO 17, 552)[283]라고 농담을 던지면서 삶을 단순화해야 한다고 주장하는 즈이코프의 논리를 친근하면서도 가볍게 조롱한다. 하지만 전쟁 부상자들을 돌보는 휴머니즘적인 헌신성과 일관성, 관료주의에 대항하는 용감함, 다양한 이념들의 허구성을 파헤치는 통찰력을 지닌 소모프의 가벼운 조롱은 결코 가벼운 논박으로 들리지 않는다. 반면 의사가 매춘 굴에서 구해 냈던 타티야나는 혁명이라는 이념을 통해 매우 비인간적인 모습으로 '단순화' 되었다. 열성 당원이 되어 철두철미한 혁명 전사가 된 그녀는 병들어 죽어 가는 의사를 살해하도록 사주한다. 물론 그것이 이념의 탓인지, 그녀를 여자로 받아 주지 않은 개인적 원한 때문인지, 아니면 더 편하게 죽게 하려는 것 때문이었는지는 분명하지 않다. 다만 그녀는 더 마르고 나이가 들어 보이고, 어두운 얼굴빛에 굶주린 듯하였으며 카랑카랑한 목소리였다. 그녀의 그런 모습은 '나' 즈이코프가 "아주 불쾌

283 이 말은 병든 소모프가 즈이코프 부대의 포로가 되었을 때 '나를 죽여야 되지 않아?'라는 뜻으로 한 말이다.

한 기분”(GO 17, 552)을 느끼게 만들었다.

즈이코프가 반혁명 선동을 이유로 살해하는 한 은둔자는 즈이코프의 단순화 이념에 맞서는 극적인 형상이다. 이 은둔자가 의미하는 바는 『1922 ~ 1924년 단편집』 전체의 의미와도 깊은 연관을 가지고 있다. 즈이코프는 은둔자를 살해해야 한다는 이념적 결단을 내리지만 그가 바라보는 은둔자는 전혀 적대자의 모습이 아니다. 즈이코프가 한낮에 동정을 살피러 은둔자 노인의 오두막을 찾았을 때 노인의 주변은 평온하고 아름답기만 하다.

> 고개를 숙이고 있을 뿐 마치 앞에 있는 사람이 보이지 않는다는 듯이 내게 눈길 한번 주지를 않았어요. 칼로 나무를 깎기만 할 뿐 벙어리처럼 아무 말이 없었습니다. … 꼭 푸른색 바위 같았습니다. 그 망할 놈의 늙은이 주변은 다 안온하고 좋았어요. 통나무집 너머는 향기가 배어 나오는 나무숲이었고, 집 앞 아래쪽은 계곡이었는데 작은 강물이 태양빛에 반짝이며 흘러가고 있었습니다.(GO 17, 556)

은둔자 노인을 계급의 적이라고 생각하는 즈이코프의 이념적 시선에 전혀 다른 삶의 모습, ‘향기가 배어 나오는 나무숲’과 ‘햇빛에 반짝이며 흘러가는 작은 강물’이 눈에 들어온다. ‘그 망할 놈의 늙은이 주변은 다 안온하고 좋았어요’라는 한탄은 즈이코프의 시선으로 즈이코프의 이념이 반박되고 있는 것에 다름 아니다. 늙은이의 삶은 결코 단순화될 수 없는 삶이었고 그것은 쓸데없는 사소한 것들로 방을 장식하는 의사 소모프의 단순화될 수 없는 삶과도 같은 것이었다.

1917년 10월 혁명을 고리키는 “혁명이 인간의 정신적 부활의 징표를 띠고 있지 못하고 사람들을 더 정직하게 만들지 못"[284] 한다고 비판했다. 심지어 볼셰비키를 권력에 중독된 자들로, 혁명을 무자비하고 잔인한 실험[285]이라고 비난하기까지 했다. 비록 1918년 『신생활』의 폐간 이후 소련 정부의 문화사업에 적극 협조하면서 관계가 복원되기는 했지만, 1921년 러시아를 떠날 수밖에 없었던 것은 여전히 혁명과 혁명 정부와의 불편한 내적 관계가 작동했음을 보여 준다. 과연 이 당시에 혁명과 혁명과정에 참여한 사람들을 고리키는 어떻게 이해하고 있었던 것일까.

이제까지 대부분의 연구가 「영웅」과 「카라모라」, 「특이함에 대하여」를 개별적으로 다루면서 주인공의 도덕적·이념적 입장 분석에 주목하였지만, 여기서는 가능한 한 세 작품을 동일한 문제의식 속에 위치시켜 살펴보았다. 이를 통해 우리는 개별적인 작품으로 연구할 때와는 좀 다른 시야를 얻을 수 있었다. 첫째, 이 작품들은 혁명과 혁명 이념, 혹은 반혁명과 반혁명 이념 등에 대한 논쟁이 아니라 이념의 우연성과 굴절성을 다루고 있다. 두 번째로 얻을 수 있었던 결론은 이 작품들은 서로 다른 운명의 주인공들을 그리고 있지만 혁명은 근본적으로 개인의 훼손된 의식을 구원으로 이끌지 못한다는 점이다. 그리고 마지막으로 주목할 수 있었던 것은 이 작품들이 주인공의 독백적 서술 속에서도 '다른 인물'들의 '다른 관점'과의 접점을 통해 혁명과 개인의 상호관계에 대한 고리키의 비판적 성찰을 풍부하게 반영하고 있다는 점이다.

고리키는 이 작품들을 통해 훼손된 의식의 개인과 그들의 파멸을

284 Новая жизнь, 1917, No. 205.

285 Горький М. Несвоевременные мысли, p. 151.

보여 주고 있지만 그것은 이념과 혁명에 대한 보다 명징한 수정체를 가진 개인에 대한 작가의 염원을 역설적으로 말해 준다. 어떤 이념으로 단단하게 무장한 개인이 아니라 끝없는 성찰을 통해 자신을 돌아보는 행위 자체의 의미를 이 작품들은 보다 소중한 것으로 그려내고 있는 것이다. 이런 점에서 작가 자신의 이념적 개입을 배제하고 주인공들과 등장인물들에게 전적으로 시점을 넘겨주는 시학적 혁신은 "기술적 측면에서 정말로 주목할 만한"[286] 것으로 새로운 작가 정신의 불가피한 선택과 발견이 아닐 수 없다.

혁명 이후 고리키의 문학적 실험은 최후의 장편 『클림 삼긴의 생애 Жизнь Клима Самгина』에 종합적으로 수렴된다. 이 작품은 1925년부터 1936년 작가가 사망할 때까지, 그리고 그 이전의 작품 구상까지 포함한다면 12년을 넘는 기간 동안 창작된 대작이다.

주인공 클림 삼긴은 태어나서 성장하고 대학을 졸업한 뒤 변호사가 되어 혁명과정을 지켜보고 언론 활동을 전개하기에 이르지만, 정작 혁명의 와중에서 군중에 떠밀려 죽음에 이른다. 이런 주인공의 운명은 그런대로 한 인간의 일대기로서 소설적 구성을 지니고 있다고 말할 수 있지만 대*서사작품의 주인공이라기에는 어떤 필연적 동기와 행동을 담보하고 있다고 보기 어렵다. 그럼에도 불구하고 이 소설을 기존의 소설 문법에 따라 주인공의 삶에 어떻게든 의미를 부여하고자 한다면, 부르주아 지식인의 영혼의 몰락이라든가, 중간적 지식인의 기회주의적 심리라고밖에 달리 말할 도리가 없다. 만일 그것이 '위대한 고리키'의 최후의 작품으로서 마음에 들지 않는다면,

286 Шкловский В. Удачи и поражения Максима Горького, Тифлис, 1926, p. 39.

이 작품에 등장하는 수많은 대중과 혁명가들을 중심으로 주인공을 민중이나 역사의 필연성이라고 조금 더 자의적으로 의미부여하고 싶은 유혹을 받을 것이다. 하지만 그 어떤 경우도 이 소설의 비밀을 완전히 열어 주지 못한다.

『클림 삼긴의 생애』에는 수많은 등장인물이 등장하고 있고 수많은 역사적 사건들이 묘사되고 있지만, 정작 소설의 의미는 이들의 서사와 상호관계로부터 나오는 것이 아니다. 고리키는 이 작품에서 혁명 패러다임이 지배적인 사회에서 모든 사람의 의식과 말이 얼마나 그 패러다임 속에 갇혀 있는지, 그리고 인간의 실제 삶과 의식은 또한 그 지배적인 그 패러다임에 어떻게 균열을 일으키고 차이를 생산하는지를 간파하고 있다. 말하자면 이 작품은 혁명 패러다임 속에서 살아오면서 그 패러다임을 통해서, 거기에서 벗어나고자 노력해 온 작가 자신의 의식세계를 그리고 있다고 말할 수 있다.

소설에 등장하는 수많은 인물들은 무엇보다 그들이 하는 말을 통해 개성화되고 그 말을 통해 각자의 이념을 드러낸다. 그들은 사회적 지위나 이해관계의 대표자가 아니라 자신의 말의 주인공이면서 동시에 그 말의 노예들이다. 따라서 모든 인물들은 어떤 행동이나 사건의 연속성상에 있지 않고 오직 그 말과 이념의 인과성 속에 배치된다. 바로 이런 점에서 이 소설의 주인공은, 바흐친의 용어로 말하자면, 바로 말 자체, 이념 자체이다. 이 소설의 비서사성, 중층적 시점구조, 비인과적 배치 등은 이념체계의 상호대비와 조망을 위해 매우 필연적인 시학적 결과물이라고 말할 수 있을 것이다.

이러한 분석에 입각하면 혁명 패러다임이 인간의 의식 속에서 어떻게 굴절되어 이념으로 재생산되는지, 그렇게 재생산된 이념들이 상호 충돌하고 상호 조명하면서 다시 혁명 패러다임을 구축해 가는지, 그렇게 구성된 패러다임이 인간의 역사를 어떻게 이끌어 가는지가 『클림 삼긴의 생애』의 핵심 주제가 된다. 혁명 패러다임 속에서 인간의 주체적 의식과 행동보다 인간에 의해 생성된 이념들이 오히려 인간의 의식과 말과 행동을 지배하는 역전 현상이 발생하고, 정작 인간들은 모두 "이성의 밀림에서 헤매고", "그로부터 놀란 바보들처럼 도망하는"(GO 21, 334) 자들이다. 특히 이 소설에서는 무엇보다 먼저 기계적이며 폭력적인 혁명 패러다임에 대한 객관적 묘사와 비판이 부각된다. 볼셰비키 혁명가 쿠투조프는 단호한 논리와 실천에도 불구하고 "자물쇠를 여는 열쇠가 아니라 부수는 망치"(GO 21, 451)로 보이고, 인간의 문제를 다루는 것이 아니라 냉혹한 혁명의 대수학을 푸는 사람으로 그려진다. 클림 삼긴의 눈에 비친 볼셰비즘은 "사람들을 완전히 명료한 이해관계들의 선들로 엄격히 규정되는 통일적인 집단들로 나누면서 삶을 단순화"(GO 21, 452)한다. 볼셰비즘에 대한 이런 형상화는 아무리 문학적 주인공을 통해서라 할지라도, 그리고 아무리 해외에 체류 중인 상황에서라도 '혁명의 바닷제비부레베스트니크'인 고리키에게 결코 익숙한 모습이 아니다. 이 작품이 발표되자 소련 내 문학 비평과 언론이 당황해 하며 격렬한 비난을 쏟아 낸 것은 당연했다. 그렇지만 물론 이 작품에서 비판되고 있는 것은 볼셰비즘만이 아니다. 소설의 등장인물들은 인민주의자에서 마르크시스트, 볼셰비키, 멘셰비키, 입헌군주주의자, 자유주의자, 허무주의자, 종교주의자, 신비주의자 등 온갖 이념들을 대변하고 있고, 이들 모두는 서로를 반박하고 밀어내고 섞이면서 끝없이 '이성의 밀림'을 구축하고 있다.

고리키는 이 소설을 통해 혁명 패러다임 속의 인간의 의식과 행동의 상호성을 문제시하고 어떤 외적 패러다임에도 종속되지 않는, 즉 어떤 이념의 프리즘으로도 가려지지 않는 오직 깨어 있는 주체의 눈과 의식이 필요함을 강조한다. 이전 시기에 혁명 패러다임 속에서 문화 패러다임으로 자신의 방향을 모색했던 고리키는 이제 문화 패러다임을 구성하는 주체의 의식과 태도를 문제시하고 있는 것이다. 어떤 외적 문화 패러다임도 인간을 자동적으로 해방시켜 주는 것이 아니며, 오직 인간 스스로의 각성된 눈과 의식만이 그 어떤 패러다임에 앞서는 패러다임이라는 것이 이 소설을 통해 드러나는 고리키의 마지막 통찰인 셈이다. 그것은 오랜 혁명 활동과 그 속에서의 여러 모색의 경험을 통해 인류의 새로운 혁명이 어떤 모습이어야 하는지에 대한 고리키의 대답이기도 하다.

그리고 고리키의 이 대답은 문학과 예술이 윤리적 지향의 극단에서 미학적 지향을 만나는 법에 대한, 그리하여 혁명 이후 봉착한 윤리와 미학의 역설적 상황을 지양하는 법에 대한 대답이며, 문학과 예술이 진정한 사회변혁을 위해 모름지기 지녀야 하는 덕목에 대한 새로운 질문이기도 하다.

참고문헌

골롭꼬프 M., 이규환·서상범 역, 『러시아 현대문학: 분열 이후의 새로운 모색』, 역락, 2006.

_________, 서상범 역, 『러시아 현대문학과 잃어버린 대안』, PUFS, 2003.

김광명, 「칸트와 윤리학: 칸트에 있어 미와 도덕성의 문제」, 『칸트연구』 2, 1996.

김홍중, 「러시아문학과 네오리얼리즘」, 『노어노문학』 23, 2011.

기비안 조지, 문석우 역, 『러시아 모더니즘: 문화와 아방가르드 1900-1930』, 열린책들, 1988.

김희숙, 「러시아 모더니즘에서의 전기의 상실(1)」, 『러시아연구』 16-2, 2006.

_____, 「러시아 모더니즘에서의 전기의 상실(2)」, 『러시아연구』 17-2, 2007.

그로이스 보리스, 최문규 역, 『아방가르드와 현대성-러시아의 분열된 문화』, 문예마당, 1995.

바흐찐 M., 김근식 역, 『도스또예프스끼 시학』, 정음사, 1988.

________, 전승희 외 역, 『장편소설과 민중언어』, 창작과 비평, 1988.

________, 김희숙·박종소 역, 『말의 미학』, 길, 2006.

박영신·김우승, 『러시아의 지적 전통과 논쟁』, 현상과 인식, 1994.

박영욱, 「아방가르드와 마르크스주의-소비에트 구성주의의 사례연구」, 『시대와 철학』 21-3, 2010.

박종소, 「은닉된 논쟁: 레프 톨스토이와 블라디미르 솔로비요프의 경우」, 『러시아연구』 21-2, 2011.

_____, 「솔로비요프의 미학이론」, 『러시아연구』 20, 2010.

_____, 「러시아문학의 종말론적 신화양상: 고대문학에 포스트 모더니즘까지」, 『러시아연구』 14-2(2004), 16-2(2006), 17-1(2007).

박현섭, 「똘스또이의 반극장적 드라마뚜르기에 관하여」, 『러시아연구』 8-1, 1999.

변현태, 「모더니즘 소설에 나타난 신화와 동화」, 『러시아연구』 5, 1995.

송정수, 「생성과 통합의 시학: 러시아 네오리얼리즘」, 『노어노문학』 23-4, 2011.
오원교, 「체홉의 시학: 〈문제의 올바른 제기〉로서의 문학 -서술방법과 양식을 중심으로」, 『슬라브학보』 11-2, 1996.
윤영돈, 「칸트의 윤리학과 미학의 상호연관성에 관한 인간학적 탐구」, 『윤리연구』 64, 2007.
이글턴 T., 김준환 역, 『포스트 모더니즘의 환상』, 실천문학사, 2000.
이강은, 『반성과 지향의 러시아 소설론』, 한국학술정보, 2009.
______, 『러시아 소설의 형식적 불안정과 화자』, 경북대학교 출판부, 2015.
______, 『혁명의 문학 문학의 혁명, 막심 고리끼』, 경북대학교 출판부, 2004.
이덕형, 「까지미르 말레비치: 절대 혹은 대상부재의 심미: 러시아 모더니즘의 재해석」, 『노어노문학』 7, 1995.
______, 「부재의 현전: 러시아 모더니즘 시의 동양 회화적 조형의식」, 『노어노문학』 10-2, 1998.
이명현, 「러시아 모더니즘의 문화신화와 서정적 주인공-A. 블로크의 사이클 「무서운 세계」와 「징벌」을 중심으로」, 『외국학연구』 16, 2011.
이상엽, 「니체의 도덕비판」, 『한국철학논집』 19, 2006.
이인호, 『러시아 지성사연구』, 지식산업사, 1980.
이장욱, 『혁명과 모더니즘: 러시아의 시와 미학』, 문예중앙이론선, 2005.
이한주, 「20세기 초 러시아 모더니즘에 나타난 이교적 분파주의: 원시주의와 합일의 시학을 중심으로」, 『노어노문학』 19, 2007.
이희원, 「20세기 초 러시아문학장의 다원주의 시학과 네오리얼리즘」, 『외국문학연구』 41, 2011.
정종환, 「루카치 미학의 윤리성에 대한 연구」, 『범한철학』 22, 2002.
진은영, 「숭고의 윤리에서 미학의 정치로-자크 랑시에르의 미학의 정치」, 『시대와 철학』 20-3, 2009.
______, 「시와 정치: 미학적 아방가르드의 모럴」, 『비평문학』 39-3, 2011.
최종술, 「실존과 절대-블록의 초기 서정시에 나타난 '새로운 신'의 모티프에 관하여」, 『러시아어문학연구논집』 29, 2008.
최진석, 「타자 윤리학의 두 가지 길-바흐친과 레비나스」, 『노어노문학』 21-3, 2009.

최진희, 「러시아 상징주의 문화유형으로서의 창생: 행위 유형과 소통방식을 중심으로」, 『러시아어문학연구논집』 29, 2008.
_____, 『민중과 그로테스크의 문화정치학』, 그린비, 2017.
한양대학교 아태지역연구센터 러시아·유라시아 연구사업단(엮음), 『현대 러시아 대중문화의 양상과 전망』, 한국학술정보, 2010.
_________, 『유토피아의 환영-소비에트 문화의 이론과 실제』, 한울, 2010.
한예경, 「지나이다 기피우스와 성의 문제」, 『러시아어문학연구논집』 30, 2009.
기타 번역 작품집은 생략함

Арсланов В. Постмодернизм и русский третий путь. М.: Культурная революция. 2007.
Артизов А. Наумов О.(соста.) Власть и художественная интеллигенция. Документы ЦК РКП(б) – ВКП(б), ВЧК – ОГПУ – НКВД о культурной политике 1917–1953 гг. М.: 2002.
Асмус В.Ф. Философия и эстетика русского символизма. М.: URSS. 2012.
Басинский П. Горький, М.: Молодая Гвардия. 2005.
Бахтин М. Проблемы поэтики Достоевского. М.: Советский россия. 1979.
_________. Эстетика словесного творчества. М.: 1979.
Белая Г. "К проблеме романного мышление." Советский роман – новаторство. поэтика, типология. М.: 1978.
_______. Дон Кихоты. Революция – опы побед и поражений. М.: РГГУ, 2004.
Берг М. Литературократия. Проблема прсвоения и перераспределения власти в литературе. М.: Новое литературное обозрение. 2000.
Бибрер В.С. На границах логики культуры. М.:РФО. 1997.
Биккулова И.А. Феномен русской культуры Серебряного века. М.: Флинта. Наука. 2010.
Богомолов Н. Вокруг 〈Серебряного века〉. М.:НЛО. 2010.

Борев Ю.Б. др.(Ред) Теоретико-литературные итоги XX века – Литературное произведение и художественный процесс. Т. 1, 2, М.: 2003.

ВЕХИ. Интеллигенция в России(пере. изд.). Сборник статей 1909. 1910. М.: 1991.

Виролайнен М. Исторические метаморфозы русской словестности. СПб.:АМФОРА. 2007.

Галушкин А.(глав. ред.). Литературная жизнь России 1920-х годов. События. Отзывы современников. Библиография. Том 1. Часть 1, Том 1. Часть 2. М.: ИМЛИ РАН. 2006.

Геллер М. Концентрационный мир и советская литература. London: OPI Ltd.. 1974.

Голубков М. Утраченные альтернативы. Формирование монистической концепции советской литературы 20-30-е годы. М.: 1992.

__________. Русская литература XX в. После раскола. М.: 2001.

ГорькийМ. Полное собрание сочиненийв 25 томах. М.: Наука. 1974.

_________. Несвоевременные мысли. Заметки о революции и культуре. М.: 1990.

_________. Публицистика М. Горького в контексте истории. М.: ИМЛИ РАН. 2007.

Грановская Л.М. Русский литературный язык в конце 19-20 вв. М.: Элпис. 2005.

Грознова Н.А. Ранняя советская проза 1917-1925. Л.: Наука. 1976.

Грякалова Н.Ю. Человек модерна. Биография-рефлексия-письмо. СПб.: Дмитрий Буланин. 2008.

Гулыга А.В. Эстетика в свете аксиологии. СПб.:Алетейя. 2000.

Дмитрев А.Н. Марксизм без пролетариата: Георг Лукач и раняя Франкфуртская школа 1920-1930-е гг, СПб.: Евро. унив. 2004.

История русской литературы 20 век. Серебряный век. Под ред. Жоржа Нива, Ильи Сермана, Витторио Страды и Ефима Эткинда. М.: ПРОГРЕСС. ЛИТУЕРА. 1995.

История русской литературной критики: совестская и постсоветская эпохи. Под ред. Е. Добренко и Г. Тизанова. М.: НЛО. 2011.

Исупов К.Г. Судьбы классического наследия и философско-эстетическая культура серебряного века. СПб.: изд. Русской христ. гуман. акад., 2010.

Каган, М. С. Эстетика как философская наука. СПб.: Петрополис. 1997.

__________. Системный подход и гуманитарное знание. Л.: Изд. ЛГУ. 1991.

Карсалова Е.В., Леденев А.В., Шаповалова Ю.М. Серебряный век русской поэзии. М.: Новая школа. 1996.

Келдыш В.А. О серебряном веке русской литературы: Общие закономерности. Проблемы прозы. М.: ИМЛИ РАН. 2010.

Князева Е. Курдюмов. Основания синергетики. СПб.: Алейя. 2002.

Кожевникова Н.А. "Материалы и сообщения из наблюдений над неклассической 〈Орнаментальной〉 прозы," Серия литературы и языка. Т. 35. No.1. М.: 1976.

Кожинов В. Происхождение романа. Теоретико-исторический очерк. М.: 1963.

__________. Смена литературных стилей. На материале русской литературы 19-20 веков. М.: 1974.

Концепция мира и человека в творчестве М. Горького. М.: ИМЛИ РАН. 2009.

Кребель И. Мифопоэтика Серебряного века. Опыт топологической рефлексии. СПб.: АЛЕТЕЙЯ. 2010.

Культура и власть в условиях коммуникационной революции 20 века. М.: АИРО-XX. 2002.

Лахманн Р. Память и литература интертекстуальность в русской литературе 19-20 веков. СПб.: Петрополис. 2011.

Литературно-эстетические концепции в России конца 19 - начала 20 в.. М.: Наука. 1975.

Лотман Ю.М. О русской литературе, СПб.: Искусство-СПб. 1997.

__________. Об искусстве. СПб.: Искусство-СПБ. 1998.

Мазаев А.И. Искусство и большевизм 1920–1930. Проблемно–тематические очерки и портреты. М.: КомКнига, 2007.

Максименков Л.(совтав.) Большая цензура. Писатели и журналлисты в стране советов 1917–1956. М.: МАТЕРИК. 2005.

Минц З.Г. Алесандр Блок и русские писатели. СПб.: ИСКУССТВО–СПБ. 2000.

Неизвестный Горький. Горький и его эпоха. вып. 3. М.: 1994.

Николаев Д.Д. Русская проза 1920–30–х годов. М.: Наука. 2006.

Никонова Т.А. Мифология Нового мира и тенденции развития русской литературы первой трети 20 века. Дис. д–ра филог. наук. М.: РГБ. 2005.

Перхин В.В. Русская литературная критика 1930–х годов. СПб.:СПб унив.. 1997.

Плахенборг Ш. Культурные ориентиры в период между Октябрьской революцией и эпохой сталинизма. СПб.: Нева. 2000.

Полонский В.В. Между тардицией и модернизмом. Русская литература рубежа 19 –20 веков: история, поэтика, контекст. М.: ИМЛИ РАН. 2011.

Полоцкая Э. О поэтике Чехова. М.: Наследие. 2001.

Поэтика русской литературы конца 19 – начала 20 века. Динамика жанра. Общие проблемы. Проза. Ред. В.А.Келдыш, В.В.Полонский. М.: ИМЛИ РАН. 2009.

Примочкина И.Н. "В поисках обновления(О рассказе Горького 〈Голубая жизнь〉," Неизвестный Горький. М.: Наследие. 1994.

Русская советская повесть 20–30–х годов Л.: Наука. 1976.

Русская литература конца 20 века. 1890–1910. в 3 т. Под. С.А.Венгерова. М.: 1914.

Русская литература конца 19–начала 20 века в зеркале современной науки. М.: ИМЛИ РАН. 2008.

Русская литература рубежа веков(1890–е – начало 1920–х годов). М.: ИМЛИ РАН. 2000.

Русская литература рубежа веков(1890–е – начало 1920–х годов). М.:

ИМЛИ РАН. 2001.

Рымарь. Н. Т. Введение в теорию романа, Воронеж: Изд. Воронеж. унив. 1989.

Семенова С. Русская поэзия и проза 1920 – 1930-х годов. Поэтика -видение мира – философия. М.: Наследие. 2001.

Сетницкий Н.А. Из истории философско-эстетической мысли 1920 – 1930-х годов. М.:ИМЛИ РАН. 2003.

Скороспелова Е. Русская советская проза 20 – 30 х годов: судьбы романа. М.: 1985.

______________. Русская проза XX века. М.: ТЕИС. 2003.

Скобелев В.П. Поэтика русского романа 1920-1930-х годов. Очерки истории и теории жанра Самара: Самарский университет. 2001.

Судьбы литературы серебряного века и русского зарубежья. Сборник статей и матераиалов. СПб.: ПЕТРОПОЛИС. 2010.

Тагер Е.Б. Творчество Горького советской эпохи. М.: Наука. 1964.

Тамарченко Н.Д. Русская повесть серебряного века(проблемы поэтики сюжета и жанра). М.: INTRADA. 2007.

Ученова В. Шомова С. Полифония текстов в культуре. М.: ОМЕГА-Л, 2003.

Чуковский К. Две души Максима Горького. Л. Ж 1924.

Шкловский В. Удачи и поражения Максима Горького. Л.: 1926.

Эйхенбаум Б. Писательский облик М. Горького. Л.: Мой современник, 1929.

Эткинд А. Хлыст. Секты, литература и революция. М.: НЛО. 2013.

기타 러시아 문학작품집은 생략함

Bowlt J.E.(ed.) Russian art of the avant-garde theory and criticism 1902-1934. Thames and Hudson. 1988.

Elsworth. J. D. Silver Age in Russian Literature: Selected Papers from the Fourth World Congress for Soviet and East European Studies. Harrogate. 1990.

Golomstock I. Totalitarian art in the Soviet Union, the Third Reich, Facist

Italy and the People's Republic of China. NY.: OVERLOOK DUCKWORTH. 2011.

Kalb J.E., Ogden J.A., Vishnevetskiĭ I.G., Russian writers of the Silver Age, 1890–1925. 2002.

Proffer Carl R. The Silver age of Russian culture: an anthology. Knopf. 1958.

Reeve F.D. The russian novel. McGraw–Hill. 1966.

Ronen O. The Fallacy of the Silver Age in Twentieth–Century Russian Literature. Harwood Pub. 2005.

Rylkova G. The Archaeology of Anxiety: The Russian Silver Age and Its Legacy. Uni. of Pittsburgh Press. 2007.

Schlacks Ch. Jr. The silver age: Russian literature and culture 1881–1921. 1–5. 1998–2002.

Terras V., Landman A. Poetry of the Silver age: the various voices of Russian modernism. Dresden University Press. 1998.

Eysteinsson A, Liska V. Modernism. John Benjamins Pub. 2007.